# Klaus Dohrn

## MEINE ZEIT

Erinnerungen
eines
Bankiers

Neske

Die auf dem Schutzumschlag des Buches
abgebildete Bronze-Medaille
ist eine Arbeit von Theodor von Gosen.

Alle Rechte vorbehalten. © Verlag Günther Neske,
Pfullingen 1991. Schutzumschlag von Brigitte Neske.
Gesamtherstellung: Wilhelm Röck, Weinsberg.
Printed in Germany. ISBN 3 7885 0333 5

# Inhalt

### Erstes Kapitel

Kindheit 11 – Der Vater 13 – Elternhaus 17 – Jena 18 – Privatunterricht 19 – Der Schulweg 21 – Das Gymnasium 26 – Ferien am Chiemsee 32 – August 1914 33 – Kuno Moltke 38 – Jugendbewegung 39 – Versailler Frieden 41 – Der Verlust Oberschlesiens 42 – Der kaufmännische Lehrling 45

### Zweites Kapitel

Lehrjahre bei Siemens 47 – Dynamowerk 49 – Betriebsklima 50 – Berliner Arbeiter 51 – Hörer an der Berliner Universität 52 – J. M. Keynes 53 – Student in Breslau 53 – Bronislav Huberman 53 – Wanda Landowska 55 – Akademische Lehrer 56 – Eduard Wolf 57 – Ein Artikel über Erdöl 59

### Drittes Kapitel

Wieder bei Siemens 62 – Siegfried Jakobsohn 66 – Wilhelm Furtwängler 66 – Berta Geismar 69 – Toscanini 70 – Die Industrie- und Handelskammer Berlin 71 – Paul Kempner 76 – Die Mendelssohns 79 – Die deutschen Juden 81 – Hannah Ahrendt 88 – Vorstellung bei der Bafio 91

### Viertes Kapitel

Otto Schweitzer 95 – Im Dienst der Reparationen 97 – Silverbergs Plan 98 – Osthilfegesetz 99

– Industriebankgesetz 99 – Assistent von Dr. Keichel 106 – Kreditgrundsätze 111 – Bayerischer Genossenschaftstag 112 – Lily Abegg 114 – Reisen zu Handelskammern 116 – Oder-Schiffahrt 117 – Fritz Thyssen 120 – Mit Bötzkes nach Dresden 120 – Übergang in die Praxis 123

### FÜNFTES KAPITEL

Nach München 1935–1949 125 – Bayern 1935 127 – Walter Riezler 130 – Verhaftung in Bologna 131 – Das Kreditgeschäft 132 – Karl Straube 133 – Ziviler Kriegsdienst 135 – Österreich 137 – Die Seidenfabrik in Georgien 140 – Bötzkes drängt auf Anpassung 141 – Reisen im Krieg 143 – Eine Reise nach Leipzig vier Wochen nach Kriegsende 148 – Trennung von der Industriebank 157

### SECHSTES KAPITEL

Feldafing: Der Güterzug des Elends 158 – Der Treuhänder 162 – Die Bewohner des Lagers 164 – Tennenbaum 167 – Der Kindergarten 168 – Der Flötist 168 – Wohin in der Zukunft? 170 – Reise nach Israel 174 – Levi Eshkol 174

### SIEBTES KAPITEL

Die Hypo 176 – Max Geiger 178 – Wolfgang Lippisch 179 – Karl Gartner 180

## Achtes Kapitel

Tucher 182 – »Die öffentliche Hand im Kreditgeschäft« 183 – In den Vorstand der Kreditanstalt für Wiederaufbau: KfW 185 – Der Wiederaufbau ein Wunder? 187 – Otto Neubaur 191 – Herbert Martini 193 – Hermann Josef Abs 194 – Londoner Schuldenkonferenz 199 – Der Nachruhm 204 – Arbeit in der KfW 205 – Exportfinanzierung 209 – KfW-Sondergeschäfte 210

## Neuntes Kapitel

Von der BHG zur BHF-Bank: Carl Fürstenberg 226/227 f. – Eduard von Schwartzkoppen 228 f. – Hans Fürstenberg 229 f. – Neubeginn im Westen 230 – Fernsehgutachten 232 – Das Auslandsgeschäft 234 – Rußlandgeschäft 236 – DDR 240 – Südafrika 242 – Skepsis im eigenen Haus 244 – Kooperationskontakte 245 – Die Fusion 252

## Zehntes Kapitel

Aufsichtsräte 254 – Malta 267

## Elftes Kapitel

Theodor Heuss 273 – Max-Planck-Gesellschaft 277 – Institut für Musik 279 – Institut zur Erforschung der Lebensbedingungen in der wissenschaftlich-technischen Welt 282

Schlußwort 287 – Namenregister 289

»Das Nebensächliche gilt nichts,
wenn es bloß nebensächlich ist,
wenn nichts drin steckt.
Steckt aber was drin,
dann ist es die Hauptsache...«

Theodor Fontane

## Erstes Kapitel

*Kindheit – Der Vater – Elternhaus – Jena – Privatunterricht – Der Schulweg – Das Gymnasium – Ferien am Chiemsee – August 1914 – Kuno Moltke – Jugendbewegung – Versailler Frieden – Der Verlust Oberschlesiens – Der kaufmännische Lehrling*

Unter den frühen Erinnerungen ragen zwei Eindrücke heraus: 1910 der Anblick des Kometen Halley am klaren Nachthimmel. Aber aufregender als das ferne Sternbild war 1912 der niedrige Vorbeiflug eines Zeppelins. Die Zeppeline, die wie lange, dicke silbrige Zigarren aussahen, hatten die majestätischen Dimensionen von etwa zweihundert Metern Länge und dreißig bis vierzig Metern Durchmesser. Mein Freund Kurt und ich waren von diesem Erlebnis so bewegt, daß wir uns gerührt in die Arme fielen. Der tiefe Orgelton der Motoren dieser Luftschiffe war schon aus weiter Ferne zu hören. Da sie auch Symbole des deutschen Patriotismus waren, begeisterte ihr Anblick nicht nur fünfjährige Jungen.
Ein verwunschener alter Garten mit Obstbäumen und Erdbeerbeeten, mit Schaukel, Turngeräten und einem immer erneuerten Sandhaufen war ein abgeschirmtes Paradies. Dort trafen sich öfters zwei junge Herren zu einer Tennispartie. Mit ihnen konnte man viele Späße treiben. Einer von ihnen war Max Born, der ein halbes Jahrhun-

dert später den Nobelpreis für Physik erhalten sollte. Lange Sommerwochen auf einer weiten, von Schmetterlingen, Libellen, Käfern und Heuschrecken bevölkerten Wiese eines Landhauses guter Freunde, die blaue Kammlinie des Riesengebirges vor Augen. Am Waldrand ein Ameisenhaufen, die Neugier unerschöpflich fesselnd. Auch ein kleiner Leiterwagen war da, mit dem man, die Deichsel mit den Beinen lenkend, die steil abschüssige Wiese hinabsausen konnte, ein verbotenes, ein herrliches Vergnügen. Der Hausherr, ein gütiger Vizevater, war ein geduldiger Lehrer im Umgang mit Hammer, Zange, Schraubenzieher und Säge in einer musterhaft eingerichteten Werkstatt. Manchmal durfte man ihn auf der Jagd nach Eichhörnchen begleiten und sogar selbst mit dem Luftgewehr schießen, wenn er den Jagdausflug durch ein kurzes Schläfchen auf einer schattigen Bank im Wald unterbrach. Monate später schenkte der schlesische Winter mit seiner trockenen Kälte Kindern und Erwachsenen wochenlange Freuden auf den Eisbahnen.

Später wurde unter Anleitung dieses Vizevaters ein Puppentheater mit elegantem, rotsamtenem Bühnenvorhang gebaut. Er selber trug nicht nur als Autor zu unserem Repertoire bei, sondern sprach und sang auch die Hauptrollen. Obwohl ihm die Natur einen tiefen Baß verliehen hatte, übernahm er mühelos die Sopranpartien der Frauenrollen. Unsere besten Stücke waren »Die Entführung aus dem Serail« und die »Trojaner« mit der schönen Helena, Hektor, Achill und dem listenreichen Odysseus, für den ich ein trojanisches Pferd aus Holz gebaut hatte. Zog man den Schwanz dieses Rosses mit einem Faden hoch, klappte sein Hinterteil nach unten, wobei einige Äpfelchen auf den Boden rollten. Wir waren stolz auf das Ni-

veau unserer Bühnentechnik und Regieeinfälle. Zwar hatten wir meist nur wenige, manchmal überhaupt keine Zuschauer, das störte uns aber nicht, denn wir hatten selbst die meiste Freude an unseren Aufführungen.
Beliebt waren Besuche der Josephinenhütte, der im dichten Hochwald des Riesengebirges am Fuße des Reifträgers gelegenen alten Glashütte. Dort bestaunte man die Glasbläser bei ihrer kunstvollen Arbeit, wenn sie aus weißglühenden Glasklumpen, mit langen Glaspfeifen der Schmelzwanne entnommen, durch geschicktes Drehen und Wenden tropfen- oder kugelförmige Gebilde schufen, aus denen mit Zangen und Scheren Gläser, Schalen und Vasen geformt wurden.

Mein Vater Georg hat mir bis weit in meine Gymnasialjahre viel Zeit gewidmet. Auf langen Spaziergängen draußen vor der Stadt hat er in mir einen aufmerksamen Zuhörer und beharrlichen Fragesteller gehabt. Geduldig und anschaulich hat er mir aus seiner eigenen Jugend erzählt, von den Ferien auf dem pommerschen Gutshof der Großeltern und besonders von seinem Großvater Carl August Dohrn, der in der ersten Hälfte des 19. Jahrhunderts – noch vor der Zeit der Eisenbahnen – ganz Europa bereist und mit dem Segelschiff den Ozean nach Brasilien überquert hatte, um dort Käfer zu sammeln, der mit Alexander von Humboldt, mit dem Gartenkünstler und Generaldirektor der königlich preußischen Gärten Lenné und mit Felix Mendelssohn-Bartholdy befreundet gewesen war. Als erster hatte er die großen Dramen der spanischen Literatur ins Deutsche übersetzt. Mein Vater erzählte von seiner Schulzeit als Thomaner in Leipzig und dem Dienstjahr bei der Festungsartillerie in Köln. Mit

seinen Berichten über den durch seine Serenissimus-Anekdoten berühmten Großherzog Karl Alexander von Weimar, der sich von ihm gerne Chopin hatte vorspielen lassen, brachte er mich zum Lachen. Voll Spannung hörte ich von der Traversierung des Piz Palü, von den merkwürdigen Meerestieren im Aquarium der Zoologischen Station in Neapel, vom Vesuv, dem feuerspeienden Berg, und der ausgegrabenen Stadt Pompei.
Als ich größer wurde, hat mir mein Vater von großen Männern erzählt, von Dichtern und Königen, von Malern, Ärzten, Musikern und Feldherren, und besonders gespannt hörte ich ihm zu, wenn er von denen sprach, die er noch selbst gekannt hatte, wie von dem Geiger Joseph Joachim oder dem großen Johannes Brahms. Von den Päpsten erfuhr ich und von der Peterskirche in Rom, von Luther und von den Jesuiten. Ein ander Mal hat er mir die Bedeutung der Notenschrift für die Musik erklärt und mir die unleserlichen Manuskripte Beethovens gezeigt. Immer wußte er etwas Neues zu erzählen. Ich freute mich stets ungeduldig auf den nächsten Spaziergang. Nur von Geld und allem, was damit zusammenhängt, ist auf diesen Wegen niemals die Rede gewesen. Sie sind meine ersten, vielleicht meine wichtigsten Schulstunden gewesen, bei denen auch die Spracherziehung geübt wurde. Noch höre ich die unerbittliche väterliche Mahnung: sprich bitte anständig Deutsch, oder: führe bitte deinen Satz richtig zu Ende.

Breslau, die in Hitlers Krieg untergegangene deutsche Großstadt, dank ihrer langen böhmisch-österreichischen Vergangenheit in ihrem Stadtbild und Lebensstil reicher und bunter als preußisch-karge Städte wie Stettin oder

Königsberg, leistete sich als Platz eines traditionell regen Musiklebens mit einem musikalisch anspruchsvollen Publikum neben seiner Oper den Luxus eines besonderen Symphonieorchesters, getragen von einem privaten Verein, dem Breslauer Orchester-Verein. Mein Vater war Chefdirigent dieses Orchesters und der Breslauer Sing-Akademie, einer alten Chorvereinigung, die schon 1833, ein Jahr nach ihrer Wiederentdeckung durch Mendelssohn, die Matthäus-Passion in Breslau aufgeführt hatte. Daß mein Vater auch ein virtuoser Pianist war, machte das elterliche Haus zu einem Mittelpunkt des Breslauer Musiklebens. Unvergeßlich sehe ich ihn vor mir als Dirigenten seines Orchesters, bei den Aufführungen der großen Chöre Bach'scher Passionsmusiken, von Beethovens Missa solemnis, als Kammermusiker, als schweigsam konzentrierten Leser von Partituren, die Imagination der Musik vor seinem inneren Ohr.

Musik war ihm durch sicheres Wissen um seine Begabung und Neigung als Beruf vorgezeichnet. Widerstrebend hatte er daher auf des eigenen Vaters Verlangen ein Jurastudium begonnen, bis ihn seine Tante Anna, Wilhelm Furtwänglers Großmutter, verheiratet mit Brahms' Freund Gustav Wendt, zu Hilfe kam. Sie gewann für ihren Neffen die Fürsprache des in der ganzen Familie als Halbgott verehrten Johannes Brahms. In einem mit dem freundlich-wohlwollenden Satz »Einem Mitglied der Familie Dohrn sehe ich stets mit bester Erwartung entgegen, die Erfahrung wird mich nicht betrügen und die neue Bekanntschaft mir Freude machen« eingeleiteten Brief zu dieser ihm unterbreiteten Berufsfrage macht Brahms zunächst einige skeptische, für die heutige Zeit sogar verwunderliche Bemerkungen:

»... dann aber möchte ich fragen, kann einem geistig begabten und ausgebildeten Mann das bloße Reproduzieren einer Kunst wirklich genügen – in diesem Falle also das bloße Klavier- und Taktschlagen? Ist es nicht natürlicher und erfreulicher zu denken, daß ein tüchtiger Mann damit seine Mußestunden würdig und schön ausfüllt? Nun aber hätte die Sache eine andere und erfreuliche Seite, wenn Herr Dohrn sich für die Theorie unserer Kunst, ihre Wissenschaft und Geschichte interessierte. Hier haben wir keinen Überfluß an tüchtigen Kräften, und ich habe stets die jungen Leute beneidet, denen dieser Weg vermöge ihrer Kenntnisse frei stand. Es ist Herrn Dohrn ohne Zweifel leicht, die Bekanntschaft des Herrn Spitta zu machen. Ob ihm nicht bei näherem Umgang dessen und des Händel-Forschers Chrysander Tätigkeit reizen könnte? Daneben kann man Klavier spielen und Konzerte dirigieren nach Herzenslust.«

Es blieb nicht bei diesem Brief, Brahms sah und hörte sich den künftigen Musiker auch selber an. Am frühen Morgen eines Dezembertages 1890 erschien er unangemeldet in der Dohrn'schen Wohnung in Berlin. Das Zimmermädchen meldete: Ein Herr wünscht Sie zu sprechen. Jetzt? Es ist noch nicht acht Uhr! Fragen Sie ihn nach seinem Namen und seinem Begehr. Der Bescheid lautete: Es ist ein gewisser Herr Brahms, er hat die Wohnung schon betreten und sieht sich um. Mein Vater, dreiundzwanzig Jahre alt, war wie betäubt. Dann eilte er, den großen Gast zu begrüßen. Er wußte: bei diesem Besuch würde es um seine Zukunft gehen. Brahms hat sich viel Zeit genommen, um sich von dem jungen Mann lange vorspielen zu lassen, Passagen aus seinem Klavierkonzert B-Dur, andere Klaviermusik, darunter das Wohltemperierte Klavier und Chopin. Er hat kritisiert und gelobt und sich in ein langes Gespräch über allgemeine musikalische Fragen eingelassen. Am Schluß hat er meinem von dem Erlebnis dieses Besuches zutiefst aufgewühlten Vater gesagt: Ich sehe, Sie kennen sich selber gut, bleiben Sie also bei der Musik. Nur eines müssen Sie vorher noch machen: den Dr. juris. Man soll Angefangenes nicht unfertig liegen lassen. Dank so mächtiger Fürsprache wurde meinem Vater der Weg in das Musikstudium, auf Brahms' Empfehlung bei Franz Wüllner in Köln, frei gemacht.

Am Tisch des Elternhauses ist Musik das wichtigste, aber nie das alleinige Thema gewesen. Alltäglicher Klatsch, Unterhaltungen über Geld oder Preise, nachlässiger Umgang mit der deutschen Sprache waren nicht erlaubt. Daß ich kein Musterschüler war, wurde mit Nachsicht ertragen. Seit meiner Kinderzeit bin ich mit der polyphonen Stimmführung Bach'scher Musik aufgewachsen; mit ihren abstrakten Tongebilden jenseits von Zeit und Wirklichkeit war ich bald vertraut.
Ich trug noch kurze Hosen, als ich schon einige Hauptwerke der klassischen Orchestermusik kennengelernt hatte. Mein Vater machte mich mit den Schätzen der Kammermusik vertraut. Viele Male habe ich das damals berühmte Busch-Quartett in der elterlichen Wohnung bei der Probe erlebt, wenn mein Vater als Pianist in seinen Konzerten mitwirkte. Unversehens verwandelten sich solche Proben in ein intimes Musikfest von Musikern für Musiker und dauerten bis in die späte Nacht.
In der Hochstimmung eines solchen Abends hieß es: und jetzt spielen wir noch das Forellenquintett! Aber

woher den Contrabaß nehmen? Eine Droschke wurde entsandt, um einen Contrabassisten aus dem Bett zu holen. Und bald erklang das Forellenquintett.
Welche seltenen Freuden für wenige, Erlebnisse vor den Zeiten des Rundfunks, der es inzwischen jedermann zu jeder Zeit und überall ermöglicht, aus einem kleinen Gerät Musik zu holen, wie Wasser aus der Leitung. Eine umwälzende Neuerung, gewiß. Auch ein Fortschritt? Die Antwort fällt schwer. Man kann nachdenklich darüber sinnen, ob die Würde der Meisterwerke der Musik, unaufhörlich verbreitet und wiederholt, nicht durch Abnutzung Schaden erleidet. Man kann der Meinung sein, daß große musikalische Aussagen tiefer erlebt werden, wenn ihre Klänge einen musikalisch noch unverbrauchten Hörer erreichen. Seit es das »perpetuum musicale« des Rundfunks gibt, ist das anders geworden.
Da der Umgang mit mittelmäßiger Literatur als Zeitverschwendung galt, bin ich zu guter Lektüre angehalten worden. Nach Andersens Märchen war »Die abenteuerliche Reise des kleinen Nils Holgerson mit den Wildgänsen« der Selma Lagerlöf das erste Buch meiner Kinderzeit. Mark Twains »Tom Sawyer und Huckleberry Finn« konnte ich schon selber lesen, so auch die Reisebücher von Sven Hedin und Max Eyths »Hinter Pflug und Schraubstock«. Dann wurde ich an Dickens »Oliver Twist« gesetzt, eine Lektüre, die mir endlos erschien und sauer wurde. Mit Gogols »Toten Seelen« habe ich dagegen sofort und für immer Freundschaft geschlossen.

Große Erlebnisse waren Reisen zum Besuch der alten Tante Toni Commichau, einer Moskau-Deutschen, die jetzt in Jena lebte. Zunächst fuhr man stundenlang über die weiten Ebenen der Lausitz, des Südrandes der Mark und der Provinz Sachsen nach Halle. Dort mußte man umsteigen. Dann führten die Gleise über Naumburg, vorbei an den Gradierwerken von Bad Kösen, vorbei an Schulpforta und der Rudelsburg in das liebliche Saaletal. Die alte Universitätsstadt Jena hatte trotz der großen Fabriken von Carl Zeiss einen gemütlichen Charakter und bot ein poetisches Stadtbild. Die amerikanischen Bomben und der Sozialismus haben dieses alte Jena, mit den Erinnerungen an Goethe und Schiller, weitgehend zerstört. Die Tante besaß ein weitläufiges Haus inmitten eines alten Gartens mit hohen Bäumen. An den Mauern dieses Hauses erinnerten Schilder an die Namen und Lebensdaten der vielen Gelehrten, die dort gewohnt hatten, unter ihnen Friedrich Schiller. Verlockend war es, Ausflüge in die nahe Innenstadt zu unternehmen, nur begleitet von Toto, der Haushündin. Auf dem Rathausturm von Jena befand sich eine große Uhr, die bei jeder vollen Stunde – so noch heute – eine Engelsfigur in Bewegung setzte. Das Straßenbild beherrschten die Studenten mit ihren farbigen Mützen. Solche Ausflüge waren herrliche Abenteuer. Nur der Rückweg war manchmal schwer zu finden, aber da half die ortskundige Toto.

Den ersten Schulunterricht habe ich, sieben Jahre alt, zu Hause erhalten. Die öffentliche Vorschule – sie hätte drei Jahre gedauert – durfte damals noch durch einen zweijährigen Privatunterricht ersetzt werden, eine gute Einrichtung, die dem Kampf gegen soziale Privilegien zum Opfer gefallen ist. Eine junge Lehrerin, nach damaliger Mode mit einer großen schwarzen Schleife im Haar, erteilte fünf Jungen viermal in der Woche in den elterlichen

Wohnungen Unterricht im Lesen, Schreiben, Rechnen, in Heimatkunde und Religion. Von ihren fünf Schülern ist einer ein hoher Staatsbeamter, ein anderer Stabschef von Feldmarschall Rommel, ein dritter Arzt, der vierte der Erzähler dieser Geschichte geworden. Der fünfte ist verschollen.

Im Religionsunterricht hörte ich zum ersten Mal von den Juden, von ihrem aufregenden Zug durch die weichenden Wasser des Roten Meeres, von dem uralten Moses auf dem Berge Sinai und von der Arche Noah – höchst spannende Geschichten. Meine Eltern hatten viele, mir wohlvertraute Freunde, von denen ich nicht wußte, daß sie Juden waren. Davon war nie die Rede, es gab im Elternhaus keine Unterschiede zwischen den jüdischen und nichtjüdischen Freunden. Lange sind mir solche Unterscheidungen fremd geblieben.
Die Verwandlung von Wasser in Wein bei der Hochzeit in Kanaan machte mir tiefen Eindruck. Ich hielt sie für ein Zauberkunststück zur Unterhaltung der Gäste, aber meine Frage, ob der Herr Jesus auch Späße gemacht hätte, versetzte die fromme Lehrerin in peinliche Verlegenheit. Sie ließ mich kopfschüttelnd ohne Antwort. So wagte ich nicht weiterzufragen, ob ein so heiliger Mensch wie der Herr Jesus auch gelacht habe.
Besonders fesselte mich die Heimatkunde und das, was dabei aus der Vergangenheit berichtet wurde. Die leibhaftige Verkörperung der Vergangenheit war für mich als Schuljunge das bejahrte Fräulein Pförtner von der Hölle aus alter schlesischer Familie, die gelegentlich meine Mutter zum Nachmittagstee besuchte. So viel Vergangenheit konnte ich mir gar nicht vorstellen, hätte sie

nicht in der Person der alten Dame vor mir gestanden. Ihre Ahnen hatten am Ende des 13. Jahrhunderts, also vor über einem halben Jahrtausend bei Löwenberg im Vorland des Riesengebirges Landbesitz erworben, einer Gegend, aus der auch der Sandstein stammt, aus dem in Berlin das Brandenburger Tor errichtet worden ist.
Angeregt durch die Heimatkunde, die anfangs auf Schlesien beschränkt war, wurde Geographie zu meinem Lieblingsfach. Stundenlang studierte ich den großen Atlas und alle erreichbaren Landkarten. Dann erfand ich selbst Karten von Phantasieländern und malte mit Buntstiften in vielen Variationen Berge, Flüsse, Seen, Städte, Häfen und Eisenbahnlinien.

Nach der konzentrierten Vorbereitung durch Privatunterricht gelang die Aufnahme in das Gymnasium spielend. Ostern 1914 trat ich in die Sexta ein. Das königlichpreußische König-Wilhelm-Gymnasium (kurz KWG), eine humanistische Schule, lag am Rande der Innenstadt. Mein Schulweg, bei gutem Wetter für kleine Beine eine gute halbe Stunde zu Fuß, den ich, den ledernen Ranzen mit den Schulbüchern und Schreibheften auf dem Rükken, zurücklegte, war erlebnisreicher als heute eine Flugreise von gleicher Dauer. Zuerst führte er durch eine breite Straße mit einer Allee hoher Platanen in ihrer Mitte, darunter nebeneinander ein Fußweg und ein Reitweg, rechts und links davon granitgepflasterte Fahrbahnen mit den Gleisen für die »Elektrische«.
In der Morgenfrühe waren in dieser Straße nur wenige Leute unterwegs. In den dunklen Monaten begegnete man den Laternenanzündern, deren Amt es war, mit langen Stangen abends das Licht der Gas-Laternen anzuzün-

den und morgens zu löschen. Eine elektrische Straßenbeleuchtung gab es erst auf wenigen Hauptstraßen, die nächtliche Stadt war viel dunkler als heute. Bäckerjungen auf Fahrrädern, große Körbe auf dem Rücken, trugen frische Frühstückssemmeln in die Häuser. Manchmal sah man Schienenritzenreiniger bei ihrer Arbeit an den Straßenbahngleisen. Ein weißer Milchwagen meldete sich mit seiner hellen Glocke bei Hausfrauen und Dienstboten. Reiter trabten vorbei. In der Frühe waren auch die Straßenkehrer dabei, das Pflaster von dem Pferdemist zu reinigen, den der damals fast ausschließlich von Pferden bewältigte Fuhrverkehr auf den Straßen reichlich hinterließ. Nirgends parkten Wagen, selten sah man ein Auto vorbeifahren; nur ab und zu rollte eine Pferdedroschke – eisenbereift – oder rasselte eine Straßenbahn vorbei.

Auf dem weiteren Weg zur Schule gelangte man an einen Zirkusbau, wo auf bunten Plakaten für muskelstrotzende Ringkämpfer, erstaunliche Gestalten, geworben wurde. Ringkämpfe waren damals in Mode, die Zeiten des Boxsports noch nicht gekommen. Nachdem ich einen Viadukt der Eisenbahn passiert hatte, kam ich an die interessanteste Stelle meines Schulweges, eine große Markthalle, in der es schon in dieser frühen Morgenstunde von Menschen wimmelte. Mit den prosaischen Reihen der mit abgepackter Fertigkost in Pappschachteln und Konservendosen gefüllten Regalen eines modernen Supermarktes läßt sich die malerische Vielfalt dieser Markthalle nicht vergleichen. Immer gab es dort viel zu sehen. Deshalb verlangsamte ich meine Schritte und blieb öfters stehen. Ausgebreitet lag da vor mir wie ein üppiges holländisches Stilleben der ganze Reichtum an Produkten der Felder, Gärten und Wälder des fruchtbaren Schlesien.

Je nach der Jahreszeit stand man vor den zu Bergen getürmten Kirschen, Pflaumen, Äpfeln, Birnen, Stachelbeeren, Blaubeeren, Preiselbeeren, Steinpilzen, Pfifferlingen, Nüssen. Butter wurde gesalzen oder ungesalzen aus hölzernen Fässern, Eier nach »Mandeln« – 15 Stück – oder nach »Schock« – 60 Stück – oder einzeln verkauft, alles in Papiertüten verpackt. Kunststoffbeutel waren noch unbekannt. Aus den nahen Teichwirtschaften bei Militsch stammten die Schleien, Karpfen und Hechte, lebend in Bassins oder kochfertig hergerichtet auf großen Tischen zwischen Eiswürfeln ausgebreitet. Daneben lagen die geräucherten Aale, Flundern und Sprotten aus der Ostsee, die über Nacht aus Stettin herangebracht worden waren. Geflügelzüchter hielten ihre Ware bereit, die laut schnatternd in Käfigen saß oder bereits geschlachtet und gerupft war, Puten, Gänse, Hühner und Tauben, von den Käufern – Hausfrauen oder ihren Dienstboten – mit kundiger Hand befühlt. Ein anderer Stand bot in irdenen Töpfen Schweineschmalz und für die jüdische Kundschaft Gänseschmalz an. Die Stände der Metzger zeigten ganze Rinder-, Kälber- und Schweinehälften, dazu die langen Ketten der Würste und Schinken, daneben im dampfenden Kessel die heiße Wurst, die gute »Polnische«. Nur Bären – Jagdbeute aus den Karpathen – gab es in der Markthalle nicht zu kaufen. Wer sich Bärentatzen und Bärenschinken wünschte, mußte in das Delikatessengeschäft von Erich und Karl Schneider gehen, wo im Winter Bären an den Hinterläufen aufgehängt vor dem Ladeneingang hingen.
Eine Frau verkaufte gemahlenen Mohn, unentbehrlich für den selbstgebackenen Kuchen oder die schlesische Spezialität der Mohnklöße. Tierhändler boten Kanarien-

vögel, Papageien, Meerschweinchen und junge Hunde an, daneben befand sich ein Verkaufsstand für die Liebhaber von Aquarien.

Jeder Einkauf wurde einzeln abgefüllt und abgewogen, in Tüten gepackt und nicht über eine automatische Registrierkasse, sondern begleitet von einem »gemittlichen« Gespräch zwischen dem Händler und seinem Kunden umständlich abgerechnet. Überall durfte man kosten. So war jeder Einkauf nicht nur ein Akt der Warenversorgung, sondern ein sozialer Vorgang, sorgfältig überwacht vom Auge des Gesetzes, denn im Mittelgang der Markthalle ging langsam ein Polizist mit Helm und umgeschnalltem Säbel auf und ab. Man nahm sich Zeit zum Ritual des Einkaufs.

Die Durchquerung der Markthalle war zeitraubend. Nach einem letzten Blick auf eine aus Gläsern vielfarbigen Honigs gebaute Pyramide mußte ich mich beeilen, um nicht zu spät in die Schule zu kommen.

Aus der Markthalle gelangte man auf eine belebte Hauptstraße. Dort gab es oft eine neue Verführung, nochmals stehenzubleiben, denn diese Straße war wie andere Hauptstraßen – kein geringer Luxus – mit Holz gepflastert, also eine leise Straße, auf der man kaum mehr das Rollen der Räder, sondern nur noch den Hufschlag der Pferde hörte. Am Holzpflaster gab es oft etwas auszubessern. Das genaue Verlegen der imprägnierten Holzklötze aus bosnischer Eiche auf einem mit heißem Teer begossenen Untergrund aus Zement war ungemein fesselnd und fand stets viele Zuschauer. Ungern trennte ich mich von dieser Baustelle, denn in zehn Minuten mußte ich in der Schule sein und vorher noch den verkehrsreichen Sonnenplatz überqueren.

Der Sonnenplatz war eigentlich nur eine unübersichtliche Kreuzung sechs ebenso unschöner wie belebter Straßen. Dort galt es aufzupassen, denn eine Verkehrsregelung durch die Polizei oder Ampeln gab es nicht. Langsam rumpelnde bäuerliche Planwagen brachten ländliche Produkte in die Stadt, Brauereiwagen hinter prachtvoll geschirrten schweren Pferden, mit Fässern hoch beladen, wurden von schnauzbärtigen Kutschern in großen Lederschürzen gelenkt. Zweispännige Rollwagen mit kleinen Rädern transportierten Kisten, Säcke, Körbe, Koffer, Möbel. Radler flitzten klingelnd kreuz und quer, elektrische Straßenbahnen kamen aus mehreren Richtungen. Dazwischen trabten Pferdedroschken, deren Kutscher weißlackierte Zylinder trugen. Selten tauchte eine Equipage auf Gummirädern auf, der Kutscher, straff aufgerichtet, in langem schwarzem Rock, einen Zylinder mit Kokarde auf dem Kopf, die Beine in hohen Lackschaftstiefeln, eine große Peitsche und die Zügel in der Hand. An heißen Sommertagen löschten die Sprengwagen der Straßenbahn zur jubelnden Freude der Jugend den Straßenstaub mit ihren weitreichenden Strahlen. Die Kinder der ärmeren Schichten – der großen Mehrheit der Bevölkerung – waren schlecht, oft abgerissen gekleidet. Im Sommer liefen sie fast alle barfuß. Kinderschuhe waren für die meisten ebenso wie warme Mäntel und Handschuhe im Winter ein nicht erschwinglicher Luxus. Für die Söhne der Bessersituierten war der Matrosenanzug in Mode.
Bei schlechtem Wetter fuhr ich mit der Straßenbahn zur Schule, Fahrpreis 10 Pfennig, einen »Böhm« nannte der Schaffner die kleine Nickelmünze, eine aus jener Vergangenheit stammende Vokabel, als die Länder Schlesien,

Böhmen und Mähren im 16. Jahrhundert miteinander verbunden waren. Eine andere Erinnerung an diese Zeit war die Bildsäule des Heiligen Nepomuk, des Landespatrons von Böhmen, vor der Kreuzkirche im Dombezirk von Breslau, die auch heute noch auf ihrem alten Platz steht, so wie die Nepomuksäulen in Schweidnitz und Glatz.

Die Sonnenstraße, in der mein Gymnasium lag, war eine enge Reihe von älteren, ungepflegten Mietshäusern mit allerlei Gewerbebetrieben in den Kellern, aus denen undefinierbare Gerüche aufstiegen, ein rußgeschwärztes, tristes Stadtviertel ohne jedes Grün. Bis zum Freiburger Bahnhof, einer Kopfstation mit klassizistischem Säulenvorbau, war es von da nur ein Katzensprung. Von diesem Bahnhof fuhren die elektrischen Triebwagen nach dem Riesengebirge. Auf seinen Höhen und in seinen weit nach Böhmen reichenden Tälern konnten sich Wanderer und Skifahrer ungehindert durch Paß- und Zollkontrollen meilenweit frei bewegen. Nahm man den 1-Uhr-Zug nach Hirschberg, von dort die blaue Straßenbahn nach Hain und stieg von hier über den Spindlerpaß – mit 1200 Metern die tiefste Einsenkung des Riesengebirgskammes – in das Tal der jungen Elbe ab, dann konnte man bequem zum Nachtessen das von bewaldeten Bergrücken umrahmte Spindelmühle auf der böhmischen Seite erreichen. Spindelmühle gehörte zum deutsch besiedelten Grenzgebiet. Nur der Postbeamte war Tscheche.

Das König-Wilhelm-Gymnasium (KWG) vermochte sich mit dem ehrwürdigen Alter der vor vier Jahrhunderten gegründeten Lateinschulen des Magdaleneum und des Elisabethanum, genannt nach den beiden Bürgerkirchen im Herzen der Stadt, hochragenden Bauten der Backsteingotik, denen sie einmal angegliedert waren, nicht zu messen, auch nicht mit dem alten Realgymnasium »Zum heiligen Geist«. Es war eine konfessionell nicht gebundene, humanistische Schule, in ihrem pädagogischen Stil stark philologisch geprägt. Die moderne Welt der Naturwissenschaft und Technik war seinen Lehrplänen fern, sie waren von den technischen, wirtschaftlichen und sozialen Veränderungen der Zeit wenig berührt. Das KWG war daher keine Stätte der Vorbereitung auf die Teilnahme am öffentlichen Leben der Gegenwart und ihren modernen Berufen, aber es vermittelte die Grundlagen einer humanistischen Bildung.

Aus gelben und roten Ziegeln errichtet, war das KWG ein Bau jener Behördenarchitektur, die unser Land weithin mit Kasernen, Amtsgerichten, Schulen, Kirchen, Zuchthäusern und Bahnhöfen versehen hat. An nationalen Feiertagen, so am Geburtstag des Kaisers oder am Sedan-Tag, wehte die preußische Staatsflagge, der schwarze Adler auf weißem Tuch, über seinem Dach. Der 2. September, der Sedan-Tag – heute muß das erklärt werden – ist einmal zur Erinnerung an den Sieg über die Franzosen 1870 ein großer Staatsfeiertag gewesen. Bei Sedan am Rande der Ardennen war eine französische Armee und mit ihr Kaiser Napoleon III. in deutsche Gefangenschaft geraten. An diesem Tag versammelten sich Lehrer und Schüler im Sonntagsanzug in der Aula. Von patriotischen Liedern umrahmt, wurde eine festliche Ansprache gehalten, dann war schulfrei. Zu Hause waren diese patriotischen Feiertage nicht beliebt; man war gegen antifranzösische Kundgebungen, überhaupt gegen jede Art von chauvinistischem Nationalismus, getreu einer freisinnig-liberalen Familientradition mit kosmopolitischem Einschlag.

Im KWG mit seinen etwa 400 Schülern traf ich zum ersten Mal mit der mir bis dahin unbekannten Masse zusammen. Das Getümmel und der gellende Lärm während der Unterrichtspausen auf Treppen und Korridoren, das Drängeln und Herumgestoßenwerden durch manch' grobe Bürschchen waren verwirrend, lehrten mich aber bald, mich meiner Haut zu wehren. Meine Sexta hatte dreiunddreißig Schüler, darunter nur sechs Katholiken, die, der Sozialstruktur der Stadt entsprechend, aus ärmeren Familien stammten. In Breslau residierte zwar als Haupt einer bis nach Böhmen reichenden Diözese ein Kardinal, aber seit der Reformation war die Stadt und mit ihr ganz Niederschlesien immer zu zwei Dritteln protestantisch gewesen. Das mag auch erklären, warum das von Friedrich II., dem Großen, eroberte Schlesien sich so schnell und willig aus dem habsburgisch-katholischen Verband gelöst und in eine gut preußisch gesinnte Provinz verwandelt hat. Von den sechs jüdischen Mitschülern gehörten zwei zur orthodoxen Gemeinde. Sie durften zwar am Sonnabend, dem Sabbat, am Unterricht teilnehmen, aber an diesem Tag weder Bücher tragen noch schreiben. In die Klassengemeinschaft wurden sie mit Selbstverständlichkeit aufgenommen, Antisemitismus spielte in der Schule damals keine Rolle.

Der Besuch des Gymnasiums war nicht frei, sondern kostete ein bescheidenes Schulgeld. Gleiches galt für die Schulbücher. Dieser Aufwand war nicht hoch, gleichwohl bei weitem nicht für alle erschwinglich. So wurde besonders begabten Schülern das Schulgeld erlassen. Wer

diese »Freischüler« waren, wurde diskret behandelt, interessierte die Klasse auch nicht. Aber der eine oder andere gab sich selbst als Freischüler zu erkennen, wenn er erklären wollte, warum er sich leider an mehr oder minder gutartigen Schülerstreichen nicht beteiligen könne.
Viele Schüler stammten aus dem unteren Mittelstand. Nur bei wenigen gab es zu Hause schon ein Telefon, und sicherlich werden nicht alle eine Badewanne gehabt haben. Wenige Familien verreisten während der großen Ferien in die »Sommerfrische«. Allgemein war nicht nur der Lebenszuschnitt bescheidener als heute, die Ansprüche waren es auch. Das begann bei Essen und Trinken. Das Glas Wein stand nicht auf jedermanns Tisch. Aber viel, viel mehr Familien als heute hatten damals Hauspersonal, eine Köchin, dazu oft auch ein Zimmermädchen und alle zwei, drei Wochen – die Waschmaschine war noch nicht erfunden – die Waschfrau, um die schwere Arbeit der großen Wäsche in der Waschküche zu leisten.
Im Straßenbild dominierte einfache Kleidung, das Kopftuch bei den Frauen, die Mütze bei den Männern. Pelzmäntel trugen nur die Wohlhabenden. Man ging viel mehr zu Fuß als heute, sparte auch den Böhm für die Elektrische. Bettler standen überall auf den Straßen und vor den Kirchen, Bettler kamen vor die Haustür und baten um einen Groschen oder um einen Teller warme Suppe. Persönliche Almosen rangierten noch vor öffentlicher Unterstützung. Polnische Sprachlaute waren nicht zu hören. Breslau war eine deutsche Stadt – seit Jahrhunderten.
Klassenlehrer der Sexta, der in Latein und Religion unterrichtete, war Professor Hartmann, ein orthodoxer Protestant und Katholikenhasser, stets schwarz gekleidet

mit schwarz umrandetem Zwicker auf der Nase. Am ersten Schultag ermahnte er in mildem Piano zu Pünktlichkeit und pfleglichem Umgang mit Büchern, verlangte Aufmerksamkeit im Unterricht und Fleiß bei den Hausaufgaben. Lauter werdend forderte er das nächste Mal Gottesfurcht, Vaterlandsliebe und Gehorsam, um schließlich die versammelten Knirpse in schrillem Fortissimo anzuschreien: »Ihr seid hier nicht, um Maulaffen feil zu halten, sondern um eure verdammte Pflicht und Schuldigkeit zu tun, bei Strafe!«

Dieser drohende Ton war mir neu, ja, er amüsierte mich. Wieso waren denn Pflicht und Schuldigkeit verdammt? Ich wußte mit dieser schneidigen Anrede nichts anzufangen. Doch die übrigen zweiunddreißig Knirpse saßen ungerührt, offenbar waren sie es seit den Jahren in der öffentlichen Vorschule gewöhnt, so angefaucht zu werden und machten sich nichts daraus.

Montags fand vor Unterrichtsbeginn in der Aula unter einem lebensgroßen Porträt Wilhelms I., des ersten Kaisers, nach dem das Gymnasium hieß, eine evangelische Andacht statt. Sie wurde mit einem Kirchenlied eingeleitet, dem eine Ansprache über einen Bibeltext folgte. Den Abschluß bildete ein Choral. Professor Hartmann sprach über die Worte des 121. Psalms: »Der Herr behüte dich, der Herr ist der Schatten über deiner rechten Hand, daß dich des Tages die Sonne nicht steche, noch der Mond des Nachts.«

Ein Mondstich? Den gibt's doch gar nicht, das ist ja zum Lachen. Doch während der Andacht darf man nicht lachen, nicht einmal grinsen. Leider grinste ich. Und sofort folgte das Strafgericht. Was hattest du vorhin während der Andacht zu grinsen? Ich dachte nur, Herr Professor, das mit dem Mondstich sei so komisch. Das ist unerhört, in der Andacht hast du an deinen Herrgott zu denken und keine dummen Späße im Kopf zu haben. Du wirst mit einer Rüge wegen moralischer Unreife im Klassenbuch bestraft.

Trotzdem stand ich gut da, als es bei Beginn der Sommerferien die erste Zensur gab. Ich war dritter unter dreiunddreißig. Das ist mir leider zu Kopf gestiegen; ich wurde faul. Bald geriet ich in die hinteren Ränge, weil ich während des Unterrichts allzu häufig zu Max-und-Moritz-Manieren neigte.

Die Klassenzimmer des KWG, mit buckligen Fußböden aus breiten Holzbohlen ohne Farbanstrich, waren schmucklos, weiß gekalkt und mit Gaslampen ausgestattet. Als Schüler haben wir diese spartanische Einfachheit nicht bemerkt, sie hat uns auch nicht geschadet; unsere Schulzeit haben wir zumeist fröhlich darin zugebracht. Erst viel später ist mir beim Anblick moderner Schulen bewußt geworden, in welch' kahlen Wänden ich neun Gymnasialjahre verbracht habe. Immerhin hatten wir eine moderne Turnhalle, wo vor allem das Geräteturnen unsere Leidenschaft war. An den Klettertauen war ich einer der Schnellsten. Einmal in der Woche ging es auf die Spielwiese vor der Stadt, wo Handball, Schleuderball oder Schlagball gespielt wurde. Der Fußball hatte seinen Siegeszug noch nicht angetreten.

Sommerliche Schulausflüge führten nur in die nahe Umgebung. Weite Reisen, wie sie heutzutage Schulklassen fast selbstverständlich unternehmen, lagen außerhalb damaliger Gepflogenheiten und Möglichkeiten. Unser beliebtestes Ziel war immer wieder das Flüßchen Weide, ein rechter Nebenfluß der Oder, an dessen Ufern es verborgene, von alten Weidenbäumen gesäumte idyllische Stellen gab. Da die Weide in ihrem Lauf von mehreren warmen Quellen gespeist wird, bot sie ein herrliches Badevergnügen. Um zu verhindern, daß der begleitende alte Studienrat, der seine Füße in der Weide badete, allzu schnell wieder aufbrach, versteckten wir seine Schuhe im Gebüsch, bis wir uns selbst zum Heimweg aufmachen wollten.

Für den Sommer 1914 hatten meine Eltern in dem Weiler Sankt Salvator oberhalb von Prien am Chiemsee eine Ferienwohnung gemietet. Für damalige Begriffe war das eine weite Reise, vierzehn Stunden mit dem D-Zug von Breslau nach München, fünf Stunden länger wie heute etwa ein Flug von Frankfurt nach Peking dauert, – diese traurige Entzauberung der Ferne... In das große Bauernhaus ließ sich mein Vater einen Flügel kommen, seinen gewohnten Reisebegleiter, den er für tägliche Klavierübungen und für das Studium von Partituren brauchte.
Ende Juli bestiegen wir von Hohenaschau aus die Kampenwand. Zum ersten Mal sah ich von dort in der Ferne die beschneiten Gipfel hoher Berge, die Tauern. Ein anderes Mal unternahmen wir einen weiten Marsch zum Simssee, um dort den befreundeten Max Reger zu besuchen. Von Reger habe ich nur die undeutliche Erinnerung an einen schweren Mann mit dunklem Haar, der sich des öfteren mit dem Taschentuch die feuchte Stirn trocknete. Mein Vater war sogleich in lebhaftem Gespräch mit ihm; beide unterbrachen ihre Unterhaltung mehrmals, um am Klavier einige Akkorde anzuschlagen.

Als im August 1914 der Krieg mit Frankreich, England und Rußland, oder, um mit Winston Churchill zu sprechen, der zweite dreißigjährige Krieg begann, herrschte im kleinen Prien fiebernde Aufregung. Auf dem Bahnhof wurden die zu ihren Truppenteilen eilenden Reservisten von einer begeisterten Menge mit patriotischen Liedern verabschiedet. Eine englische Malerin, bepackt mit Staffelei und Farbenkästen, mußte sich, als Spionin verdächtigt, vor einer aufgebrachten Menge in die Apotheke retten. Autos wurden angehalten und durchsucht, weil sie angeblich Gold ins Ausland brachten. Auf dem Weg nach Prien begegnete uns, mühsam bergan schnaufend, die Haushälterin des in unserer Nachbarschaft wohnenden alten Generals von Bomhard, in jeder Hand drei Säbel. Aber Marie, wie kommen Sie denn daher? Ja, wissen's, jetzt wo mir Kriag ham, hat mi der Herr General geschickt, seine Säbel schleifen zu lassen, und heut bring i sie ihm wieda. Das zeigte uns den Ernst der Lage.

Da 1914 eine Invasion der Russen in Schlesien befürchtet wurde und Breslau zur Festung erklärt war, durften Frauen und Kinder nicht dorthin zurückkehren. Mein Vater trat die Heimreise allein an. Die Schulferien verlängerten sich um viele Wochen. Meine Mutter gab mir Latein-Unterricht, damit die eben erst erworbenen Kenntnisse nicht wieder verloren gingen. Aber als die Russen nicht kamen, übersiedelten wir nach Jena in das Haus eines Bruders meiner Mutter. Während einiger Wochen habe ich dort als Gastschüler das Gymnasium besucht; erst Anfang Dezember durften wir heimreisen.

Unvergeßlich bleibt mir, daß meine Mutter, wann immer wir bei der Rückkehr aus Ferien in Thüringen oder Süddeutschland in Halle den Zug nach Breslau bestie-

gen, zu unserer Erheiterung sagte: »Jetzt fahren wir wieder nach Polen.« Wie kam sie dazu? Sie hatte ihre erste Kindheit in Russisch-Polen verbracht und sich später Jahr für Jahr wochenlang bei ihren Angehörigen, deutschen Textilfabrikanten, in Polen und Rußland aufgehalten. Dabei hatte sie in Petersburg und Moskau, auch in Warschau noch das Leben in dieser slawischen Welt vor dem großen Umsturz von 1917 kennengelernt und sich auf diese Weise ein unterschwelliges Gespür für die slawischen Spuren in Land und Volk Schlesiens bewahrt.
Seit Kriegsbeginn – alle jungen Lehrer waren zum Heeresdienst eingerückt – bestand das Lehrerkollegium nur aus älteren Herren, die es mit ihren jungen Schülern oft nicht leicht hatten. Neben Lehrern mit angeborener Autorität, die ihre Zöglinge fest in der Hand hatten, gab es auch seltsame Käuze, an denen wir unseren Übermut ausließen. Besonderes Vergnügen bereitete uns der alte Professor, der mit dem Gruß »Gott strafe England« die Klasse betrat, seine Röllchen aus den Rockärmeln klapp, klapp auf das Katheder stellte und fortfuhr: »Mein Name ist Sylvius Kreuzwendedich von Monsterberg und Münckenau, ich bin der letzte der Piasten.« Er hieß wirklich so und sah mit seinem herabhängenden Schnurrbart auch wie ein echter Sproß dieses slawischen Fürstengeschlechts aus, das vor siebenhundert Jahren deutsche Prinzessinnen geheiratet und deutsche Bauern und Handwerker für die friedliche Arbeit der Kultivierung in das weithin menschenleere, von dichten Wäldern bedeckte Schlesien gerufen hatte.
Das König Wilhelm Gymnasium hat seinen Schülern zwar wenig für das praktische Leben aber wichtige andere Werte mitgegeben: sorgfältigen Umgang mit der

deutschen Sprache, solide Kenntnisse der alten Sprachen und Geschichtssinn. Der Unterricht in Latein gab einen Begriff von der konzentrierten Prägnanz der Weltsprache des alten Rom, der Kirche und des Mittelalters. In der Klausur des Abituriums floß ein lateinischer Aufsatz leicht in die Feder, aber das Griechische richtete mit seinen unregelmäßigen Verben zunächst eine Hürde auf. Bald aber nahm uns der bilderreiche Wortschatz und Wohlklang dieser Sprache gefangen. Xenophons Anabasis, die Geschichte des Marsches von 10000 Mann griechischer Hilfstruppen des Perserkönigs Kyros über die Hochebenen Anatoliens an das Schwarze Meer, auch die endlosen Satzbildungen im Geschichtswerk des Thukydides habe ich gerne gelesen, die Odyssee des Homer habe ich geliebt.

Von griechischer und römischer Geschichte haben wir genau soviel, eher mehr als von neuer Geschichte gelernt. Wenn aber Studienrat Langer, seine Hände auf dem Rücken gefaltet, vor der Klasse auf- und abgehend, frei über Preußen – Preußen als Idee nicht als Land – vortrug, uns die auf dem Ernst von Dienst, Pflicht und Ordnung ruhende preußische Staatsräson erklärte und über die unwiederholbare preußische Mischung von Macht und geistiger Kultur sprach, hörte die Klasse gebannt zu. Daß Friedrichs Schlesische Kriege Raubkriege waren, kam bei einem auf das Preußische verengten Geschichtsbild niemand in den Sinn. Weil die Habsburger während zwei Jahrhunderten wenig für Schlesien getan hatten, da es sich ihrem Katholizismus nicht hatte fügen wollen – so wurde erklärt und betont –, war Schlesien erst unter preußischer Verwaltung zielstrebig zu einem blühenden Land entwickelt worden.

Der Geschichte Englands, seiner Seemacht und seines Weltreiches wurde gebührender Raum gegeben. Ausführlich wurden die großen Epochen der französischen Geschichte behandelt, Richelieu, Ludwig XIV., die Französische Revolution, die Zeit Napoleons, natürlich der Krieg von 1870/71, aber nicht der Aufbau des französischen Kolonialreiches nach 1871. In Breslau, hinten fern im Binnenland, lag Amerika außerhalb der Sichtweite unseres Unterrichts, in dem auch die englische Sprache nur eine unbedeutende Rolle spielte.
Von Polen, Schlesiens nächstem Nachbarn, erfuhren wir so wenig wie von dem westlichen slawischen Nachbarland Böhmen. Wie hätten wir, mit den deutsch-tschechischen Spannungen von unseren Wanderungen im Riesengebirge vertraut, die Ohren gespitzt, wenn wir gehört hätten, daß Georg Poděbrad, König von Böhmen, schon im 15. Jahrhundert von den Deutschen gesagt hat, sie seien »der alte Feind und Verderber der Krone und des Königreichs Böhmen«. Von Polen hieß es, daß es, aus eigenem Verschulden unregierbar geworden, sozusagen aus Gründen der politischen Hygiene, unter seinen Nachbarn notgedrungen aufgeteilt worden sei. Mochte in dieser Darstellung auch ein Körnchen Wahrheit liegen, so bleibt es doch verwunderlich, daß der Gedanke, die Zerschlagung Polens, dieses Puffers zwischen dem Westen Europas und dem wachsenden Riesen Rußland, könnte auf lange Sicht ein Fehler sein, nie auftauchte.
Eine Zeitlang saßen zwei junge Polen in meiner Klasse, Pomorski und von Chlapowski. Dieser war ein hochgewachsener Junge mit braunen Augen und braunem Haar, dunklen Brauen und Pagenfrisur, stets gepflegt gekleidet mit breitem, weiß gestärktem Kragen. Bei den Mitschü-

lern war er beliebt und von den Lehrern wegen seiner höflichen Intelligenz geschätzt. Er kannte mehr deutsche Gedichte auswendig als die meisten seiner deutschen Mitschüler. Er zeigte uns, daß es eine Oberschicht hoher Bildung in Polen gab, nicht nur die alljährlich zur Erntezeit zu Tausenden herbeiströmenden Saisonarbeiter, die »Sachsengänger«, ohne die in weiten Gebieten Ostelbiens die Ernten schon lange nicht mehr eingebracht werden konnten.

Von Rußland, dessen Macht von der polnischen Grenze bis an den Pazifik reichte, war selten und dann oberflächlich die Rede. Das Ereignis der russischen Revolution von 1917 wurde in seiner welthistorischen Bedeutung nicht wahrgenommen und daher im Unterricht überhaupt nicht besprochen. Meine Nachrichtenquelle über Rußland ist meine Mutter gewesen, die viel über ihre Jugend in diesem Land, die Pracht der kaiserlichen Residenzstadt St. Petersburg und über das einfache, von ihr geliebte russische Volk erzählt hat. Unter ihren Geschwistern, fünf Brüdern und vier Schwestern, stand sie ihrem sieben Jahre älteren Bruder Theodor besonders nahe, der ein Mann von enzyklopädischer Bildung war, ein Sprachgelehrter, vor allem ein Slawist von Rang. Seine Übersetzungen russischer Dichter wie Gogol, Puschkin und Turgeniew waren meisterhaft; Max Reinhardt hat Gogols »Revisor« in Theodors Übersetzung auf die Bühne gebracht. Seine Bewunderung der russischen Literatur hat Theodor an meine Mutter weitergegeben, die sie wiederum ihren Kindern vermittelt hat.

Als Primaner habe ich die Vorlesungen des befreundeten Geologen Professor Hans Cloos über die Geologie des Riesengebirges besucht. Im Sommer 1921 habe ich in seinen Kollegs gesessen, Beginn morgens 7 Uhr s.t. Cloos, ein faszinierender akademischer Lehrer, wollte einen Geologen aus mir machen, aber ich war noch zu jung, um mich für das Studium eines bestimmten Faches zu entscheiden.

Eines Tages begleitete ich meinen Vater zum Besuch bei einem alten Herrn. Nachdem ich einer langen Unterhaltung der beiden zugehört hatte, wandte sich der alte Herr mir zu, fragte nach Schulerlebnissen und meinen besonderen Interessen. Als wir aufbrachen, lud er mich ein, ihn künftig zum Mittagessen öfters zu besuchen. Das habe ich während einiger Monate öfters getan. Dieser Bekannte meines Vaters, offensichtlich leidend und deshalb stets mit einem wärmenden Plaid über den Beinen, examinierte meine Kenntnisse vor allem in neuer deutscher Geschichte und gab sich viel Mühe, mein Schulwissen zu verbessern. Viel und ausführlich sprach er über den abgedankten Kaiser Wilhelm II., den er gut gekannt zu haben schien; oft erzählte er vom Leben am kaiserlichen Hof in Berlin.
Ich habe meinem freundlichen Gastgeber, einem feingebildeten Herrn, der mich politisch belehrte, aber während langer Monologe meine Anwesenheit oft zu vergessen schien, aufmerksam zugehört, obwohl ich manchmal seiner Erzählung, in der er eine Überfülle von Personalia vor mir ausbreitete, schwer folgen konnte. Dieser alte Freund war Kuno Graf Moltke, einst Flügeladjudant des letzten deutschen Kaisers. In einen am Anfang des Jahrhunderts von dem Journalisten Maximilian Harden provozierten Prozeß, die sogenannte Eulenburg-Affäre verwickelt, war sein Name einmal skandalumwittert gewe-

sen. Das war lange her. Moltke hatte sich, betreut von einem schweigsamen Diener, in die Stille einer behaglichen Wohnung nach Breslau zurückgezogen. Anfang der zwanziger Jahre gab es in Deutschland wenig zu essen. Auch Kuno Moltke, so gut er es mit mir meinte, konnte meinem Schülerappetit wenig bieten. Seine Graupensuppe war nicht besser als die am Mittagstisch meiner Eltern, mit einem Unterschied: sein Diener – mit weißen Handschuhen – goß beim Servieren einen Schuß griechischen Weins in die Suppe. Die Zunft der Diener ist hierzulande seit langem ausgestorben. Es soll sie noch in den Privathaushalten der obersten Nomenklatura in Moskau geben.

Mit der Jugendbewegung, die in der jungen Generation vor und nach dem Ersten Weltkrieg gerade unter den Nachdenklichen zahlreiche Anhänger fand, hatten die oberen Klassen des Gymnasiums manche Berührung. Auch ich bin zum Mitmachen mehr als einmal aufgefordert worden. Unsere Parole, so sagte mir ein Werber, lautet: deutsch, treu und keusch. Sie gefiel mir gar nicht. Ich fand sie sentimental, ja peinlich und witterte dahinter den mir fremden Drang nach Weltverbesserung. Auch der in diesem Kreis betriebene Kult um den Schriftsteller Friedrich Lienhard, Vertreter einer unsympathischen Deutschtümelei, und den kitschigen Zeichner Fidus mißfiel mir. Davon wollte ich Abstand halten. Die von idealistisch gestimmten jungen Menschen gesuchte Erhebung über die Banalitäten des Alltags und die Verkrustung der Gesellschaft begriff ich wohl, fand sie aber ohne Umwege in der Welt meines Elternhauses und seiner Freunde. So bin ich keinem Bund beigetreten.

Des Lesens gerade mächtig, habe ich 1912 die Nachrichten vom Balkankrieg in der Zeitung entziffert, heimlich, denn Zeitunglesen war mir noch nicht erlaubt. Was ich damals über die Kämpfe zwischen Türken und Bulgaren an der befestigten Tschatalscha-Linie zwischen Adrianopel und Konstantinopel in der »Schlesischen Zeitung« gelesen hatte, habe ich mit meinen Zinnsoldaten wiederholt.

An den Ereignissen des ersten Weltkrieges durfte ich von Beginn an als Zeitungsleser Anteil nehmen. Viele Väter, Brüder und Freunde meiner Klassenkameraden waren beim Heer oder auf See an den Kämpfen dieses Krieges beteiligt, der sich in anderen Ländern abspielte, während der Boden Deutschlands damals von den Verwüstungen des Krieges verschont geblieben ist. Als Frankreich, weniger weise als Bismarck 1866 nach dem Sieg über Österreich, 1919 den karthagischen Frieden von Versailles durchsetzte, haben wir das als eine Demütigung unseres Vaterlandes empfunden. Unser Schülerverstand konnte noch nicht begreifen, daß Versailles auch als Folge politischer Fehler des kaiserlichen Deutschlands zu deuten war. Von unseren Lehrern haben wir darüber nichts gehört. Zu dieser Sicht bin ich erst durch mein Elternhaus und seine Freunde gelenkt worden.

Im eigentlichen Sinn endete die Kinderzeit erst mit dem Weltkrieg. Jetzt aber ging es uns wirklich an; das merkten wir schon daran, daß es schlecht um unser Frühstücksbrot in der Schule stand. Es mangelte an Fleisch und Butter, Brot war knapp und schlecht, Zucker fehlte, Kakao, Schokolade, Apfelsinen und Bananen waren unbekannt. Bald hatten wir auch keine ledernen Schuhe mehr und liefen in klappernden Holzsandalen. Der Besitz eines Wintermantels, dessen Ärmel für einen heranwachsenden Schüler lang genug waren, war ein Schatz. In den späteren kalten Kriegswintern blieben die Schulen wegen Mangel an Koks und Kohle ungeheizt. Wir haben viel gefroren.

Die amerikanischen Quäker hatten im Winter 1919/20 eine Hilfsaktion für hungernde Kinder in Deutschland organisiert. Die Quäkerspeisung, heißer Kakao und Milchreis mit Zucker, wurde in den Schulen ausgeteilt. Teller, Tassen und Löffel waren mitzubringen. Meine Mitschüler sahen blaß und schmal aus. Aber da ich noch immer rote Backen hatte, durfte ich als einziger in der Klasse zu meiner Enttäuschung an der Quäkerspeisung nicht teilnehmen. Mein Nebenmann auf der Schulbank hatte aber ein Herz für mich und ließ mich manchmal aus seinem Teller kosten.

Im Frühjahr 1921 erhielt ich ein Fahrrad geschenkt, gummibereift, mit Freilauf und Rücktrittbremse. Ein neues Fahrrad war auch in den ersten Nachkriegsjahren noch lange eine Seltenheit. Bei den vierhundert Schülern des König Wilhelm Gymnasiums gab es kaum zwanzig Velozipeds, und die waren meistens alt und rostig. Mein nickel-blitzendes Fahrrad erhob mich sozusagen auf eine höhere soziale Stufe; selbst Ober-Primaner, die mich sonst keines Blickes würdigten, ließen sich herab, mein Fahrrad zu bewundern, und natürlich wollten alle dieses Wunderding auch selbst ausprobieren. Ich war stets froh, wenn ich es wieder heil in meinen Händen hatte.

Der deutsche Osten war durch den Versailler Frieden besonders betroffen. Preußen wurde durch den Korridor, den Zugang Polens zum Meer, zerrissen. Der freie Weg von Schlesien nach Danzig und Königsberg war versperrt. Der Verlust der Provinz Posen war bitter, wurde aber resignierend hingenommen, weil man wußte, daß Posen mehrheitlich polnisches Land geblieben war. Dagegen versetzte die Volksabstimmung von 1920 über eine neue Grenzziehung im oberschlesischen Industrierevier die Bevölkerung Schlesiens noch lange nach Kriegsende in anhaltende Erregung.

Die Schlesier mußten die Erfahrung machen, daß man im Westen und Süden Deutschlands von diesen Vorgängen an der Ostgrenze wenig Notiz nahm. Wer wußte im Allgäu oder im Markgräflerland schon etwas von Beuthen oder Kattowitz in Oberschlesien? Unter Führung von Wojciech Korfanty, einem begabten Demagogen, Mitglied der ehemaligen Polen-Fraktion des Reichstages, kam es zu einem bewaffneten polnischen Aufstand, der vollendete Tatsachen schaffen sollte. Um den Annaberg südlich von Oppeln, eine Erhebung mittlerer Höhe mit einer Wallfahrtskirche und einem Kloster auf ihrem Gipfel, kam es zwischen polnischen Insurgenten und deutschen Freikorps zu blutigen Kämpfen, bei denen beide Seiten sogar Artillerie einsetzten. Die Polen erlitten eine Schlappe und zogen sich zurück.

In dem Propagandakrieg, der der Volksabstimmung in Oberschlesien 1920 voranging, haben die Polen die katholische Geistlichkeit auf ihrer Seite gehabt, ein wichtiger Vorteil im deutschen, aber dem Katholizismus polnischer Prägung anhängenden Oberschlesien. Dazu kam, daß unter den zur Kontrolle der Abstimmung eingesetzten alliierten Verbänden die Franzosen mit unverhüllter Parteinahme die polnische Sache unterstützten. Die deutsche Seite hat sich mehr als die der Polen des Mittels der Kulturpropaganda bedient, mit der sie allerdings mehr das Bürgertum der Städte, weniger die Masse der Bergarbeiter und Bauern, das größere Stimmenpotential, erreichte.

Daß am Ende die neuen Grenzen unter Mißachtung der faktischen Abstimmungsergebnisse zugunsten Polens festgelegt wurden, ist für das deutsche Schlesien ein schwerer Schock gewesen. Wertvolle von Deutschen aufgebaute Industrien sind dadurch zum Schaden der schlesischen Wirtschaftskraft an Polen gelangt: nicht nur große Teile von Deutschlands zweitgrößtem Kohlenrevier, Stahlwerke und Anlagen der Schwerchemie, sondern vor allem Europas größte Zink- und Bleiproduktion.

Als die neuen souveränen Staaten der Polen und der Tschechen das von ihren Grenzen umschlossene Schlesien durch neue Handelsschranken von seinen alten Verbindungen nach Ost- und Südost-Europa abschnitten, wurde Schlesien ein zweitklassiger Industriestandort. Hatte man die Polen bisher mit Geringschätzung behandelt, so wurden sie nun gehaßt.

Polen hat damals die Stunde der deutschen Schwäche nach Versailles – aus polnischer Sicht ein begreifliches Verhalten – genutzt, um nach hundertfünfzig Jahren Fremdherrschaft seine Selbständigkeit wiederzugewinnen. Den Begriff der Polonia restituta hat es dabei weit ausgelegt. Durch die Teilung Oberschlesiens und die Schaffung des Korridors hat es den deutschen Stolz tief verletzt. All das überschattete meine letzten Schuljahre.

In meinem Abiturienten-Zeugnis von 1923 stand: der Schüler verläßt das Gymnasium mit dem Ziel, Architekt zu werden. Die im Haus des mit meinem Vater befreundeten Bildhauers Theodor von Gosen gemachte Bekanntschaft mit dem jungen Architekten Ernst May, der damals bei Breslau Siedlungen baute und sich später als Stadtbaurat von Frankfurt am Main einen europäischen Ruf erwarb, ist, so flüchtig sie war, von Einfluß auf diese Interessenrichtung gewesen. Als es beim Abiturium freie Themenwahl gab, verbreitete ich mich in einem ganzen Schulheft über das Thema »Idealbild einer modernen Großstadtanlage«. Zwar wurde dieser Text gut benotet, aber es kränkte mich, daß die Selbständigkeit meiner Arbeit bezweifelt wurde.

Schon im Sommer 1923 – eine militärische Dienstpflicht gab es in Folge des Versailler Vertrages nicht – ließ ich mich an der Technischen Hochschule Charlottenburg in der Fakultät für Bauwesen einschreiben. Nur ein Semester genügte für die Einsicht, daß aus mir wahrscheinlich kein guter Architekt zu machen sei. Schwerer wog, daß sich gerade in diesen Monaten durch die totale Entwertung der Mark der finanzielle Untergang großer Teile des bürgerlichen Mittelstandes vollzog, jene unheilvolle Veränderung der deutschen Sozialstruktur, die in der Folge so viele durch die Inflation Verarmte radikalen politischen Parteien zugeführt hat.

Auch meine Eltern wurden von diesen Ereignissen betroffen; sie stammten aus jener Welt, die in Jahrzehnten materieller Sicherheit den Sinn für Geldwert und Gelderwerb verloren hatte. Lange hatte es geradezu als ein Verstoß gegen den guten Geschmack gegolten, am Familientisch oder gar in Gesellschaft über Geld und Vermögens-

verhältnisse zu sprechen. Die Mehrheit der Bevölkerung stand dem Phänomen des rapiden Währungsverfalls verständnislos und tatenlos gegenüber. Konnte ich da erwarten, daß man mir ein mehrjähriges Studium bezahlen würde? Nach dem gescheiterten Anlauf in Charlottenburg hatte ich mich noch nicht für einen anderen Ausbildungsweg entschieden. Langes Überlegen wurde mir erspart, weil der Schicksalsmacher Zufall eingriff.
Der Chef der Breslauer Siemens-Niederlassung, Vater einer Schulfreundin meiner Schwester, ließ mich wissen, bei Siemens würden Abiturienten als kaufmännische Lehrlinge angenommen; ich könne jederzeit eintreten. Ein kaufmännischer Beruf? Das war für mich eine überraschende Vorstellung. Nie zuvor hatte ich ihn als Möglichkeit in Betracht gezogen. Vielleicht besaß ich als Erbanlage aus meiner mütterlichen Familie dafür einige verborgene Talente, aber von der Seite meiner väterlichen Vorfahren gab es keine Hinweise dieser Art. Da hatte es vor hundert Jahren zwar einmal einen tüchtigen Kaufmann gegeben, der in Stettin eine Zuckersiederei gegründet und ein Vermögen gemacht hatte. Aber in den folgenden Generationen Dohrn hatte sich niemand mehr in Industrie oder »Kommerz« betätigt. Man hatte von dem Vermögen gelebt, die Kosten wissenschaftlicher und künstlerischer Beschäftigung daraus bestritten, aber keiner hatte es gemehrt.
Meine Eltern waren in den Fragen des Alltags wenig erfahren, so durfte ich von ihnen keine Ratschläge erwarten. Ohne besondere musikalische oder eine andere spezifische Begabung bedeutete der Entschluß, mich für einen handfesten Allerweltsberuf ausbilden zu lassen, kein Opfer, er entsprach den Umständen. Ich entschied mich

für die kaufmännische Lehre; sie sollte mir später auf vielen Pfaden nützlich sein. Im Oktober 1923 begann ich damit bei Siemens-Schuckert, zunächst in Breslau. Als mir mein erstes Taschengeld in der neuen Rentenmark ausgezahlt wurde, erwarb ich davon für meine Mutter als erstes Geschenk aus eigener Tasche eine Tüte Apfelsinen.

## Zweites Kapitel

*Lehrjahre bei Siemens – Dynamowerk – Betriebsklima – Berliner Arbeiter – Hörer an der Berliner Universität – J.M. Keynes – Student in Breslau – Bronislav Huberman – Wanda Landowska – Akademische Lehrer – Eduard Wolf – Ein Artikel über Erdöl*

Für den Abiturienten eines Gymnasiums, aufgewachsen in einer von Musik beherrschten Welt, war der Anfang schwer. Der Umgang mit Menschen eines anderen sozialen Mileus, auch die tägliche Arbeitszeit von 8 Uhr morgens bis 5 Uhr nachmittags waren mir zunächst sauer, für Freunde und Verwandte ein Abstieg auf das Niveau eines Kommis. Ein ehemaliger Mitschüler, inzwischen Student, begegnete mir, als ich einen Teller mit Würstchen über die Straße zu meinem Bürovorsteher trug. Er grüßte mich von oben herab: da sehe einer den Mostrich-Lehrling.

In einer dreijährigen Lehrzeit habe ich bei Siemens das ABC des kaufmännischen Handwerks erlernt, außerdem die Organisation eines industriellen Großbetriebs kennengelernt und mir das Grundwissen für mein späteres, ganz andere Wege einschlagendes Berufsleben angeeignet. Die Werkschule gab Unterricht in Theorie und Praxis der Bilanz, Handelsrecht, Wechselrecht und Aktienrecht auf hochschulmäßigem Niveau. Im Gymnasium hatte ich mich ohne besonderen Ehrgeiz bis zum Abitur mit mäßigen Zeugnissen begnügt. Im Gewühl der vielen tausend Mitarbeiter von Siemens ist mir deutlich geworden, daß es neben einer Portion Glück besonderer Leistung bedarf, um nicht in der Menge unterzugehen. Mein Ehrgeiz war erwacht.

Die Ausbildung begann mit eintöniger Arbeit in der Registratur. Damals mußte die Ausgangspost noch im Handbetrieb durch eine Kopierpresse gedreht werden; Kohlepapiere und dünne Durchschlagpapiere waren noch nicht im Gebrauch. Dann erhielt ich eine gründliche Warenkunde elektrotechnischer Erzeugnisse. Anschließend arbeitete ich in der Buchhaltung, der Verkaufsabteilung und wurde auch bei der Anlagen-Abrechnung – es ging hauptsächlich um den Bau ländlicher Ortsnetze – beschäftigt.

Zeitweise schickte man mich auf Baustellen, zuerst für Installationsarbeiten in einem Breslauer Telefonamt, dann zum Kaiser-Wilhelm-Institut für Kohleforschung, auch in Breslau, wo ich den Umgang mit Lötlampen erlernte. Die Monteure behandelten mich freundlich, nutzten mich aber auch als Laufburschen aus. Vor der Frühstückspause schickten sie mich mit einer Einholtasche, gefüllt mit leeren Bierflaschen, zur nächsten Destille, wo der klare Korn ausgeschenkt wurde. Erst nach dieser Stärkung schien die Mannschaft munter und arbeitsfähig zu sein. Ich erlebte staunend, daß der klare Korn diese Männer mehr belebte als starker Kaffee.

Einmal wurde ich zum Freileitungsbau nach Militsch, einer kleinen Stadt nahe der polnischen Grenze, geschickt. Der Ort und der mir zugewiesene Gasthof waren aber so primitiv und unsauber, die Leute so abweisend, daß ich mit dem ersten Zug am nächsten Morgen nach Breslau zurückfuhr und mich weigerte, auf dieser Baustelle zu arbeiten. Zwar war das ein scharf gerügter Ungehorsam, aber Militsch wurde mir erlassen.

Der zweite, interessante Abschnitt meiner Lehrzeit hat mich in das Dynamowerk in Berlin-Siemensstadt geführt. War ich in Breslau noch der Sohn meines Vaters, einer stadtbekannten Persönlichkeit, so war ich in Siemensstadt ein winziger nobody unter Tausenden; eine neue, eine heilsame Erfahrung. Im Dynamowerk wurden damals wie heute elektrische Großmaschinen gebaut. Ich bin dort durch alle Verwaltungsabteilungen und einige Werkstätten geschleust worden, habe an der Kalkulation von Generatoren, Lokomotiven, Motoren, der Planung von Fertigungsabläufen, der Ermittlung von Lieferfristen, beim Versand an inländische und ferne ausländische Adressen, einfach oder seefest verpackt, bei der Abrechnung, auch bei der zuweilen turbulenten Auszahlung von Löhnen mitgearbeitet. So wurde ich in Organisation und Betrieb einer großen Maschinenfabrik eingeführt. Die Besichtigung anderer Siemenswerke in Berlin unter sachverständiger Führung und die Pflicht, über jede dieser Ausbildungsstationen, ihre Aufgaben, ihre Organisation, ihren Arbeitsablauf gründliche schriftliche Berichte abzuliefern, waren Bestandteile dieser wohldurchdachten Nachwuchsschulung.
Im Fakturenbüro, wo die Rechnungen an die Kunden ausgeschrieben wurden, ging es leise zu. Nur das Dröhnen der Maschinen in den benachbarten Werkshallen lieferte einen akustischen Hintergrund. Mein linker Nachbar am großen Tisch der Sachbearbeiter unterhielt mich

flüsternd über seine Wettchancen beim Pferderennen. Er gewann nie. Mein Nachbar zur Rechten, seit vielen Jahren auf dem gleichen Platz mit der immer gleichen Arbeit beschäftigt, war ein konsequenter Schweiger. Punkt 12 Uhr erhob er sich und sprach die einzigen, stets gleichen Worte: »Nun aber kommt die wichtigste Beschäftigung des Tages, und das ist das Essen« und begab sich ins Kasino. Von dort kehrte er wortlos zurück und arbeitete schweigend weiter bis zum Dienstschluß, den er auf die Minute genau einhielt. Ich habe unter dem Anblick des einförmigen Lebens dieses Angestellten gelitten, wahrscheinlich mehr als er selber, der ganz zufrieden, vielleicht sogar glücklich zu sein schien. Als Lehrling, der in regelmäßigem Turnus nach wenigen Wochen stets in eine neue Abteilung mit anderer Arbeit versetzt wurde, hatte ich das bessere Los.

Während meiner Lehrzeit habe ich eindrucksvoll erlebt, ein wie großer Teil der Mitarbeiter ihre Tätigkeit bei Siemens als ihren Lebensinhalt empfand und sich zu diesem Unternehmen in einem Verhältnis quasi-familiärer Art fühlte. Geschimpft wurde auch dort, aber in vielen lebte ein stiller Stolz, bei Siemens zu arbeiten. »Die Beamten«, hatte Werner von Siemens in der Frühzeit seines Unternehmens einmal geschrieben, »bleiben bei uns, weil sie aus Erfahrung wissen, daß wir niemand entlassen, wenn er nichts verschuldet hat, selbst wenn wir nichts für ihn zu tun haben.« Zwar waren im Auf und Ab der Konjunkturen seitdem längst auch bei Siemens Entlassungen vorgekommen. Aber das Gefühl vom besonderen Wert eines Arbeitsplatzes gerade bei diesem Unternehmen hatte den Wechsel der Zeiten überdauert. Welch' unschätzbares, stilles Aktivum der Bilanz ein solcher Hausgeist war, ist nach 1945 deutlich geworden, als alles in Trümmern lag. Der schnelle Neuaufbau ist durch das Gefühl der Zusammengehörigkeit unter dem gemeinsamen Dach eines Unternehmens wesentlich getragen worden. Dieses Motiv hat allgemein den erstaunlichen Verlauf des deutschen Wiederaufbaus nach 1945 bestimmt.

Viel Vergnügen bereitete der Umgang mit den wachen, schlagfertigen, immer zu einem treffenden Wort und Witz bereiten Arbeitern. Ihre Lebens- und Denkweise, die des Berliner Industrieproletariats, lernte ich als Lehrling im Betrieb aus erster Hand kennen. Meine Lage war nicht einfach, denn ich wollte nicht verleugnen, aus einer anderen Ecke zu stammen. Ein Abiturient? Da traf ich zunächst auf das Gefühl für den sozialen Abstand zwischen Bürgersohn und Proletarier. Ich habe diese Reserviertheit verstanden und mein Anderssein nicht vertuscht. Stets habe ich mit den Meistern und Monteuren in meinem gewohnten Hochdeutsch geredet, statt mich in der bilderreichen Sprache des Berliner Wedding zu versuchen. Wenn ich dann bei den groben Witzen und fabelhaften Zoten meiner rauhbeinigen aber gutmütigen Kollegen mitlachte und sie fühlen ließ, daß ich diese Bändiger riesenhafter Karusselldrehbänke in ihren öligen Monteurkitteln genauso achtete wie die Angestellten mit weißem Kragen, war ich in ihre Gemeinschaft aufgenommen.

Als eines Tages ein Rudel von Monteuren so dicht um einen interessanten Schaden an einer Maschine herumstand, daß ich nichts davon sehen konnte und mich darüber beschwerte, erhielt ich prompt Hilfe: Pluntke, ja du

Pluntke (ein Athlet 1.98 groß, 57 cm bereit, Lebendgewicht 110 kg), jeh mal hübsch beiseite mit deinem zierlichen Körpa, damit unsa Kleena ooch mal kieken kann. Diese Erfahrungen sind mir später in vielen Situationen nützlich gewesen.

Als Lehrling bei Siemens in Berlin habe ich begonnen, Vorlesungen an der Universität zu besuchen. Am frühen Nachmittag – im Dynamowerk ging die Früh-Schicht um 3 Uhr nachmittags zu Ende – konnte ich auf meinem Fahrrad von Siemensstadt über Charlottenburg durch den Tiergarten und das Brandenburger Tor bis zur Universität fahren, ein weiter Weg, aber ein guter Ausgleich für die im Sitzen geleistete Büroarbeit. Ich habe damals Koryphäen wie Max Sering, Werner Sombart, Heinrich Triepel, den Versicherungswissenschaftler Manes, Ludwig Bernhard und den deutschen Pionier der modernen Konjunkturforschung Ernst Wagemann gehört.
Besondere Anziehung übten die Vorlesungen des Wirtschaftsgeographen Alfred Rühl am Institut für Meereskunde auf mich aus. Rühl gab eine von großer Wirklichkeitsnähe geprägte Darstellung von einigen wichtigen Waren des Weltmarktes, verbunden mit der Beschreibung ihrer Herkunftsländer und Produktionsweisen, ihrer geographisch unterschiedlichen Qualitäten und Erntezeiten. Er sprach über die Getreideversorgung der Welt, über Weizen, Roggen, Hafer, Gerste und über Rußland als größten Getreideexporteur bis zum ersten Weltkrieg. Er schilderte, wie Australien, wohin die ersten neunundzwanzig Schafe in der zweiten Hälfte des 18. Jahrhunderts aus England gelangt waren, zum größten Produzenten von Schafwolle in der Welt aufgestiegen

ist. Gleich anschaulich schilderte er den Anbau von Baumwolle, Kaffee, Kakao und von Tee. In Rühls Vorlesungen lernten seine Zuhörer jedes Mal ein Stück der Welt kennen.

Im Sommer 1926 war John Meynard Keynes zu einer Vorlesung über »Das Ende des laissez-faire« nach Berlin gekommen. Ich wußte, daß Keynes ein führender Theoretiker der zeitgenössischen Nationalökonomie von großem Einfluß auf die Wirtschaftspolitik vieler Länder war. Auch, daß er 1919 aus Protest gegen die wirtschaftlich verhängnisvollen Reparationsbestimmungen die britische Delegation bei der Versailler Friedenskonferenz verlassen hatte. Um den berühmten Mann in persona zu sehen, drängte ich mich in die überfüllte Aula, habe aber von seinem Vortrag damals nicht viel verstanden. Keynes hat über diesen Berliner Aufenthalt, bei dem er mit den Spitzen der deutschen Finanz und Politik zusammentraf, einige Notizen gemacht, zum Beispiel diese: »He (Albert Einstein) was the nicest and the only talented person I saw in all Berlin, except perhaps old Fürstenberg, the banker, and Kurt Singer, the mystical economist from Hamburg, and he was a Jew and so was Fürstenberg, and my dear Melchior (Partner bei M. M. Warburg & Co., Hamburg, langjähriger deutscher Verhandlungsführer in Reparationsfragen) is a Jew too. Yet, if I lived there, I feel I might turn antisemit«.

Nach Abschluß der Lehrzeit meldete sich der Wunsch, durch ein Studium der Wirtschaftswissenschaften mein Wissen zu vertiefen. Im Herbst 1926 bezog ich die Universität im heimatlichen Breslau. Die Entlassung aus der

Arbeitsdisziplin des Industriebetriebes in die Freiheit des Studentenlebens war zunächst beglückend. Aber ich hatte mir mein Studium nicht als den Anfang einer akademischen Laufbahn gedacht, sondern als produktive Pause zum Nachdenken über den weiteren Berufsweg. Deshalb habe ich vom ersten Tage des Studiums an darauf hingearbeitet, mich so früh wie zulässig den akademischen Prüfungen zu stellen. So gelang es, das Studium auf drei intensiv genutzte Jahre zusammenzudrängen.

Es hat auch fröhliche Feste in dieser Zeit gegeben. Einladungen aufs Land dehnten sich nach ostdeutscher Sitte manchmal auf mehrere Tage aus. Unvergessen bleibt mir ein Studentenball, bei dem ich unvorbereitet mit dem Verlangen überrumpelt wurde, die Damenrede zu halten. Ich flüchtete in die Terminologie von Knapp's »Staatliche Theorie des Geldes«, indem ich den anwesenden Damenflor nach Knapp's vier Geldarten in die nominellen, die provisorischen, die akzessorischen und definitiven Freundinnen einteilte, alle in ihren jeweils besonderen Reizen pries, meinen Toast aber auf die definitiven ausbrachte.

Eine besonders aparte, schöne Tochter aus angesehenem, wohlhabendem Haus, streng behütet und absolut unnahbar, eine gute Klavierspielerin, bei vielen Gelegenheiten meine Tischdame, heiratete nach Wien. Bei meinem Weggang von Breslau habe ich sie aus den Augen verloren. Jahre später hörte ich zu meiner Verwunderung, sie sei Chefin eines luxuriösen Bordells in Madrid geworden.

Die Beschäftigung mit den Meistern der Wirtschaftsgeschichte lehrte, daß die Interpretation vergangener Wirtschaftsepochen nicht minder schwierig ist als die Prognose der wirtschaftlichen Zukunft. Die Theorie begann mit den nationalökonomischen Kirchenvätern Adam Smith und David Ricardo. »Der isolierte Staat in Beziehung auf Landwirtschaft und Nationalökonomie« des Albrecht von Thünen war das Thema meiner Diplomarbeit. Im Mittelpunkt stand das Werk Carl Mengers, des Begründers der Grenznutzentheorie und seiner Schule – Böhm-Bawerk und von Wieser –, ebenso die um das Prinzip der Knappheit aufgebaute Theorie des Schweden Gustaf Cassel. Intensiv studierte ich die großen Lehrer der Finanzwissenschaft von Adolf Wagner bis Gerloff, Lotz und Schanz.

Der Name Carl Menger bleibt mit einer Erinnerung an den Violinvirtuosen Bronislav Huberman verbunden. Dieser Star der Konzertsäle seiner Zeit war ein kleiner, zarter Mann. Mein Vater und Wilhelm Furtwängler hatten mit ihm einen Ausflug auf die Höhe von Muottas Muraigl im Engadin unternommen. Der Rückweg nach Pontresina fiel ihm schwer, weil er am steilen Abhang von Schwindel befallen wurde. Ich hakte ihn unter, um ihm Sicherheit zu geben. Dadurch beruhigt, begann er ein Gespräch. Was tun Sie denn so? Ich studiere Nationalökonomie. Interessant – ich habe einmal eine ganze Konzertsaison ausgesetzt, um in Wien und Warschau Vorlesungen über ökonomische Theorie zu hören. Kennen Sie den Menger? Ja natürlich; seine Theorie ist gerade das Thema in unseren Kolloquien gewesen. Hubermans weiter Wissenshorizont imponierte mir.

In unserer Unterhaltung war auch der Name der Wanda Landowska gefallen, über die Hubermann mit großer Hochschätzung sprach. Ich habe an die Landowska, die mehrmals Gast meiner Eltern gewesen ist, eine deutliche

Erinnerung. Lange vor Beginn der Cembalo-Renaissance hatte sie als erste dieses Instrument wieder in die Konzertsäle eingeführt. Mein Vater hatte sie solistisch und bei den Bach'schen Passionsmusiken auftreten lassen. Die Landowska trug bis auf den Boden reichende, effektvoll zu ihrem schwarzen Haar passende schwarz-samtene Gewänder. Am Cembalo – sie reiste mit ihrem eigenen Instrument – streifte sie ihre Schuhe ab und bediente die Pedale in Strümpfen. Im ersten Krieg mußte sie sich als Ausländerin regelmäßig bei der Polizei melden. Meine Mutter begleitete sie. Vom diensthabenden Wachtmeister nach ihrem Geburtsdatum gefragt, antwortete sie so liebenswürdig wie bestimmt: »Das, mein Herr, pflege ich meistens zu vergessen.« Sie schwärmte von der Geliebten ihres Mannes, die diesen während ihrer Abwesenheit auf Konzertreisen vor Einsamkeit bewahrte, und pries das Glück einer Ehe zu dritt. Meine Mutter, selbst hoffnungslos unbegabt für derartige Kombinationen, war entzückt von solchen Bekenntnissen. Huberman amüsierten diese Geschichten.

Meine akademischen Lehrer haben nicht zu den Vertretern ihrer Disziplin gehört, deren Name heute noch Klang hat. Dennoch waren Carl Bräuer's Kolleg über die »Steuerpolitik der wichtigsten Kulturstaaten« und sein Colloquium über die »Hauptprobleme der theoretischen Volkswirtschaftslehren« große Leistungen. Er versuchte, mich für die Ideen des österreichischen Ökonomen Othmar Spann zu interessieren, der in der Antithese zu Liberalismus und Marxismus den Gedanken des Ständestaates entwickelt hatte. Als Spann nach Breslau kam, hat mich Bräuer zu einem langen Abendgespräch mit Spann

zusammengeführt. Sein Anhänger bin ich nicht geworden, seine Ideen lagen zu weit entfernt von liberalen Ordnungen und zu nahe an einem Quasi-Faschismus. Als Zeuge dieser Gespräche hätte ich Bräuers Neigung zu nationalsozialistischem Denken entdecken können. Doch zu dieser Zeit war ich dafür noch nicht hellhörig genug.
Albert Hesse hielt pädagogisch vorzügliche Seminare, in denen er seine Schüler zu sprachlicher Klarheit und Sparsamkeit im Ausdruck erzog. Ein geistvoller Dozent von mitreißendem Schwung und großer persönlicher Anziehungskraft war Eugen Rosenstock-Huessy, der die neue Wissenschaft der Soziologie lehrte. Rosenstock veranstaltete Exkursionen in Bergwerksbetriebe bei Waldenburg und Diskussionen zwischen seinen Studenten und jungen Arbeitern. Damit brachte er viel frische Luft in den traditionellen Trott des Universitätsbetriebs. Die Vorlesungen von Richard Hönigswald über »Die philosophischen Grundlagen der Biologie« und »Die Philosophie des Altertums« besuchte ich gemeinsam mit meinem Vater. Sonst habe ich das Lesen wissenschaftlicher Literatur dem Besuch von Vorlesungen vorgezogen. Aber Hönigswald's in souveräner Beherrschung des Stoffes im Augenblick der freien Rede formulierte Denkgebilde waren Kunstwerke, die man zuhörend erleben mußte.

Zu meinem Freundeskreis an der Breslauer Universität gehörte Eduard Wolf. Er war der Star unserer Seminare, wegen seines wissenschaftlichen Ranges, seiner Belesenheit und Beredsamkeit von Dozenten und Studenten gleichermaßen respektiert. Wolf gehörte dem Verein sozialdemokratischer Studenten an, einer kleinen Gruppe, zu einer Zeit, als die Mehrheit der Studenten bereits nationalsozialistischen Parolen folgte. Bräuer sah mein gutes Verhältnis zu Wolf ungern und warnte mich, daß mir dieser Umgang eines Tages Unannehmlichkeiten bereiten würde. Verstanden habe ich das damals nicht. Erst nach 1933 ist mir der Hintergrund klar geworden. Bräuer entpuppte sich als radikaler Nationalsozialist. Nach 1945 ist er nicht mehr auf einen Lehrstuhl gelangt; nur als Gründer des Bundes der Steuerzahler ist er noch hervorgetreten.

Mit Wolf bin ich 1929 bei Carl Bräuer in das examen rigorosum gegangen. Meine Dissertation »Internationaler Stromaustausch« behandelte die Entwicklung elektrischer Verbundsysteme über Landesgrenzen hinweg, ein Thema das erst Jahrzehnte später Aktualität gewinnen sollte. Wolf hat nach dem Studium am Institut für Konjunkturforschung in Berlin gearbeitet. Seit 1948 ist er maßgeblich am Aufbau des neuen Zentralbanksystems beteiligt gewesen, zuerst bei der Bank deutscher Länder, dann bei der Deutschen Bundesbank. Dort ist er der Mann der ökonomischen Theorie und der Leiter der Volkswirtschaftlichen Abteilung gewesen. Mit der Herausgabe der Monatsberichte der Deutschen Bundesbank hat er eine auch international beachtete geld- und wirtschaftspolitische Informationsquelle ins Leben gerufen, die ersten Textentwürfe in seiner schönen Handschrift noch selbst zu Papier gebracht. Durch ihn habe ich in den fünfziger Jahren die meisten damals führenden Persönlichkeiten des deutschen Zentralbanksystems kennengelernt. Bei der Trauerfeier für Wolf am 7. Februar 1964 habe ich eine Gedenkrede für ihn gehalten.

Mein Doktorvater Bräuer hielt mich für die Wissenschaft bestimmt und winkte nach meiner Promotion mit einer Assistentenstelle. Ich wagte mich aber an die schwierige Wissenschaft der Nationalökonomie, die in so hohem Grade mit irrationalen Faktoren, voran der Unberechenbarkeit des Menschen zu tun hat, nicht heran. Das Genie der theoretischen Ökonomie eines Schumpeter vor Augen und meiner Grenzen bewußt, glaubte ich eher in der endlosen Vielfalt praktischen Wirtschaftens einen Platz für mich zu finden, statt über die Wirtschaft zu philosophieren.

Im Herbst 1929 war Deutschland schon tief in die weltwirtschaftliche Krise geraten, so daß ich auf der Suche nach einer Arbeit nur verschlossene Türen fand. Bevor ich, von fruchtlosem Antichambrieren enttäuscht, zu Weihnachten die Heimreise nach Breslau antrat, machte ich noch einen Höflichkeitsbesuch bei Dr. Richard Fellinger, dem Leiter der Wirtschaftspolitischen Abteilung von Siemens. Dieser Besuch hatte eine Vorgeschichte.

Als Lehrling im Dynamowerk hatte ich beim Verein deutscher Chemiker in Berlin einen Vortrag über Erdölwirtschaft gehört, den ich so interessant fand, daß ich ihn mir nach dem Gedächtnis noch einmal aufschrieb. Freunde hatten diesen Text zufällig gelesen und redeten mir zu, ihn drucken zu lassen. Versuche es doch einmal bei der Hauszeitschrift von Siemens, hieß es. Wie sollte das gelingen? Man wird mich fragen, wer sind Sie denn? Ein Lehrling, der Artikel schreibt? Aber ich faßte mir ein Herz, fragte mich zur Redaktion der Siemens-Mitteilungen durch und landete bei ihrem Redakteur Dr. Richard Fellinger.

Der Empfang war eisig. Wo sind Sie beschäftigt? Ich bin Lehrling im Dynamowerk. Und da schreiben Sie Artikel? Lassen Sie mir Ihren Text hier, vielleicht kann ich ihn gelegentlich ansehen. Ohne ein freundliches Wort nach wenigen Minuten verabschiedet, zog ich mit dem Eindruck ab, da wird nichts draus. Zwei Tage später bestellte mich Fellinger zu sich, um mir zu eröffnen, mein Text sei inhaltlich und stilistisch gut und zum Abdruck angenommen, Honorar RM 185,–, das Dreifache meines Lehrlingsgehaltes. Und noch eine Frage: haben Sie eine Tante Gertrud? Ja, meines Vaters jüngste Schwester heißt Gertrud. Ist sie dieselbe, die nach meines Vaters Tod meiner Mutter in Wien beigestanden hat? Ich glaube ja. Aber dann haben wir ja eine nahe persönliche Beziehung!
Fellingers Vater, Chef der Wiener Siemens-Niederlassung, hatte zum Freundeskreis von Johannes Brahms gehört. Über die Dohrn'schen Beziehungen zu Brahms war meine Tante zu den Fellingers nach Wien gekommen. Das Barometer stieg, die blauen Augen in Fellingers asketischem Gesicht strahlten. Später hat er mir noch einen Artikel über den Tee, einen anderen über den Weltgetreidehandel abgenommen. Als die Elektrotechnische Zeitschrift ETZ bei der Weltkraftkonferenz in Berlin 1930 eine Sondernummer herausgab, ließ er mich einen der Hauptartikel schreiben. Jetzt im Dezember 1929, als ich ihm über die vielen fehlgeschlagenen Versuche berichtete, eine Stellung zu finden, sagte er: ich verstehe Ihre Sorgen nicht, Sie gehören doch zu Siemens, warum erzählen Sie mir das erst heute? Sie können in meiner Abteilung sofort als Assistent anfangen. Eine Tätigkeit in der Wirtschaftspolitischen Abteilung von Siemens fand ich interessant und nahm das Angebot sofort an. Im Ja-

nuar 1930 kehrte ich, die Erfahrungen meiner Studienjahre im Gepäck, nach Siemensstadt zurück.

## Drittes Kapitel

*Wieder bei Siemens – Siegfried Jakobsohn – Wilhelm Furtwängler – Berta Geismar – Toscanini – Die Industrie- und Handelskammer Berlin – Paul Kempner – Die Mendelssohns – Die deutschen Juden – Hannah Arendt – Vorstellung bei der Bank für deutsche Industrie-Obligationen (Bafio)*

Die Wirtschaftspolitische Abteilung hatte die Konzernspitze und die Leitung der Fabriken, Tochter- und Beteiligungsgesellschaften über wirtschaftlich und politisch wichtige Vorgänge in Deutschland und der Welt, über Märkte und Preise für Kapital und Rohstoffe, über Steuern und Devisenkurse, ebenso über große Projekte auf den Elektromärkten in Europa und Übersee laufend zu unterrichten. Mir fiel unter anderem die Beobachtung der großen Firmen der internationalen Elektroindustrie, also der wichtigen Konkurrenz, zu, wobei Bilanz-, Umsatz und Renditevergleiche zu erarbeiten waren. Für Max Hallers, des Siemens-Finanzchefs der zwanziger Jahre, Studie über »Finanzfragen der deutschen Elektrowirtschaft« hatte ich Beiträge zu liefern. Auch an den Vorarbeiten für die 1930 von der Deutschen Bank zusammen mit Dillon-Read & Co., New York, für Siemens aufgelegte hundertjährige Anleihe über US $ 14 Millionen und RM 10 Millionen wirkte die Abteilung mit. Bei dieser Anleihe, einer der letzten bevor Deutschland sich vom internationalen Kapitalmarkt zurückziehen mußte, hatte man den Zeitpunkt für die Rückzahlung ursprünglich offen lassen wollen. Da die amerikanische Gesetzgebung aber Finanzgeschäfte ohne festen Endpunkt nicht zuließ, war der aufsehenerregende Ausweg einer Laufzeit bis zum Jahre 2030 gewählt worden. Schon ein Jahr später ist auch diese Anleihe in die internationale Kreditkrise und die darauf folgende deutsche Devisenzwangswirtschaft geraten.

Im Februar 1930 wartete man in Siemensstadt ungeduldig auf Nachrichten über neue Steuerpläne des Reichsfinanzministers. Ausnahmsweise war die Diskretion darüber bis zuletzt gewahrt geblieben. Da wurde eines Morgens bekannt, Informationsmaterial über diese Steuerpläne würde am Vormittag in der Reichspressekonferenz verteilt werden. Fellinger konstatierte enttäuscht, unter solchen Umständen müßten leider die Abendblätter abgewartet werden.
So viel Respekt vor der Pressekonferenz erschien mir übertrieben. Ich bat um Erlaubnis für einen Gang in die Stadt, nahm ein Taxi zum Palais Leopold am Wilhelm-Platz, gegenüber dem Hotel Kaiserhof, fragte den Portier, in welchem Raum die Reichspressekonferenz stattfände, und nahm dort Platz. Schnell füllte sich der Saal. Alsbald erschien ein Beamter, der die Drucksachen über das neue Steuerprogramm verteilte. Ohne den weiteren Verlauf abzuwarten, verließ ich den Saal, bestieg das nächste Taxi und lieferte meine Beute in Siemensstadt ab. Leider hatte Fellinger für solche Streiche keinen Sinn. Sie waren, sagte er stirnrunzelnd, zur Teilnahme an dieser Konferenz überhaupt nicht berechtigt. Wir hätten große

Unannehmlichkeiten durch Sie haben können! Doch über den von mir mitgebrachten Drucksachen vergaß er seinen Unmut. Im nächsten Monat wurde mein Gehalt ansehnlich erhöht.

Mein Platz in der Wirtschaftspolitischen Abteilung war keine Dauerposition, auch als Ausgangspunkt für eine kaufmännische Laufbahn war er wenig geeignet. Um bei Siemens weiterzukommen, hätte es eines neuen Anlaufs an anderer Stelle des Konzerns bedurft, wobei einflußreiche Protektion nützlich gewesen wäre. An Beziehungen zu Mitgliedern der Familie Siemens hat es bei den Dohrns nicht gefehlt. Aber seltsamerweise ist niemand auf den Gedanken gekommen, diese Beziehungen einmal zu meinen Gunsten im Hause Siemens zu nutzen. Ich selbst wagte nicht, um solche Dienste zu bitten. Ob ein unterschwelliges Peinlichkeitsgefühl, einen kaufmännischen Lehrling, also so etwas wie einen Kommis in der Familie zu haben, hemmend mitgewirkt hat, weiß ich nicht. Jedenfalls fürchtete ich mich davor, allein auf mich gestellt, in dem unübersehbar großen Ameisenhaufen der Siemens-Belegschaften verlorenzugehen. Außerdem war ich jung genug, um mich auch anderwärts umzusehen und ohnehin rerum novarum cupidus.

Ein weiteres kam dazu. Die Atmosphäre der Abteilung, in der ich arbeitete, wurde zunehmend von einigen penetranten Hitler-Anhängern beherrscht. Für den Hausgeist bei Siemens war das untypisch, aber ich hatte eben das Pech, in ein nationalsozialistisches Nest geraten zu sein. Sah ich mir diese Leute genau an, so waren sie friedliche Familienväter, die ihre beruflichen Pflichten erfüllten und trotz wilder Reden von Gewalt, Terror, Mord weit ent-

fernt waren. Andererseits hatten sie aber an den Saal- und Straßenschlachten, die sich kommunistische und braune Schläger in Berlin schon damals häufig lieferten, ein unheimliches, ein abstoßendes Vergnügen.
Die Inflation von 1923 hatte viele kleine Sparvermögen zerstört, die Kollegen meiner Abteilung mochten zu den Betroffenen gehören. Diese kleinen Bürger fühlten sich dadurch sozial deklassiert und waren verbittert. Sie verstanden die Inflation nicht und hielten sich für bestohlen. Wer waren die Diebe? Hitler und seine Anhänger hämmerten ihnen ein, die Juden seien Schuld, die Juden hätten sich an ihnen bereichert. Sie glaubten das, ja sie glaubten es gerne, und man erinnert sich dabei an das Wort August Bebels, der den Antisemitismus den »Sozialismus der dummen Kerle« genannt hat. Andere, Veteranen des ersten Krieges, fühlten sich »im Felde unbesiegt«, wollten die Niederlage von 1918 nicht wahrhaben und glaubten, auch darin von Hitler bestärkt, an die geschichtsfälschende Dolchstoßlegende. Subversive Kräfte der Heimat, die November-Verbrecher, seien dem kämpfenden Heer in den Rücken gefallen und hätten es dadurch um den Sieg betrogen. Der Feldmarschall Hindenburg hatte diese These am 18. November 1919 vor einem Untersuchungsausschuß der Weimarer Nationalversammlung in die Welt gesetzt.
Ungeduldig warteten diese politisierenden Angestellten täglich auf die neueste Ausgabe des nationalsozialistischen Hetzblattes »Der Angriff«, um dessen Lektüre sich immer mehrere Leser gleichzeitig rissen. In diesem Milieu stieg eine böse Erinnerung an den Sommer 1919 in mir auf.
Im kleinen Gasthaus »Rotes Kliff« in Kampen auf Sylt

wohnte auch Sigfried Jakobsohn, Herausgeber der literarisch-politischen Wochenschrift »Die Weltbühne«, ein kleiner Mann mit unverkennbar jüdischer Physiognomie. Er beteiligte sich eifrig am Ballspiel nach dem Bad in der Brandung. Eines Tages nach dem Mittagessen hatten er und mein Vater sich, jeder in einer anderen Ecke des Speiseraumes, in die Journale vertieft. Ohne daß mein Vater es hinter seiner ausgebreiteten Zeitung gewahr wurde, hatte ein Mann den Raum leise betreten, Jakobsohn blitzschnell auf den Tisch gezerrt, ihm mehrere Hiebe versetzt und dazu geschrien: »Da hast du's, unverschämter Judenjunge!«, sprach's und verschwand so schnell wie er gekommen war.
Sollte sich so etwas im Großen wiederholen? Ich fühlte mich elend im Milieu meiner Abteilung und sann über die Möglichkeit des Wechsels zu einer anderen Tätigkeit nach.

Die Jahre zwischen 1924 und 1928 sind oft als die »goldenen Berliner Jahre« beschrieben worden, zu Recht, wenn damit die in diese kurze Frist fallende hohe, nie wiedergekehrte Blüte des kulturellen Lebens, aller Künste und der Wissenschaften in dieser Stadt gemeint ist. Zu Unrecht, wenn darüber die bittere Armut der Hinterhäuser und das Elend der immer größer werdenden Arbeitslosigkeit bei geringer Unterstützung vergessen wird, der schwelende Herd des 1933 ausbrechenden Unheils. Zu den Lichtseiten dieser Jahre gehörte für mich der berauschende Reichtum des Berliner Musiklebens.
Ich habe in dieser Zeit Wilhelm Furtwängler, den um ein Menschenalter jüngeren Neffen meines Vaters, am Pult der Berliner Philharmoniker, auch in der Preußischen

Staatsoper Unter den Linden wohl an die hundert Mal, immer mit begeisterter Bewunderung erlebt. In der Philharmonie hatte ich meinen Platz auf dem Podium hinter dem Orchester, Zugang durch das Künstlerzimmer, ein ungewöhnliches Privileg. So sah ich den Dirigenten von vorne, genau wie die Orchestermusiker; es gab keinen besseren Platz.

War ich manchmal mittags in der Hohenzollernstraße zu Gast, Furtwänglers Wohnung im alten Tiergartenviertel, erkundigte er sich immer nach meinem Beruf, der ihm rätselhaft vorkam. Du arbeitest in einer Bank? Das kann ich nicht verstehen. Was machst du denn da? Was sagen denn deine Eltern dazu? In seinem Musikzimmer hingen Kopien italienischer Meister von Addi's Hand, seiner malerisch begabten Mutter. Als Bergsteiger, Skiläufer und Reiter war Furtwängler ein sportlicher Mann. In seinen Ansprüchen an Essen und Trinken war er bescheiden, begnügte sich oft mit einem Teller Milchsuppe, in die er Brot brockte, und mit etwas Gemüse.

Bei gemeinsamen Tagestouren im Engadin, wobei er seinen Kopf mit einem an den vier Ecken geknoteten Taschentuch gegen die Sonne schützte, habe ich seinen langen Diskussionen mit meinen Eltern über alle möglichen musikalischen Fragen, über neue Komponisten, Aufführungsstile, über Tempi, Dirigenten, Sänger, Geiger und Pianisten, auch über die Kaste der Kritiker aufmerksam zugehört. Meine hochmusikalische Mutter, Schülerin einer Klavierklasse der Hochschule für Musik in Berlin, ausgebildet in Harmonie- und Kompositionslehre, perfekt im Partiturlesen wie ein Kapellmeister, focht in solchen Debatten leidenschaftlich mit. Mein Vater pflegte nach solchen Gesprächen zu sagen: er solle komponieren,

das sei sein Beruf, nicht herumreisen und überall die bekannten Symphonien dirigieren. Später hat er darüber, wenn ihm Furtwängler eigene Kompositionen zu kritischem Anhören vorspielte, anders gedacht.
Natürlich konnte Furtwängler durch Herkommen und Erziehung niemals ein Nationalsozialist sein. Aber durch sein Ausharren in Deutschland nach 1933 ist er zwangsläufig in die Lebenswirklichkeit des Dritten Reiches mit ihren unausweichlichen Zwängen verwickelt worden. Als Musiker hat er gehandelt wie Werner Heisenberg als Physiker. Beide hätten das Deutschland Hitlers verlassen können, haben aber das deutsche Schicksal unter der Diktatur mit ihren Mitbürgern geteilt. Furtwängler hat nie der NSDAP angehört. Daß der Österreicher Karajan 1933 sofort der NSDAP beigetreten ist, hat seltsamerweise niemand interessiert. Ein österreichisches Privileg? Den Sylvesterabend 1935 habe ich im Hause von Frau Hutchinson, geb. Thieme, in Harlaching bei einem Abendessen mit vier weiteren Gästen, darunter Wilhelm Furtwängler, verbracht. Die Suppe war gerade aufgetragen, als sich ein mir unbekannter Tischgast, ein junger Mann, plötzlich darüber verbreitete, wie glücklich man darüber sein dürfe, daß das heuchlerische Christentum durch die »herrliche Bewegung unseres Führers« endlich beiseite geschoben würde. Ehe er weiterreden konnte, richtete sich Furtwängler drohend auf, schlug mit dem Löffel wütend auf seinen Teller, so daß die Suppe nach allen Seiten spritzte, und schrie den erschrockenen Jüngling an: »Schweigen Sie auf der Stelle, kein Wort mehr über diesen Blödsinn, nehmen Sie zur Kenntnis, ich bin Christ und weiß warum.« Das Abendessen verlief nach diesem Ausbruch unter eisigem Schweigen. Nachdem

die Tafel aufgehoben war, erklärte Furtwängler, er sei abgespannt und wolle sich in seinem Hotel früh zur Ruhe begeben, denn morgen abend hätte er den Tristan zu dirigieren. Mir zugewendet flüsterte er: Weißt du, wenn ich am Sylvesterabend allein im Bett liege, komme ich mir besonders moralisch vor.

Während ich Furtwängler in den Mantel half, fragte er mich mit mißtrauischem Unterton: Und du bist morgen Abend im Tristan? Ich erwiderte ausweichend: Vielleicht, ich weiß es noch nicht sicher. So, das weißt du noch nicht sicher? Da sehe ich wieder die Folgen der Erziehung durch deinen Vater, diese ewige Vergiftung gegen Wagner! Ihr steht alle bei Brahms und contra Wagner und kommt und kommt davon nicht weg! Du bist morgen im Tristan, das erwarte ich von dir, und damit ich mich davon auch überzeugen kann, kommst du während der großen Pause zu mir in mein Zimmer.

Mein Vater war kein Wagnerianer, das stimmte. Er blickte mehr auf den Koloß Bach. Dennoch hat er mich in puncto Wagner streng zu Respekt erzogen: über das Genie Wagner hast du deinen Schnabel zu halten...

Dr. Berta Geismar ist Furtwänglers Sekretärin seit dem Beginn seiner Laufbahn in Mannheim 1915 bis zu ihrer Emigration 1935 gewesen. Sie stammte aus wohlhabender jüdischer Familie von musikalischer Kultur. Der Bedeutung des Musikers Furtwängler vom Augenblick ihrer ersten Begegnung an bewußt, hat sie den schwierigen Künstler auf den Stationen seines Wirkens praktisch helfend begleitet. Da sie sein Interesse konzessionslos vertrat, bald auch das Sekretariat der Berliner Philharmoniker übernahm und damit viele Fäden in ihrer Hand hielt, konnte sie nicht überall beliebt sein. Ich habe zu dieser gescheiten Frau in einem freundschaftlichen Verhältnis gestanden. Sie war gesprächsfreudig und konnte einem diskreten Zuhörer viel Indiskretes aus ihrer an personellen Erfahrungen mit der musikalischen Szene überreichen Tätigkeit erzählen. Ihre Verfügungsmacht über das Universum der Konzert- und Theaterbillets von Berlin ist mir jahrelang zugute gekommen.

1929 gastierte Arturo Toscanini mit dem Orchester der Mailänder Scala in Berlin, ein musikalisch wie gesellschaftlich großes Ereignis. Die Philharmonie war Wochen zuvor ausverkauft. Durch Berta Geismar hatte ich einen Platz erhalten und erlebte eine Orchesterleistung noch nie gehörter Perfektion, doch zugleich eine musikalische Enttäuschung, die ich damals nicht artikulieren konnte. Viel später habe ich in Theodor Wiesengrund-Adornos Aufsatz »Die Meisterschaft des Maestro« gelesen, was ich damals an Toscaninis Musizieren vermißt habe. Der Interpretationsstil musikalischer Sachlichkeit war dem deutschen Publikum durch Otto Klemperer bekannt. Neu war ihm, wie Toscanini mit seiner perfekt funktionierenden Orchestermaschinerie über die viele kostbare Geheimnisse unter sich bergende Oberfläche makelloser Klangschönheit hinwegglitt. Indem Toscanini die Musik ohne jede Störung gleichsam ablaufen ließ, ihr nirgends einen Augenblick des Verweilens, keine Pause zum Atemholen gönnte, verwischte er oftmals die Gliederung der Musik, die er spielte. Diese Art objektiven Musizierens, in dem ich die Herztöne vermißte, ist mir fremd geblieben.

Berta Geismar ist nach England emigriert und dort als Sekretärin von Sir Thomas Beecham, dem Dirigenten des

London Philharmonic Orchestra tätig gewesen. Ihr Buch »Musik im Schatten der Politik«, das sie mir 1947 sandte, vermittelt ein anschauliches Bild des deutschen Musiklebens zwischen den beiden Kriegen. Über Furtwängler schrieb sie mir: »... es ist nicht leicht, ihm nur Freundschaft zu erweisen, da er, was begreiflich ist, ungemein verletztlich ist, zur Zeit, aber auch nicht im Stande, nur einmal die Welt von außen zu betrachten. Man möchte sein einzigartiges Talent der Welt retten, aber er müßte sich in Vielem viel objektiver verhalten.«

Als ich erfuhr, daß die Industrie- und Handelskammer Berlin Volkswirte mit Zeitverträgen für ein halbes Jahr als wissenschaftliche Mitarbeiter anstellte, bewarb ich mich und wurde angenommen. Gegen das Juristenmonopol und die Benachteiligung der Volkswirte im öffentlichen Dienst hatte ich gerade meine kleine Stimme in einem Rundfunkvortrag über den Breslauer Sender und in einem Artikel in der »Schlesischen Zeitung« erhoben. Die Personalpolitik der Berliner Kammer, die Volkswirte einstellte, erschien mir daher als fortschrittlich.
Im Oktober 1930 trat ich bei der Kammer ein. Ihr Haus in der Dorotheenstraße im historischen Zentrum von Berlin gegenüber der Rückfront der Preußischen Staatsbibliothek, in deren Lesesaal ich an meiner Dissertation gearbeitet hatte, steht noch. Während der Mittagspause konnte man von dort das Alte Museum oder die Nationalgalerie zu Fuß bequem erreichen. Davon habe ich oft Gebrauch gemacht und manche halbe Stunde, und manchmal auch mehr, mit der Anschauung großer Kunstwerke der Malerei verbracht. In der Berliner Handelskammer habe ich gerne gearbeitet. Als diese Stadt

mit 4,5 Millionen Einwohnern nicht nur der größte Industriestandort, sondern das politische, wirtschaftliche und kulturelle Zentrum Deutschlands war, eine Weltstadt im Vergleich zu allen anderen deutschen Städten damals und heute, bot sie der Neugier eines jungen Mannes unendlich viel.

Im Lesesaal der Kammer diente eine durch einen Vorhang abgeschirmte Ecke als Arbeitsplatz der wissenschaftlichen Mitarbeiter, unter ihnen ein Assessor aus Rostock, der so sprach und sich so gab, als ob er ein Sohn von Fritz Reuters Onkel Bräsig sei.

Mir gegenüber saß Werner David, Sohn des damaligen Kammergerichtspräsidenten. Er hatte eine Bankausbildung bei der Disconto-Gesellschaft absolviert und war ein geschulter Jurist. Er war auch ein leidenschaftlicher Musikfreund, der Cello spielte und zuhause eine Orgel besaß, auf der er mich begleitete, wenn ich auf meiner Silberflöte Sonaten von Händel und Bach spielte. Werner David ist in meinem Leben der einzige gewesen, mit dem ich eine durch die Distanz der Sie-Anrede besonders gefestigte Freundschaft vom Augenblick unserer ersten Begegnung an geschlossen habe. Gleich an Alter, war mir David nicht nur durch sein juristisches Fachwissen, sondern vor allem durch Bankerfahrung überlegen. Gemeinsam haben wir viele Konzerte der damals in Berlin tätigen großen Dirigenten – Furtwängler, Klemperer, Bruno Walter, Kleiber – und der hervorragenden Quartettvereinigungen jener Tage – Busch, Klingler, Rosé besucht. Dazu schleppte mich David in die Orgelkonzerte im Dom, der Kaiser Wilhelm-Gedächtnis-Kirche, in Spandau oder wo sonst alte und moderne Orgelmusik zu hören war.

Von unserem Schreibtisch in der Handelskammer haben wir meinen Vater in Breslau brieflich und telefonisch dazu überredet, Bachs Kunst der Fuge in der Gräser'schen Fassung für großes Orchester aufzuführen. Die »Kunst der Fuge« war damals neu in die deutschen Konzertsäle gekommen. Wir organisierten eine Subscription für den Kartenverkauf und hatten die Genugtuung, zwei ausverkaufte Aufführungen zustande zu bringen.

Präsident der Berliner Kammer war Franz von Mendelssohn, ein brillanter Repräsentant seiner zur Kulturgeschichte Berlins gehörenden Familie. Man wußte, daß er ein Freund der Hausmusik war und daß Albert Einstein in seinem Quartett mitwirkte. Als ich bei Dienstantritt von ihm vereidigt wurde, sagte er, mir die Hand reichend: Wir haben einen gemeinsamen Freund, den Geiger Adolf Busch, der mir viel von Ihrem Vater erzählt hat. Ich erlaubte mir zu antworten: Ihr verstorbener Bruder Robert, Herr Präsident, gehörte zum Freundeskreis meines Großonkels Anton Dohrn, des Zoologen in Neapel. Beide haben meinem Vater beim Klavierspiel gerne zugehört.

Unter Mendelssohns ausgleichender Leitung haben sich, obwohl schon politische Gewitterluft wehte, in den Vollversammlungen der Kammer im Winter 1930/31 noch keine Störungen ereignet. Spannungen zwischen Einzelhandel und Warenhäusern, zwischen mittelständischen Betrieben und Großindustrie entluden sich aber schon in den Ausschüssen, in denen sich Sympathisanten der Nazis eine laute Sprache erlaubten. Im Eierausschuß, wo ich Protokoll führte – er galt nicht als besonders feiner Ausschuß – gab es bereits Schimpfereien gegen jüdische Händler. Der Einzelhandelsausschuß, wo ich auch proto-

kollierte, war Schauplatz mehr oder minder gehässiger Verbal-Angriffe auf die Warenhäuser. Die Stimme des Nationalsozialismus war zwar im Herbst 1930 unüberhörbar, aber man hat sie zu dieser Zeit noch nicht ernst genommen. Die offen verkündete Absicht, die Juden aus der deutschen Gesellschaft zu vertilgen, hat man für pöbelhaftes Geschrei – Radauantisemitismus – für radikale Propaganda gehalten. Was wirklich kommen würde, lag außerhalb des Vorstellungsvermögens auch überzeugter Antisemiten.
Der Arbeitsstil der Kammer gewährte ihren wissenschaftlichen Mitarbeitern viel Freiheit, zum Beispiel bestand für sie keine tägliche Anwesenheitspflicht. Wer allerdings seinem vorgesetzten Syndikus ein aufmerksamer Mitarbeiter sein und etwas lernen wollte, tat gut, täglich in der Kammer zu sein. Mein Chef, Geheimrat Demuth, war ein generöser, kluger Herr, der mich als Kollege anredete und nicht als Untergebenen behandelte. Er gehörte dem politischen Kreis um die freilich damals schon schwache Deutsche Demokratische Partei an. In den zeitgeschichtlich interessanten Tagebüchern des Grafen Harry Kessler taucht sein Name einige Male auf. Er hat mir viel und interessante Arbeit zugewiesen, wobei der Themenkreis von der Handels- und Zollpolitik bis zu lokalen Querelen reichte. Täglich kamen Anträge über die Gewährung von Zollfreiheit im Veredlungsverkehr auf meinen Tisch. Die Beschwerde eines Einzelhändlers über einen Drahtzaun zwischen dem Doppelgleis der Straßenbahn, der ihm auf dem Straßenabschnitt, an dem sein Laden lag, die Laufkundschaft zu Gunsten des Warenhauses Karstadt am Herrmannplatz ablenkte, hat mich einige Wochen beschäftigt.

Nützlich war ein guter Kontakt mit einem Berliner Original, dem Bürodiener Labetski, der im 1. Stock, wo die Dienstzimmer der Chefsyndici lagen, seines Amtes waltete. Alterfahren im Betrieb der Kammer, kannte er sich nicht nur in allen Abteilungen und allen Personalien des Hauses, sondern auch im jeweiligen Seelenzustand der Syndici aus. Wer sich neu in der Kammer zurechtzufinden hatte, konnte von Labetski das Nötige, oft auch mehr erfahren.

Einmal bin ich als Ghostwriter für Demuth tätig gewesen. Labetski telefonierte: Herr Doktor, der Herr Jeheimrat! Ich sauste die Treppe hinunter zu meinem Chef. Ich soll da für den Berliner Börsen-Courier einen Artikel über den Beitrag der Banken zur Produktivitätssteigerung der Wirtschaft schreiben. Wie kann ich das? Sehen sie sich meinen Schreibtisch an! Sie haben doch Nationalökonomie studiert, können Sie mir das nicht abnehmen? Allerdings brauche ich den Text – unter meinem Namen – in drei Tagen. Da stand ich, gelähmt durch das Gefühl, über dieses Thema aus dem Stegreif nichts Gescheites schreiben zu können. Aber ohne Gesichtsverlust durfte ich nicht Nein sagen. Also versprach ich im Vertrauen auf meinen guten Stern, den Artikel zu schreiben und pünktlich abzuliefern.

Beim Verlassen von Demuths Zimmer blickte mir Labetski mitfühlend nach: Na, det seh ick ooch ohne Brille, der Jeheimrat hat Ihnen nen dicken Sack uffjeladen. Doch auf dem Rückweg zu meinem Platz hatte ich bereits erste Einfälle. Sofort begann ich mit der Niederschrift. Nach zwanzig Minuten klopfte David, mein Gegenüber, auf den Tisch: Was schreiben Sie da eigentlich ohne Pause, Punkt und Komma? Ich berichtete von dem soeben er-

haltenen Auftrag. David blickte mich entgeistert an. Wie konnten Sie diesen Auftrag übernehmen? Sie verstehen doch nichts davon. So war es. Dennoch schrieb ich, mein Universitätswissen zusammenraffend und meine Phantasie anstrengend, bis der Artikel fertig war. Als ich David, der mich schon unter die Hochstapler eingereiht hatte, nach drei Tagen meinen Text zeigte, las er ihn schweigend: Nicht zu glauben, ich habe mich umsonst um Sie geängstigt. Der Geheimrat überflog die Seiten und sagte nur: Danke, in Ordnung, das Honorar geht an Sie.
Im Anschluß an die Vollversammlungen der Kammer fanden zuweilen Abendessen mit Gästen aus den Berliner Ministerien, dem Reichstag, aus der Industrie, den Banken und der Wirtschaftspresse statt. Die wissenschaftlichen Mitarbeiter waren dazu geladen und fanden dadurch Gelegenheit, Vertreter der wirtschaftlichen Führungsschicht und des öffentlichen Lebens in Berlin kennenzulernen. Unter den Gästen solcher Abende waren immer viele jüdische Persönlichkeiten, seit jeher besonders kreative Elemente der Berliner Wirtschaft. Viele berühmte Berliner Unternehmen waren Schöpfungen deutscher Juden, man denke nur an die große AEG, von den Banken zu schweigen.
Zu meinen Freunden dieser Jahre gehörte der um sechzehn Jahre ältere Dr. Paul Kempner, verheiratet mit einer Tochter von Franz von Mendelssohn, dem Senior des berühmten Bankhauses, und selbst Partner dieser Bank. Kempner war von lebhaftem, beweglichem Geist, weit gespannten Interessen und Verbindungen, vielsprachig, humorvoll und – vor allem – ein warmherziger Mensch. Auf dem internationalen Parkett zu Hause, gehörte er als deutscher Vertreter dem Finanzkomitee des Genfer Völ-

kerbundes an. Dieser jüdische Deutsche war ein deutscher Patriot, der aber in der ganzen Welt zu Hause war. Kempner gehörte zu den Seltenen, die den ihnen vom Schicksal verliehenen Reichtum als ein Amt betrachten und für humane Zwecke oder das gemeine Wohl stets und verschwiegen eine offene Hand haben. Ohne ein Wort darüber zu verlieren, hat er vielen armen Studenten jahrelang das Studium bezahlt. Im alten Berliner Westend, Eichenallee 2, bewohnten die Kempners ein Haus im Stil der Gründerjahre, dessen Interieur nobel, aber ohne prahlenden Luxus war. Das Speisezimmer hatte Max Slevogt reizvoll ausgemalt, man sah Bilder deutscher und französischer Impressionisten, es gab einen schönen Musikraum. Dieses Haus war gleich geeignet für den behaglichen Umgang mit nahen Freunden, wie für große gesellschaftliche Veranstaltungen.
Kempner zog das Telegramm dem Telefon vor. Manche Telegramme mit dem Text »Hoffentlich heute neun Uhr in der Eichenallee. Gruß P. K.«, habe ich von ihm erhalten und manche Abende dort am runden Tisch seines Wohnzimmers verbracht. Andere Gäste gesellten sich unangemeldet für kurze Besuche hinzu und gingen wieder weg, so informell wie sie gekommen waren. Man unterhielt sich über aktuelle Ereignisse, diskutierte über interessante Ausstellungen, über Edwin Fischer's letzten Bach-Abend in der Sing-Akademie Unter den Linden und redete natürlich auch über Politik. Dann ging wieder die Hausglocke: ein neuer Gast trat ein. Ah, bon soir, Monsieur de Margerie, der französische Botschafter. Machen Sie es sich bequem, ein Glas Tee? Und hören Sie sich an, Monsieur L'ambassadeur, was der Knabe Dohrn vorhin über Brünings Rede gesagt hat. Was meinen Sie

dazu? Der Botschafter hielt mit seiner Meinung zurück. Neben Kempners Stuhl stand eine mit Bankakten bis an den Rand gefüllte Tasche, aus der er während der hin- und hergehenden Unterhaltung ein Papier nach dem anderen zog, durchlas, mit Randbemerkungen versah, zwischendurch in die Gespräche eingreifend. Es wurde viel und herzlich gelacht. Auch große Gesellschaftsabende habe ich in der Eichenallee erlebt, dabei viele elegante und interessante Menschen gesehen, gesprochen und viele Sprachen gehört.

An einem solchen Abend führte mich Kempner zu einem kleinen untersetzten Herrn, dem er mich mit den Worten vorstellte: Herr Reichskanzler Luther, das ist mein junger Freund Klaus Dohrn, aus dem hoffentlich etwas werden wird. Doch ehe der ehemalige Reichskanzler – er war zu jener Zeit Reichsbankpräsident – mich näher betrachten konnte, redeten mehrere prominente Gäste gleichzeitig so lebhaft auf ihn ein, daß ich mir im Gedränge weniger umlagerte Gesprächspartner suchte.

Einige Male bin ich mittags Kempners Gast in der Mendelssohn-Bank in der Jägerstraße gewesen. In solchen Stunden verbreitete sich Kempner über deutsche Politik, über wirtschaftliche Fragen, über die Lage in anderen Ländern oder sprach über Bücher, die er für wichtig hielt und mir zur Lektüre empfahl. Ich erinnere mich an seinen dringenden Rat, Edmund Burkes »Betrachtungen über die französische Revolution« zu lesen. Die grüne Decke des runden Tisches vor dem Besuchersofa in seinem Arbeitszimmer wurde durch ein weißes Tischtuch ersetzt, um das Essen aufzutragen. Wir sind wieder nicht mit unseren Problemen fertig geworden, sagte Kempner beim Abschied und schlug eine neue Verabredung vor.

Das Bankhaus Mendelssohn & Co. hat länger als ein Jahrhundert zu den führenden deutschen Privatbanken mit internationalem Ruf gehört. Sein Domizil Jägerstraße 49/51 zwischen Gendarmenmarkt und der Kreuzung mit der Oberwallstraße, wo die alte Reichsbank stand, ist ein schlichter, einstöckiger Biedermeierbau, der den Krieg überdauert hat. Nirgends, nicht einmal an der Eingangstür dieses Hauses, war der Name Mendelssohn zu lesen. Das hatte diese Bank nicht nötig. Ihr Geschäftsstil war konservativ und weltmännisch. An der Finanzierung der entstehenden deutschen Industrie, am Bau des Eisenbahnnetzes, an der Entwicklung Berlins zur Weltstadt hat diese Bank einen wichtigen Anteil gehabt. Bedeutend war ihre Stellung im internationalen Finanzgeschäft, führend ihre Rolle als Bankier Rußlands in der Zeit, als die Hauptlinien des russischen Eisenbahnsystems entstanden.

Aus der außerordentlichen Familie Mendelssohn sind bedeutende Persönlichkeiten hervorgegangen: Der Stammvater war Moses Mendelssohn, der Philosoph, sein Enkel der Komponist Felix Mendelssohn-Bartholdy, es waren Schriftsteller, Architekten und Bankiers von Rang unter ihnen. Viele großzügige Stiftungen für caritative, soziale und wissenschaftliche Zwecke haben die Mendelssohns ins Leben gerufen oder gefördert. Von welchem Rang ihr Mäzenatentum war, dafür sind die Schenkungen, die Ernst von Mendelssohn-Bartholdy der Preußischen Staatsbibliothek gemacht hat, ein großartiger Beweis. Ich erwähne nur die kostbarsten Objekte: die Autographen mehrerer Choralvorspiele und einer Kantate von Johann Sebastian Bach, die Manuskripte von Beethovens Symphonien Nr. 4, Nr. 5 und Nr. 7 und seiner drei Streichquartette Opus 59, Nr. 1, 2 und 3. Ferner die Autographen mehrerer Symphonien von Joseph Haydn und die Originalpartitur von Mozarts »Entführung aus dem Serail«.

Den Umgang mit Geld und mit Geldverdienen haben die Deutschen nur allzu gut von den Juden gelernt. Aber die jüdische Tradition großzügiger Stiftungen und Schenkungen ist von den zu persönlichem Reichtum gelangten Deutschen unserer Tage – ich nenne keine Namen – bisher nicht im gleichen Format fortgesetzt worden.

Als die Nationalsozialisten die Macht erlangt hatten, hat das Bankhaus Mendelssohn seine Pforten bald geschlossen und ist 1938 von der Deutschen Bank übernommen worden. Paul Kempner ist nach den USA ausgewandert, wo er, ein Heimwehkranker, als Bankier nicht mehr tätig gewesen ist. Schon im Sommer 1945 gelang ihm eine Reise nach Deutschland, bei der er auch mich in München aufgesucht und mir inmitten der trostlosen Ruinen Mut zugesprochen hat. Bevor ich ihn noch einmal wiedersehen konnte, ist er, erst siebenundsechzig Jahre alt, 1956 in Amerika gestorben.

Kempner hat über meine Aspirationen auf eine Laufbahn in der Handelskammer, in der ich gerne geblieben wäre, eine Verlängerung meines Zeitvertrages aber nicht erreichen konnte, nur melancholisch gelächelt. Ja sind Sie denn ein Jude? Sehen Sie nicht, daß fünf von den sechs Syndici, die Herren Meyer, Meyerstein, Demuth, Feilchenfeld, Jakobi – tüchtige Leute – Juden sind? Ich stimme denen zu, die das für einen gefährlichen Zustand halten, der so nicht bleiben darf. Aber einstweilen haben Sie in der Dorotheenstraße keine Chance.

Dieser Befund stimmte leider nicht nur für meinen Fall, sondern auch für andere intellektuelle Berufe und diente als wirksames Thema der antisemitischen Propaganda. Kein Zweifel, die Anwesenheit der Juden in der Gesellschaft und im geistigen Leben Deutschlands hatte ernste Probleme geschaffen, und kluge Juden wußten das. Die Entstehung der zionistischen Bewegung war eine jüdische Antwort auf diese Fragen, aber nur eine Minderheit der jüdischen Mitbürger hat sich den Zionisten angeschlossen. Die große Mehrheit der Juden, die in Deutschland oft seit Generationen ihre Heimat gefunden hatten, stand den zionistischen Ideen ablehnend gegenüber.

Auf die so komplexe wie irrationale Frage, zu der sich das Problem der Juden in Deutschland entwickelt hatte, war nirgends eine humane und zivilisierte Antwort sichtbar. Mit verhängnisvoller Schnelligkeit geriet die öffentliche Diskussion dieser Schicksalsfrage auf eine Bahn, wo »der beste menschliche Verstand nichts vermag gegen die Witterungsverhältnisse des politischen Horizontes«, wie es Bismarck 1860 – allerdings in ganz anderem Zusammenhang – in einem Brief an den preußischen Politiker Auerswald formuliert hat. Mich konnte diese Entwicklung nicht gleichgültig lassen, denn ich hatte viele jüdische Freunde.

Die Tragödie des deutschen Judentums ist nicht wie ein plötzliches Gewitter am Himmel aufgezogen, sondern reicht weit in die deutsche Vergangenheit zurück. Wie es um die Einstellung zu den Juden in Deutschland noch am Anfang des 19. Jahrhunderts stand, zeigt folgende Geschichte aus der geistig führenden Schicht dieser Zeit: Im September 1823 notierte Friedrich von Müller, Kanzler des Großherzogtums Weimar, in sein Tagebuch: »Ich

war kaum ... in Goethes Zimmer getreten ... als der alte Herr seinen leidenschaftlichen Zorn über unser neues Judengesetz, welches die Heirat zwischen beiden Glaubensverwandten gestattet, ausgoß. Er ahndete die schlimmsten und grellsten Folgen davon, behauptete, wenn der Generalsuperintendent Charakter habe, müsse er lieber seine Stelle niederlegen, als eine Jüdin in der Kirche im Namen der Heiligen Dreifaltigkeit trauen. Alle sittlichen Gefühle in den Familien, die durchaus auf den religiösen ruhten, würden durch ein solch skandalöses Gesetz untergraben, überdies wolle er nur sehen, wie man verhindern wolle, daß einmal eine Jüdin Oberhofmeisterin würde. Das Ausland müsse durchaus an Bestechung glauben ... Wer wisse, ob nicht der allmächtige Rothschild dahinterstecke.«
Natürlich ist Goethe, ein Sohn Frankfurts, der Stadt der Rotschilds, kein Antisemit im Sinn unserer Tage gewesen, aber auch er lebte in dem für seine Zeit selbstverständlichen Abstand von den Juden, die damals noch nicht Mitglieder der Gesellschaft waren.
Die Emanzipation der Juden hat in Deutschland erst nach 1848 sichtbare Fortschritte gemacht. Anders in Frankreich. Dort hatten die Juden schon ein halbes Jahrhundert früher beim Sturz des Ancien régime durch die Revolution die bürgerliche Gleichberechtigung erhalten. Gleichzeitig mit der Formierung der Bürgerlichen Gesellschaft sind sie dort in diese hineingewachsen und haben an ihrer Entstehung aktiv mitgewirkt. Daß Antisemitismus trotzdem in Frankreich nicht erloschen ist, hat ein Jahrhundert später der Fall Dreyfus gezeigt, und er ist dort auch heute nicht erloschen. Die nach Amerika eingewanderten Juden haben schon an der Entstehung der neuen,

freien, demokratischen Gesellschaft der Vereinigten Staaten von allem Anfang an aktiv teilgenommen, ein Faktum, das ihre Stellung in der amerikanischen Gesellschaft bis in unsere Gegenwart entscheidend bestimmt. In Frankreich und in den USA hat die jüdische Emanzipation im Vergleich mit Deutschland einen anderen Ausgangspunkt und einen Zeitvorsprung von mehr als einem halben Jahrhundert und der jüdische Bevölkerungsteil daher seitdem einen anders fundierten Platz. In diesem geschichtlichen Vergleich hat die Emanzipation der Juden in Deutschland verspätet begonnen, zu einer Zeit, als es in Deutschland noch eine abgeschlossene, festgefügte, ständische Gesellschaft gab. Das hat den Verlauf der jüdischen Emanzipation in Deutschland gehemmt und ihr durch diesen späten Beginn nicht die Zeit gelassen, im psychologischen und soziologischen Sinne auszureifen.

Es kommt hinzu, daß der Aufbau des für die Kapitalbeschaffung der Industrialisierung notwendigen Baugerüstes der Banken in Deutschland später als in England und Frankreich begonnen hat. Viele tief verwurzelten Anschauungen und Vorurteile, darunter die Geringschätzung kommerzieller Berufe, besonders die der Geldhändler – diese abschätzig als Halsabschneider und Krawattenmacher tituliert – haben sich in Deutschland länger als anderswo gehalten. Kapitalistisches Denken ist spät nach Deutschland gekommen, zumal in die weite Region östlich der Elbe, die bis 1870 und länger überwiegend agrarisch und kapitalarm geblieben war. In Deutschland hat sich – bis heute – ein ansehnlicher Rest antikapitalistischer Einstellung erhalten, alter Boden antisemitischer Strömungen.

Thomas Nipperdey konnte in seiner »Deutsche Geschichte 1800/1866« schreiben: »... am Ende der sechziger Jahre schien das Hineinwachsen der Juden in die deutsche Gesellschaft und Kultur auf gutem Wege, so sah es auch die große Mehrheit der bürgerlichen Welt, wie die der Juden selbst.« Aber wie ist es weitergegangen? In meiner Sicht ist die Aufnahme der Juden in die deutsche Gesellschaft während der folgenden Jahrzehnte durchaus nicht harmonisch verlaufen. Eine starke Minderheit der deutschen Bevölkerung hat diese Entwicklung von Anfang an mit Unbehagen, auch mit schrillen Mißtönen begleitet. Ist schon die mittelalterliche Kirche eine Urmutter der Judenverfolgung gewesen, so entsprach es dieser Tradition, wenn sich große Teile des Klerus offen gegen die Juden stellten.
Abweisend verhielt sich auch die fest gefügte Kaste der Universitätsprofessoren. Wehrte diese sich schon gegen den Zuzug aus nicht-akademischen Kreisen, so sperrte sie sich erst recht gegen das Eindringen jüdischer, durch Begabung und Geistesschärfe unbequemer Elemente in die Universitätslaufbahnen. Erst spät, seit dem Anfang des Jahrhunderts haben jüdische Wissenschaftler vereinzelt Zugang zu Lehrstühlen deutscher Universitäten erlangt – mit der Ausnahme der 1916 durch eine jüdische Stiftung gegründeten Universität Frankfurt am Main. Genauso verhielten sich die studentischen Organisationen, die Burschenschaften und Verbindungen. Im akademischen Leben und in der bürgerlichen Bildungsschicht Deutschlands haben in meiner Jugend antisemitische Tendenzen keine geringe Rolle gespielt. Von Wilhelm II., ohnehin reich an Entgleisungen, gibt es zahlreiche beschämende Äußerungen zu diesem Thema, obwohl er

mit vielen Juden persönlichen Umgang hatte. Und ist nicht das Genie Richard Wagner mit seinem offen verkündeten Antisemitismus geradezu ein Prophet der Judenvernichtung gewesen?
Kein Zweifel, es gab in Deutschland so etwas wie einen atmosphärischen Antisemitismus, der zu der fortschreitenden Tolerierung der Juden in der deutschen Gesellschaft parallel verlief. In Goethes »Maximen und Reflexionen« liest man: »Toleranz sollte eigentlich nur eine vorübergehende Gesinnung sein; sie muß zur Anerkennung führen.« Bis zur voll anerkannten Gleichberechtigung ist aber die Gesamtheit der jüdischen Bürger Deutschlands nicht gelangt. Die Emanzipation der Juden war noch weit von einem Gelingen entfernt, als Hitler auftrat.
Als in Deutschland der Übergang von der agrarisch-feudalen Gesellschaft zum Industriekapitalismus und damit das Zeitalter der Eisenbahnen und der Großbanken begann, waren die Juden nur, das aber in besonderer Weise, in den Tätigkeiten erfahren, die ihnen seit dem Mittelalter gestattet waren, der Arbeit im Handwerk und Handel, vor allem im Geldgeschäft. Wie im Feudalismus, so standen die Juden im Frühkapitalismus als Routiniers der Geldwirtschaft einer darin zurückgebliebenen Umwelt gegenüber, die in der alten Denkungsweise der Naturalwirtschaft befangen war. Dabei entstanden Unterlegenheitsgefühle und mit diesen Abneigung, Mißtrauen und Neid. Daß jüdischer Verstand im Regelfall der überlegene sei, ist gewiß eine unzulässige Verallgemeinerung. Aber eine überdurchschnittliche Begabungsdichte und ein besonderes Geschick, Vorteile zu erkennen, auszunutzen und festzuhalten, gehören zu den jüdischen Fähigkeiten.

Der in einer vieltausendjährigen Geschichte gewachsene Gruppenzusammenhalt der Juden hat oft dazu geführt, daß in der deutschen Gesellschaft arrivierte Juden ihre jüdischen Verwandten und Freunde nach sich zogen. In einigen Berufen, etwa bei den Ärzten oder Rechtsanwälten, war auf diese Weise das jüdische Element da und dort zahlenmäßig überproportional angewachsen. Juden waren oft unbequeme Konkurrenten, und wenn die Antisemiten von Verjudung sprachen, waren gewöhnlich Neidgefühle mit im Spiel. Gerade jene Fähigkeiten, die den Juden das Leben in der Unterdrückung möglich gemacht hatten, sind nach der Emanzipation an ihnen kritisiert worden. Aber haben nicht auch die alten Herren studentischer Verbindungen ihre jungen Füchse nach Kräften protegiert? Wo liegt da der Unterschied? Hier gilt die melancholische Weisheit: wenn zwei das gleiche tun, ist es nicht das gleiche.

Der Übergang in das Industriezeitalter ist ohne die gleichzeitige Mitwirkung eines leistungsfähigen Banksystems nicht vorstellbar. Gerade auf diesem Felde haben die gelderfahrenen Juden große Beiträge geleistet. Beim Aufbau des deutschen Bankwesens war jüdische Denkleistung entscheidend beteiligt. Reiche Juden oder solche, die sich durch besondere Leistungen in der Wissenschaft oder den Künsten einen Namen gemacht und Ruhm erworben haben, sind in dieser ersten Phase nach der Emanzipation eher in die deutsche Gesellschaft aufgenommen worden. Arme Juden dagegen sind noch lange und viel direkter einem ungenierten Antisemitismus ausgesetzt geblieben, andererseits auch weniger vom Prozeß der Assimilierung angezogen worden. Dafür fanden die Intellektuellen unter ihnen oft Aufnahme bei den Soziali-

sten, wo der Antisemitismus seit Bebel verfemt war. Viele Juden haben ihre Angleichung an die deutsche Umwelt und ihr Aufgehen in der deutschen Nation freiwillig, auch unter Aufgabe ihrer alten Religion, angestrebt und erreicht. In diesen Juden lebte längst ein nationaldeutscher Patriotismus, und Albert Ballin, der große Mann der Hamburg-Amerika-Linie, der aus Kummer über die Niederlage von 1918 aus dem Leben geschieden, oder der überragende Chemiker Fritz Haber, der in der Verzweiflung über die Vertreibung aus seiner deutschen Heimat gestorben ist, stehen dafür als Beispiele. Der Zionistenführer Chaim Weizmann hat solche Männer allerdings verächtlich als »Kaiserjuden« abgetan.
Andere Juden haben stolz an den Traditionen und Weisheiten des Judentums und seiner Religion festgehalten und der Assimilation bewußt widerstanden. Carl Fürstenberg, der Bankier, vom Fürsten zu Fürstenberg-Donaueschingen suffisant befragt, aus welcher Linie er stamme, gab die schlagfertige Antwort: »... aus der älteren, Durchlaucht.« Wenn Otto Veit in seiner klugen Abhandlung über christlich-jüdische Koexistenz schreibt: »So war das fortdauernde Aneinandervorbeireden nicht nur von einer Seite allein verschuldet«, dann stimmt er mit Stephen Spender überein, der in seinem Journal 1939/1983 sagt: »that the cause of antisemitism was not that the Jews were seriously considered the crucifiers of Christ ... but that they were an alien community bound together by race and religion within another community, which resents its failure to assimilate them«. Auch die zionistische Idee gründet auf der Anschauung, daß die in der Zerstreuung lebenden jüdischen Minderheiten Fremdkörper in anderen Nationen seien.

Felix Shinnar, in den fünfziger Jahren Leiter der Israel-Mission in Köln und erster israelischer Botschafter in der Bundesrepublik, sagte mir einmal, es gehöre zu den schlimmen Sekundärfolgen von Hitlers Verbrechen, daß in Deutschland kein kritisches Wort über Juden mehr gesagt werden könne, das sei ein Tabu noch für lange. Er erwarte sehnlich den Tag, an dem man in Deutschland einen jüdischen Dieb wieder laut einen Dieb nennen dürfe. Erst dann würde man wieder bei normalen Beziehungen zwischen jüdischen und deutschen Menschen angelangt sein.
Heute wissen wir, daß die Spanne eines Jahrhunderts für das Gelingen der jüdischen Assimilation in Deutschland nicht ausgereicht hat. Niemand wird heute eine Aussage darüber wagen, ob sie in unserem Land überhaupt jemals eine Chance nachhaltigen Gelingens gehabt hat. Bis zuletzt ist die Situation der Juden in der deutschen Gesellschaft vieldeutig geblieben, obwohl sie zur geistigen, künstlerischen, wirtschaftlichen Entwicklung Deutschlands mit Kopf und Herz Großes beigetragen haben.

Hannah Arendt, Historikerin und politische Theoretikerin, eine der hervorragendsten Gestalten unter den in die Emigration getriebenen deutschen Juden, hat in ihrem Buch über Rahel Varnhagen formuliert: »Das deutschsprachige Judentum und seine Geschichte ist ein durchaus einzigartiges Phänomen, das auch im Bereich der sonstigen jüdischen Assimilationsgeschichte nicht seinesgleichen hat.« Hannah Arendt hat die assimilierten jüdischen Eliten in Frankfurt, Breslau und Berlin offenbar nicht gut genug gekannt, sonst hätte sie gewußt, daß die Angehörigen dieser Schicht die Anrede »deutschsprachiger Jude« als kränkend empfunden hätten.

Ende der fünfziger Jahre hatte meine Frau den Wunsch einer todkranken Anverwandten, Hannah Arendt noch einmal zu sehen, an diese nach New York übermittelt. Die Kranke hatte während ihrer Studentenzeit im Kolleg von Karl Jaspers mit Hannah Arendt Freundschaft geschlossen. Schon eine Woche später stand diese am Krankenbett der Sterbenden, eine in dieser spontanen Großzügigkeit sehr jüdische Freundestat. Nachdem dieser Kontakt entstanden war, habe ich Hannah Arendt zweimal im kleinen Arbeitszimmer ihrer New Yorker Wohnung besucht und lange Unterhaltungen mit ihr geführt. Sie hat mir zahllose Fragen über Deutschland und die Deutschen nach Hitler gestellt und war mit vielen meiner Antworten nicht zufrieden, sie war sich des von mir behaupteten Wandels in Deutschland nicht sicher. Aus diesen Gesprächen bewahre ich eine Erinnerung hohen Respekts für den souveränen Geist und das warme Herz dieser großartigen Frau.

Mit dem Sturz der Monarchie 1918 waren Macht und Privilegien der bisher dominierenden Gesellschaftskreise erschüttert worden, während die Stellung der Juden davon nicht berührt worden war. Von daher haben manche Ressentiments das Verhältnis zu den jüdischen Mitbürgern belastet, zumal sich die jüdische Position im deutschen Leben nach dem Ersten Weltkrieg deutlich besser gestaltete als in der Vorkriegsgesellschaft. In Kunst und Wissenschaft, in der Literatur, in Theater und Musik war das jüdische Element, getragen von Begabung und Leistung, mehr als zuvor auf führende Plätze gelangt. Das hat Aufsehen und Anerkennung gefunden, aber auch Ablehnung und Neid erregt. Es entstand ein unter

schwelliges Unbehagen über eine als zu weit gehend empfundene Ausdehnung jüdischen Einflusses, eine unklar artikulierte Empfindung, so sei es letzten Endes mit der Emanzipation denn doch nicht gemeint gewesen. Es kam dazu, daß die scharfe Feder jüdischer Publizisten gewollt und ungewollt manche traditionellen Gefühle verletzte. Wieder zeigte sich, daß besondere Talente nicht nur wertvolle Gaben sind, sondern auch unbequem sein können. Der Historiker Fritz Stern nennt das die »Last des Erfolges«. Antiintellektualistische Strömungen mischten sich mit antisemitischer Gesinnung. Auch die mit Bedacht geschürte Sorge vor dem Übergreifen der bolschewistischen Revolution auf Deutschland erzeugte Antisemitismus, da anfangs viele Juden zu den führenden Köpfen des russischen Umsturzes gehört hatten – bis sie von Stalin liquidiert wurden.
Am Vorabend von Hitlers Machtübernahme hatte die jüdische Seite allen Grund zur Furcht vor einem mächtig anwachsenden aggressiven Antisemitismus. Die Ermordung Walter Rathenaus im Sommer 1922 war ein erstes Sturmsignal. Aber jedes ruhige Nachdenken über Möglichkeiten einer gerechten, politisch klugen Lösung der jüdischen Frage ist von der nationalsozialistischen Revolution und der von ihr entfesselten Welle eines barbarischen Judenhasses überrollt worden.

Als ich im Frühjahr 1931 die Berliner Handelskammer verließ, habe ich vorübergehend mit dem Plan gespielt, unter dem Namen »Schlesiendienst« eine Werbestelle für schlesische Wirtschaft und Kultur mit je einem Büro bei der Reichskreditgesellschaft in Berlin und einem zweiten bei der Bergwerksgesellschaft Georg von Giesche's Erben in Breslau aufzubauen. Promotoren dieses Projektes waren der Vorstandsvorsitzer der Reichskreditgesellschaft Otto Christian Fischer und der Generaldirektor Eduard Schulte von Giesche, derselbe, der später aus Sorge um eine europäische Katastrophe die Westmächte mutig aber erfolglos vor Hitlers Kriegsplänen gewarnt hat.

Fast hätte ich mich dem finanziell gebrechlichen Gebilde des »Schlesiendienstes« verdingt. Da erzählte mir Paul Kempner, der von diesem Projekt nichts hielt, absichtslos und beiläufig, die Bank für deutsche Industrie-Obligationen würde möglicherweise liquidiert werden. Zwar gäbe es Pläne für neue Aufgaben, diese seien jedoch umstritten. Ich wußte wenig von dieser Bank. Trotzdem horchte ich auf. Gab es da vielleicht eine Tätigkeit für mich? Ohne Bankausbildung durfte ich mir freilich auf die Anstellung bei einer Bank kaum Hoffnung machen. Trotzdem bat ich Kempner, einmal vorzufühlen, ob ich mich dort gelegentlich vorstellen dürfe. Zwar würde er über mein fachliches Können keine Auskunft geben können, mich aber als Person schildern. Zu meiner Überraschung wurde ich schon wenige Tage später zu einer Vorstellung bei dieser Bank aufgefordert. Kempner hatte rasch gehandelt.

Am Vormittag eines schönen Maitages 1931 machte ich mich von der Dorotheenstraße auf den Weg zur Bank für deutsche Industrie-Obligationen (Bafio). Unter den Linden war es schwarz von abertausend Arbeitslosen, die unter roten Fahnen und Transparenten mit kommunistischen Parolen demonstrierten. Die Anhänger der Hakenkreuzfahne hatten noch nicht die Oberhand. Ich schob mich durch dichte Menschenmassen zum Zeitungsviertel, zur Jerusalemer Kirche und vorbei am altersgrauen Militärgefängnis »Vater Philipp« in die enge Feilnerstraße zum großen Bau der Reichsschuldenverwaltung, in dem die Bank ihren Sitz hatte.

Dr. Wilhelm Bötzkes, Vorsitzender des Vorstands, empfing mich. An seinem Schreibtisch, ihm gegenüber, bot er mir Platz an. Ich war mir bewußt, mehr wie ein Primaner als wie ein Dr. rer. pol. auszusehen, und war auf den Mißerfolg dieses Besuches gefaßt.

Bötzkes, ein stattlicher Mann Ende der Vierzig, blickte mich aus zwei hellwachen Augen, in denen der Schalk blitzte, prüfend an. Gespannt erwartete ich die Fragen, die mir dieser kühle, souveräne Herr stellen würde. Kommen wir schnell zur Sache. Wie alt sind Sie? Was haben Sie bisher gemacht, bei welcher Bank haben Sie bisher gearbeitet? Ich berichtete, ohne auf die letzte Frage einzugehen. Die erste Reaktion klang günstig: Abiturium, fast vier Jahre bei Siemens, Universität, Diplomvolkswirt, Dr. rer. pol., Industrie- und Handelskammer Berlin und noch nicht sechsundzwanzig Jahre alt. Hm, hm, nicht schlecht, aber bitte noch einmal: bei welcher Bank haben Sie bisher gearbeitet? Jetzt mußte ich gestehen, ich hätte noch nie in einer Bank gearbeitet. Erstaunte Pause – sonderbar – und da bewerben Sie sich bei einer Bank? Neue, beunruhigend lange Pause, nachdenklich beobachtende Blicke. Sagen Sie mal, gehören Sie zu den Leuten, die bereit sind, ihre Ärmel hochzukrempeln? So, das bejahen Sie so ohne Zögern? Neue Pause, neue Zigarette, dann vorgebeugt: hören Sie gut zu: wir haben hier eine neue Bank mit schwierigen Aufgaben aufzubauen. Dabei wird es viel, aber auch interessante Arbeit geben.

Der Vorstand braucht ein Sekretariat. Da können Sie mitarbeiten und morgen damit anfangen. Als Monatsgehalt denke ich zunächst an RM X, dreizehnmal, einverstanden?
Auf eine so schnelle, so günstige Wendung war ich nicht gefaßt. Das angebotene Gehalt war nicht nur für mein Alter, sondern für damalige Begriffe überhaupt märchenhaft hoch. Mein Gewissen pochte, denn ich dachte an die fehlende Bankausbildung. Durfte ich mir das zutrauen? Entschußfreudig gekommen, zögerte ich mit einer Antwort, und bekanntlich muß man sich auch zum Zögern entschließen. Daher meine schüchterne Frage: Könnte ich vielleicht eine Bedenkzeit erhalten? In diesem Augenblick trat ein blasser, kahlköpfiger Mann mit dikken Gläsern vor seinen kurzsichtigen Augen ins Zimmer. Er war mir nicht sympathisch, als er mich mit spöttischem Ausdruck musterte. Sagen Sie mal Keichel – so Bötzkes zu diesem Kollegen – da biete ich dem jungen Mann hier vor mir, noch keine sechsundzwanzig alt, ohne Banklehre, ja tatsächlich ohne Bankausbildung, eine mit monatlich RM X dotierte Stellung in unserem Sekretariat an und was antwortet er? Er wünscht Bedenkzeit! Wieviele Arbeitslose haben wir zur Zeit? Über sechs Millionen! Und wieviel Bedenkzeit benötigen Sie, mein junger Herr? Vier Wochen? Langes schallendes Gelächter. Hören Sie mal, sich weit zurücklehnend, Sie sind originell. Bitte überlegen Sie sich mein Angebot schnell und lassen bald von sich hören. Gleich darauf war ich wieder auf dem Korridor.
Die Unterredung hatte eine Viertelstunde gedauert. Mein Gesprächspartner hatte mich beeindruckt. Aber von dem, was ich in einer Bank, von der ich so gut wie

nichts wußte, zu leisten haben würde, besaß ich keine Vorstellung. Ich fürchtete mich vor dem Versagen.
Nach zehn Tagen nahm ich, alle Bedenken beiseite schiebend, das Angebot an. Mitte Juni 1931 begann ich mit der neuen Arbeit. Achtzehn Jahre habe ich bei der Bank für deutsche Industrie-Obligationen, die bald in Deutsche Industriebank umfirmierte, gearbeitet, vom ersten bis zum letzten Tag ohne einen schriftlichen Vertrag, auf Treu und Glauben. Nicht dem Kompaß einer besonderen Neigung folgend, nicht mit Bedacht ausgesucht und geplant, bin ich auf meine berufliche Lebensbahn gelangt.

## Viertes Kapitel

*Otto Schweitzer – Im Dienst der Reparationen – Silverbergs Plan – Osthilfegesetz – Industriebankgesetz – Assistent von Dr. Keichel – Kreditgrundsätze – Bayerischer Genossenschaftstag – Lily Abegg – Reisen zu Handelskammern – Oder-Schiffahrt – Fritz Thyssen – Mit Bötzkes nach Dresden – Übergang in die Praxis*

Vier Wochen später saß ich in einem Einzelzimmer der Bafio, das mit einem Schreibtisch, zwei harten Stühlen und einem Garderobehaken fast übermöbliert war und sann über meinen Wagemut nach, mich in einer Bank zu versuchen. Meine Kenntnis vom Bankwesen stammte aus Büchern oder aus Vorlesungen in der Universität. Daß mein Wissen nicht ganz praxisfern war, verdankte ich Otto Schweitzer, dem langjährigen Chef der Darmstädter Bank in Schlesien, der auch Schatzmeister des Breslauer Orchester-Vereins war, einem Freund meiner Eltern. Als junger Mann hatte er, mit einer schönen Stimme begabt, das Breslauer Publikum mit Liedern von Johannes Brahms bekannt gemacht, am Flügel begleitet von Brahms selbst. Schweitzer interessierte sich für meine Ausbildung bei Siemens und ließ sich darüber von mir berichten. Als er auf seine alten Tage nach Berlin übersiedelte, lud er mich öfters in sein Zehlendorfer Haus ein.

Schweitzer war ein passionierter Spaziergänger. Viele Male habe ich mit ihm die Krumme Lanke umwandert und zugehört, wenn er – bei wichtigen Stellen der Erinnerung stehenbleibend – Geschichten aus seinem Berufsleben erzählte. Er schilderte Spannungen zwischen Vorständen und Aufsichtsräten, verwickelte Beziehungen zwischen feindlichen Aktionärsgruppen, Geschäfte anderer Banken oder große Firmen, zum Beispiel die Linke-Hofmann Werke, Breslaus große Waggonfabrik, die Deutsche Wolle AG, Grünberg, die Meyer Kaufmann Textilwerke AG, die Portland-Zementfabrik Germania oder andere Unternehmen. Er freute sich über Zwischenfragen, die ihn anregten, den Faden seiner Erzählung weiter auszuspinnen.

Kein Universitätsseminar hätte mir besser als Otto Schweitzer auf unseren Spaziergängen deutlich machen können, daß das Bankgeschäft nicht einfach mit anderen Geschäften vergleichbar ist, und daß sich schwache Intelligenzen im Umgang mit der abstrakten Ware Geld schwer halten können. Außer dem Wissen über die Verhältnisse ihrer Kunden müssen sie nämlich auch über die dem wirtschaftlichen Geschehen zugrunde liegenden geldwirtschaftlichen Fakten Bescheid wissen, wodurch sich der Beruf des Bankiers von anderen Tätigkeiten in der Wirtschaft unterscheidet. Sicherlich ist die Zahl derjenigen, die in diesem Sinne Bankier sind, geringer als die derer, welche sich für Bankiers halten.

Auf meinem neuen Schreibtisch lag ein Stapel von Denkschriften, Reichstagsdrucksachen, Zeitungsausschnitten und Zeitschriften, die man mir zur Lektüre bereitgelegt hatte. Als ich sie gelesen hatte, wußte ich, daß ich an einem interessanten Platz angelangt war. Was erfuhr ich?

Die Industrie hatte 1924, als durch den Dawes-Plan die Reparationen – das waren die Kriegsentschädigungen an die Sieger des Ersten Weltkrieges – neu geregelt wurden, dem Deutschen Reich freiwillig 5 Milliarden Goldmark als Beitrag zu den Reparationsverpflichtungen bereitgestellt und eine Bank in der Rechtsform einer Aktiengesellschaft gegründet, die in dieser Höhe Obligationen auszugeben hatte – die Bank für deutsche Industrie-Obligation (Bafio). Verzinsung und Tilgung dieser dem Reparationsagenten ausgehändigten Obligationen wurden durch eine von der gewerblichen Wirtschaft erbrachte Umlage, die sogenannte Aufbringungsumlage, eingezogen durch die staatliche Finanzverwaltung, bedient.

Dieses großzügige Engagement der Industrie für den Fiskus war nicht nur eine noble Geste, sondern zu diesem Zeitpunkt auch ein im klug abgewogenen Eigeninteresse liegendes Anerbieten, um das für das industrielle Exportgeschäft nötige Gleichgewicht des Reichshaushaltes und die damit verbundene, erst Ende 1923 gerade wieder hergestellte, Währungsstabilität zu sichern. Dennoch bleibt eine am wirtschaftlichen Gesamtinteresse orientierte Initiative solcher Dimension denkwürdig. Im übrigen hatte die Gründung der Bafio auch den Sinn, zwischen die gewerbliche Wirtschaft als Schuldner von Reparationsleistungen und die Reparationsgläubiger einen Puffer zu schieben, der unerwünschte Einblicke in Interna der deutschen Wirtschaft verhindern sollte. In Erfüllung dieser Aufgabe hat die Bafio sechs Jahre nach dem ersten Krieg die politische Zeitgeschichte begleitet.

Als der Sonderbeitrag der Industrie zu den Reparationen 1930 aufhörte, war die Geschäftsgrundlage für den Fortbestand der Bafio weggefallen, man hätte sie schliessen können. Darüber hat es lebhafte Meinungsverschiedenheiten gegeben. Viele Stimmen erhoben sich für die Schliessung eines offenbar überflüssig gewordenen Institutes, zumal auch manche Industrielle den Fortfall der Aufbringungsumlage nicht ungern gesehen hätten. Im Juni 1930 beschloss der Reichstag, die Bafio zu liquidieren, überliess es aber der Reichsregierung, den Zeitpunkt der Liquidation zu bestimmen. Während die Regierung damit zögerte und die Entscheidung über den Fortbestand der Bafio dadurch in der Schwebe blieb, gewann das wirtschaftspolitische Problem, wie der bedrohlichen Liquiditätskrise der ostdeutschen Landwirtschaft zu steuern sei, brennende Aktualität. Der Reichshaushalt konnte die für eine durchgreifende Sanierungsaktion benötigten sehr erheblichen Mittel nicht hergeben.

Auf der Suche nach einer Finanzierung, welche die Staatskasse nicht belastete, trat ein vom Reichsverband der deutschen Industrie vorgelegter, von Dr. Paul Silverberg inspirierter Plan in den Mittelpunkt der Diskussion. Silverberg gehörte damals als Vorstandsvorsitzender der Rheinische Braunkohlen-Werke AG, als Präsident der Industrie- und Handelskammer Köln und als Präsidialmitglied des Reichsverbandes der deutschen Industrie zu den Führungsfiguren der deutschen Wirtschaft. Motiviert von dem Gedanken der Schicksalsgemeinschaft von Industrie und Landwirtschaft, schlugen Silverberg und seine Freunde, unter ihnen Ludwig Kastl, Hauptgeschäftsführer des Reichsverbandes, vor, die bisher für Reparationszwecke erhobene Aufbringungsumlage vorläufig weiterzuerheben und daraus bei der Bafio die Mittel für eine Sanierung der krisenerschütterten Landwirtschaft der Ostprovinzen anzusammeln. Es gehört zur Ironie der Kontroverse um den Fortbestand der Bafio, daß sich ausgerechnet der wirtschaftspolitische Direktor des Deutschen Landbundes, der Gutsbesitzer Heinrich von Sybel, seit Juli 1932 Reichstagsabgeordneter der nationalsozialistischen Fraktion, besonders vehement für ihre Liquidation ausgesprochen hatte.

Silverbergs Plan ist durch das Osthilfegesetz vom 31. März 1931 Realität geworden, das der Bafio den Auftrag erteilte, die ostdeutsche Landwirtschaft durch eine Umschuldungsaktion auf eine gesunde Grundlage zu stellen. In dem Jahrzehnt zwischen 1931 und 1941 hat sie diese Aufgabe von ungewöhnlicher finanzieller Dimension bewältigt, die unter dem Namen Osthilfe in die Wirtschaftsgeschichte der Weimarer Republik eingegangen ist. Gleichzeitig wurde sie durch das Industriebankgesetz vom 31. März 1931 damit betraut, eine Bank für langfristigen Kredit an mittlere, nicht kapitalmarktfähige Betriebe der gewerblichen Wirtschaft, ein im deutschen Kreditsystem noch fehlendes Institut, aufzubauen. Frühere Versuche mit diesem Ziel waren an der unzureichenden Kapitalausstattung dieser Gründungen gescheitert. Erst die Bafio, die ab 1940 als Deutsche Industriebank firmierte, verfügte dank der ihr weiter zufließenden Aufbringungsumlage über die Kapitalkraft, den langen finanziellen Atem, ohne den dieses Kreditgeschäft mit breitem volkswirtschaftlichem Effekt nicht hätte betrieben werden können.

Das Aktienkapital der Bafio gehörte, obwohl über die Finanzämter aufgebracht, nicht dem Staat, sondern blieb global privates Eigentum der Gesamtheit der aufbrin-

gungspflichtigen Wirtschaft, die als ihre Treuhänder repräsentative Unternehmen in die Hauptversammlung entsandte. Diese Treuhänder-Aktionäre wählten den Aufsichtsrat, konnten aber die von ihnen treuhänderisch gehaltenen Aktien in ihren Bilanzen nicht aktivieren. Die Ausschüttung von Dividenden war durch die Satzung ausgeschlossen. Später hat die Industriebank aus ihren Erträgen der Kaiser-Wilhelm-Gesellschaft Beiträge zur Finanzierung der Grundlagenforschung zur Verfügung gestellt.
In der geschilderten Form ist die Deutsche Industriebank als Aktiengesellschaft ein Gebilde sui generis gewesen, das keine Wiederholung gefunden hat. Dagegen ist das Instrument der Aufbringungsumlage nach dem Zweiten Weltkrieg bei der Finanzierung der Investitionshilfe 1951–1953 noch einmal mit Erfolg verwendet worden. Entwicklungen sind denkbar, bei denen man wieder auf diese Finanzierungsweise bei Aktionen von volkswirtschaftlicher Bedeutung zurückgreifen könnte.
Ich bin in der gewerblichen Kreditabteilung dieser Bank tätig gewesen und habe ihre Arbeit für die Landwirtschaft nur als allerdings lebhaft interessierter Zuschauer aus der Nähe miterlebt. Obwohl – oder weil – der zweite Krieg die Spuren der großen agrarpolitischen Operation der Osthilfe ausgelöscht hat, versuche ich das Bild dieser großen Intervention mit wenigen Strichen noch einmal nachzuzeichnen.
Die Landwirtschaft des deutschen Ostens, schon seit dem letzten Viertel des 19. Jahrhunderts in wachsender Bedrängnis, ohne Erfolg mit ihrem Verlangen nach Schutzzöllen, war seit dem Ende der Zwanziger Jahre in vermehrte Schwierigkeiten geraten, als sich ihre Ver-

schuldung nach der Stabilisierung der Mark Ende 1923 durch große Investitionen – einige sprachen von überhöhten Maschineninvestitionen – vehement nach oben bewegt hatte. Bei einem Reichsbankdiskont von 10 Prozent hatten Endkreditnehmer in der Landwirtschaft für ihre Kredite – allzu häufig waren es kurzfristige Kredite – bis zu 18 Prozent Zinsen zu bezahlen. Mit dem bei ihren Hauptprodukten, Getreide und Kartoffeln, erzielbaren Erlösen konnten solche Belastungen nicht getragen werden. Zahlungseinstellungen und Zwangsversteigerungen häuften sich. Da und dort kam es schon einmal zu Stockungen der Ackerbestellung oder der Erntearbeiten mit alarmierenden Folgen auch für die gewerbliche Wirtschaft der Region.

Auf der Suche nach besseren Lebensbedingungen begannen vereinzelt Bauern und Landarbeiter abzuwandern. Die Gefahr zeichnete sich ab, daß im Grenzgebiet zu Polen entstehende Brachflächen eine unkontrollierte Einsikkerung polnischer Siedler anlocken könnten. Solche Entwicklungen waren politisch brisant und der Ruf nach agrarpolitischen und finanziellen Hilfsmaßnahmen legitim. Freilich ist diese Misere der Landwirtschaft nicht in allen Fällen unverschuldet gewesen. Auch mangelhafte Betriebsführung hat da und dort zu ihren Ursachen gehört, bei Bauernwirtschaften und bei großen Gutsbetrieben. Neue Methoden der Viehhaltung, rationelle Anbauweisen, korrekte Buchführung – eine ungeliebte Pflicht – sind nicht immer und überall selbstverständlich gewesen. Und solche Mißstände waren natürlich Wasser auf die Mühlen derjenigen, die jegliche Hilfsmaßnahmen für die nach ihrer Meinung schlecht geführte und daher in selbst verschuldete Not geratene Landwirtschaft ablehnten.

Entscheidend für die schlechte Lage der Landwirtschaft im Osten waren aber übermächtige Faktoren, die außerhalb ihrer Einflußmöglichkeiten lagen: geringwertige Bodenqualitäten, die überlegene Konkurrenz klimatisch begünstigter Konkurrenten in anderen Ländern und der Verfall der Preise für Getreide und Kartoffeln.

Mit einer außerordentlichen organisatorischen Anstrengung, durch Einsatz eines großen Stabes landwirtschaftlicher Sachverständiger, von Fachkräften des Hypothekarkredites und in Zusammenarbeit mit eigens dafür geschaffenen örtlichen Behörden, den sogenannten Landstellen, ist das Programm der Osthilfe in der Spanne des politisch stürmisch bewegten Jahrzehnts zwischen 1931 und 1941 bewältigt worden. Dabei sind insgesamt 79 000 Verfahren bearbeitet, 41 000 Darlehen, entsprechend 52 Prozent der bearbeiteten Fälle, – Ergebnis einer scharfen Auslese durch die Bank in der Rolle des Schicksals – im Betrage von RM 562 Millionen bewilligt und nicht etwa an die Inhaber der entschuldeten Betriebe, sondern an deren Gläubiger ausbezahlt worden. Vorübergehend hat die Deutsche Industriebank mit dieser Leistung einmal an der Spitze aller Institute des deutschen Agrarkredits gestanden und nach ihrer Mitwirkung an den Reparationsleistungen ein weiteres Mal einen Beitrag zur Wirtschaftsgeschichte zwischen den beiden Kriegen des Jahrhunderts geleistet.

Während ihres ganzen Verlaufes ist die Osthilfe in der Öffentlichkeit von lebhaftem Streit begleitet worden. Von einigen ist sie pauschal als korrupte Geldverschleuderung geschmäht worden, so noch 1950 von Golo Mann – von ihm mangels Sachkenntnis. Andere äußerten differenziertere Kritik an ihren Grundsätzen und Methoden. Zahlreich waren natürlich auch diejenigen, welche diese agrarpolitische Super-Intervention für noch nicht ausreichend erachteten. Die Osthilfe durfte aber, so wollten es ihre Initiatoren, der Gesetzgeber und die Industrie als Träger ihrer Finanzierung, in keine wahllose Subvention an die Landwirtschaft in toto abgleiten, keine uferlose Geldverschwendung zur Erhaltung überlebter Strukturen werden.

Weil das Ziel aller Maßnahmen die nachhaltige Sanierung lebensfähiger Betriebe war, ist die Vergabe von Darlehen aus Osthilfemitteln an strenge betriebswirtschaftliche Auswahlkriterien geknüpft worden. Es ist die große Leistung der Industriebank gewesen, daß sie in ihrer Arbeit den wirtschaftlichen Kriterien unbeirrt den Vorrang vor jeder Art von Interessenpolitik gegeben hat. Daß diese Praxis manche hoch gespannte Erwartungen enttäuscht und Widerspruch ausgelöst hat, ist begreiflich. Vor allem die Kreise des alten, feudalen Großgrundbesitzes haben alle Register des Widerstandes gegen die Arbeitsgrundsätze der Osthilfe gezogen und sich auch bemüht, die damalige Staatsspitze auf ihre Seite zu ziehen. Hindenburg, Präsident der Weimarer Republik, aber nicht ihr Freund, hatte sich 1927 zu seinem 80. Geburtstag das große Gut Neudeck in Ostpreußen zum Geschenk machen lassen. Die Industrie hatte das Geld dazu aufgebracht. Initiator dieser Dotation war Elard von Oldenburg-Januschau, die erzkonservative Führungsfigur der ostpreußigen Junker, der damit Hindenburgs materielle Interessen mit denen des östlichen Großgrundbesitzes identifizieren und Hindenburg gleichzeitig durch lange Aufenthalte in Neudeck den politischen Einflüssen der Berliner Szene fernhalten wollte – beides gelang ihm.

Ein peinliches Detail dieser Schenkung war, daß Neudeck im Grundbuch nicht auf den Namen des greisen Reichspräsidenten, sondern auf den seines Sohnes Oskar eingetragen wurde, um die in absehbarer Frist fällige Erbschaftssteuer zu umgehen. Das schlimme Wort von der Osthilfe als Agrarbolschewismus stammt von Hindenburg, dem es seine agrarischen Freunde eingeredet hatten – ein letztes Aufbäumen gegen das Vordringen agrarkapitalistisch effizienter Wirtschaftsmethoden; natürlich war es das Gegenteil von Bolschewismus. Doch ehe ein Urteil über Erfolg oder Mißerfolg der Osthilfe möglich geworden wäre, ist die Uhr der deutschen Geschichte in den Ostprovinzen 1945 stehengeblieben.

Die Industriebank hat ihre Arbeitsgrundsätze gegen Kritiker und Gegner erfolgreich verteidigt und dabei Bundesgenossen gehabt, einige im Reichstag, andere in der Wirtschaft und in der Presse. Einen Minibeitrag habe ich als kleiner Artikelschreiber beigesteuert.
Es galt, dem Publikum die Grundursachen der landwirtschaftlichen Misere und die Arbeitsprinzipien der Osthilfe in verständlicher Sprache zu erläutern. Der immer gleiche Standpunkt mußte in immer neuen Variationen, angepaßt an Stil und politische Richtung verschiedener Zeitungen, vorgetragen werden.
Nachdem mir das einige Male gelungen war, wurde ich gefragt, ob ich auch einen Brief entwerfen könne, den der Reichspräsident an den Reichstagsabgeordneten von Oldenburg-Januschau, einen kampflustigen Kritiker der Osthilfe, schreiben solle. Der Brief müsse allerdings, um glaubwürdig zu sein, in Stil und Sprache seines Absenders abgefaßt und morgen Vormittag fertig sein.

Ist das eine ernste Frage? Ja, das ist ernst gemeint. Ich habe der Versuchung nicht widerstehen können, diesen Brief zu entwerfen, ließ mir ein Grammophon, dazu einige Platten mit Ansprachen Hindenburgs kommen, um seine Redeweise zu treffen, und machte mich an die Arbeit. Er könne, so etwa ließ ich den Absender schreiben, die Enttäuschung über die kalte Rechenhaftigkeit der Osthilfe verstehen, von Respekt vor den Traditionswerten alten Besitzes sei da nichts zu spüren. Doch das sei leider – so seine Ratgeber – der Preis dafür, daß es politisch gelungen sei, der armen Landwirtschaft Hilfe aus der Tasche der reichen Industrie zu verschaffen. Gewiß sei der Gedanke, alten Großgrundbesitz für die Ansiedlung von Bauern aufzuteilen, erschreckend, aber eine andere Möglichkeit, die deutsche Siedlungsdichte im Osten zu verstärken, könne er – Hindenburg – vorläufig auch nicht sehen. Mein Text ist in die Wilhelmstraße gebracht worden. Was dort mit ihm geschehen ist, weiß ich nicht. Angeblich ist er auf Briefpapier mit dem Reichsadler geschrieben, von dem gedachten Absender unterzeichnet und an den Empfänger abgesandt worden.
Das Operationsfeld der Osthilfe, der deutsche Osten, ist durch Hitlers Krieg verloren gegangen. Der einzige Trost bei diesem säkularen nationalen Unglück ist die Rettung eines Großteils der aus ihrer Heimat vertriebenen deutschen Bevölkerung gewesen, eines Humankapitals von unermeßlichem Wert, das beim Wiederaufbau des zerstörten Deutschland einen großartigen Beitrag geleistet hat. Doch alles, was während eines Jahrtausends in dem weiten Land östlich der Oder geschaffen worden ist, war umsonst getan und gerät mehr und mehr in den Schatten der Vergangenheit.

Niemand vermag heute zu sagen, ob die große Anstrengung der Osthilfe die Wirtschaft dieser Gebiete aus Stagnation und Niedergang in eine prosperierende Entwicklung hätte führen können. Erst nach einer längeren Friedensperiode wären vielleicht Aussagen darüber möglich geworden. Vermutlich hätte es neben der gelungenen Sanierung der Landwirtschaft weiterer Maßnahmen für die Ansiedlung bäuerlicher Betriebe auf den Flächen ehemaliger Großbetriebe und für die Schaffung neuer Industriestandorte bedurft, einer langen Kette höchst aufwendiger Interventionen. Nachdem das Schicksal anders gesprochen hat, ist es müßig, darüber zu philosophieren. Wer aber auf die agrarpolitische Entwicklung unserer Tage hierzulande und ringsum in Europa und in der Welt blickt, vermutet gewiß nicht falsch, wenn er sich – die vielen anderen, schwerwiegenden Aspekte einmal beiseite gelassen – eine im deutschen Staatsverband gebliebene Landwirtschaft unserer verlorenen Ostgebiete heute in der Zeit der europäischen Getreide- und Milchüberschüsse als einen agrarpolitischen Problemfall erster Ordnung vorstellt.

Das Ressort Industriekredit wurde von Dr. Alfred Keichel, geleitet, dem ich als persönlicher Referent zugeteilt wurde. Keichel war ein kluger, einfallsreicher Kopf, juristisch glänzend geschult, mit einer guten Portion kommerzieller Talente, dazu im Besitz ausgedehnter Personalkenntnisse in der Berliner Wirtschafts- und Ministerialbürokratie, aber kein Bankier vom Fach. Mit mir als einem zwar arbeitswilligen aber nicht mit Bankerfahrungen ausgestatteten Assistenten waren wir ein seltsames, aber mutiges Gespann, als es darum ging, die Organisati-

on einer Spezialbank für langfristigen Industriekredit aus dem Nichts aufzubauen.
Der Umgang mit diesem Chef ist mühsam gewesen. Einem so unzugänglichen, verschlossenen Menschen, dem kein persönliches Wort über die Lippen kam, war ich zuvor nie begegnet. Anfangs sah er mich, wenn er mit mir sprach, nicht einmal an. Vergebens versuchte ich, diesen Menschen zu entziffern. Unermüdlich war sein Fleiß, selten endete sein Arbeitstag vor zehn Uhr abends, oft später, und ebensolange hatte ich mich für ihn bereitzuhalten. Bald überhäufte er mich mit Aufträgen, die er mir meistens mit der Bemerkung übergab: Na, Sie wissen schon, worauf es ankommt. Stellte ich Fragen, sah er mich erstaunt an: Das wissen Sie nicht? Ein anderes Mal war er verblüfft: Erstaunlich, woher wissen Sie denn das?
Sehnsüchtig dachte ich an die Arbeitsatmosphäre bei Geheimrat Demuth in der Handelskammer zurück. Keichel beschlagnahmte mich mit seiner Arbeitseinteilung ganz. Das war ich nicht gewohnt. Manche würden heute sagen, er hätte mir meine Freizeit weggenommen. Aber der Begriff der Freizeit, ebenbürtig der Arbeitszeit gegenübergestellt, ist mir immer als subversiver terminus verdächtig gewesen. Wer nämlich genau hinhört, findet darin etwas von einer wohlverpackten Herabwürdigung der Arbeitszeit als einer demütigenden Fron. Da mir meine Arbeit aber stets die Sinngebung meines Lebens gewesen ist, die ernste Fortsetzung der Spiele meiner Jugend, konnten mich auch sehr lange Arbeitstage nicht aus dem Gleichgewicht bringen.
Erst als mein gesamtes persönliches Leben von der Arbeit erstickt wurde, habe ich dagegen rebelliert – mit Er-

folg. Später, als mir meine Stellung im Beruf das erlaubte, habe ich gewonnene Freizeit dazu benutzt, mich eigenen Aufgaben zuzuwenden, zum Beispiel der Mitarbeit in großen Einrichtungen für Wissenschaft und Kunst. Damals freilich hätte ich fast die Lust verloren, mich weiter in die gerade angefangene, noch neue Tätigkeit einzuarbeiten. Aber da ein hastiges Ausscheiden unklug erschien, setzte ich den Versuch mit dem schwierigen Chef noch eine Weile fort. Dabei entdeckte ich, daß dieser Mensch mehr Scheu vor mir, als ich vor ihm hatte, daß sein unterkühltes Verhalten nichts mit Antipathie gegen mich, sondern hauptsächlich mit seinen Hemmungen zu tun hatte. Als ich begann, unbefangen mit ihm umzugehen, ihn heiter anzureden, löste er sich langsam. Unser Verhältnis entspannte sich, ja es gelang mir sogar, ihn gelegentlich zum Lachen zu bringen. Bald konnte ich mit Freude an die Arbeit mit einem mich unaufhörlich vor neue Fragen stellenden, neue Ideen produzierenden, verwerfenden oder kombinierenden Chef gehen. Von Alfred Keichel habe ich viel gelernt und bewahre ihm Dankbarkeit.

Am 13. Juli 1931 schloß die Darmstädter- und Nationalbank ihre Schalter und löste damit die folgenschweren Ereignisse der Bankenkrise aus. Als wenige Tage später die Devisenzwangswirtschaft eingeführt wurde, bedeutete das die Lähmung des internationalen Bankgeschäfts in Deutschland und für die Mehrheit meiner Generation eine fast zwei Jahrzehnte währende Absperrung von der Außenwelt. In diesem Augenblick die Pionierleistung des Aufbaus einer neuen Bank zu wagen, war mutig.

Anfang August 1931 reiste Keichel mit mir nach Dresden. Die Sächsische Landespfandbriefanstalt hatte im industriell hoch entwickelten Sachsen, dem Standort vieler leistungsfähiger Mittelbetriebe, versuchsweise einige langfristige Kredite an Industriefirmen gewährt. Wir hatten von Laufzeiten bis zu zwanzig Jahren gehört, nach unserer Ansicht unvertretbar lange Fristen im industriellen Geschäft. Darüber und über andere Erfahrungen in Sachsen wollten wir mehr wissen, um daraus für die vor uns liegende eigene Arbeit zu lernen. Es gab nützliche Informationen, und wir verabredeten, daß ich bald wiederkommen würde, um das Gehörte in den Einzelheiten zu vertiefen. Mein zweiter Besuch in Dresden kann bei den freundlichen Sachsen nur als Auftritt schamloser Neugier gewirkt haben. Ich habe sie über ihre Arbeitsmethoden hemmungslos ausgefragt und über die erhaltenen Auskünfte einen langen Bericht geschrieben, mit dem ich in Berlin mit einem Schlage zu einem nützlichen Mitarbeiter avancierte.

Als protokollierender Sekretär von Direktionssitzungen bekam ich es mit einer bestürzenden Vielfalt neuer Themen zu tun, in denen ich mich mühsam zurecht finden mußte. Die aus den Sitzungsbeschlüssen resultierende Korrespondenz oft recht gewichtigen Charakters mit Reichsbehörden, Länderministerien, Wirtschaftsverbänden, Handelskammern, Bürgermeistern, auch mit anderen Banken, wurde mir nach den Sitzungen zur Erledigung auf den Tisch gelegt. Ich versank in einem Meer von Korrespondenz, für die ich mir erst einen neuen Stil, den Ministerialstil, aneignen mußte. Wenn ich stöhnte, hieß es: Die Herren Volkswirte, die sich immer so benachteiligt fühlen, sollen einmal zeigen, daß sie genau so tüchtig arbeiten können wie die Juristen!

Meine ersten Briefentwürfe hat Keichel rasch zurückgewiesen: So kann man an diesen Adressaten nicht schreiben, das ist viel zu weitschweifig, auch mißverständlich formuliert, versuchen Sie es noch einmal. Ich versuchte es, und zu neuen Entwürfen meinte Keichel, die Seiten hin und her wendend: Da ließe sich manches noch klarer, auch noch diplomatischer sagen. Einen dritten Brief fand er besser, aber zu trocken und eine vierte Version nicht prägnant genug. Meine Geduld wurde auf die Probe gestellt. Abends endlich präsentierte ich einen fünften Entwurf. Keichel las ihn langsam schweigend durch, schüttelte mehrmals den Kopf, blätterte zurück, blickte mich durch seine dicken Brillengläser fragend an und reichte mir meinen Text mit der leicht spöttischen Frage zurück: Gefällt Ihnen ihr Brief? Ja, ich finde ihn jetzt gut, aber wenn Sie das wünschen, werde ich ihn gerne nochmals überarbeiten. Wann darf ich Ihnen den Text vorlegen? Um halb elf. Gut, morgen Vormittag um halb elf werde ich Ihnen die neue Fassung vorlegen. Morgen? Wo denken Sie hin? Ich brauche Ihren Text heute Abend! Als ich zu später Stunde meine letzte Stilübung präsentierte, hörte ich, jetzt sei der Brief ganz gut geworden, vielleicht würde ich eines Tages noch ein Spezialist für schwierige Briefe werden, schon morgen früh seien zwei weitere Briefe zu schreiben, die besonders geschickter Formulierung bedürften.

Die Zusammenarbeit mit diesem unerbittlichen Nörgler war anstrengend, aber lehrreich. Zu Weihnachten, ein halbes Jahr nach meinem Eintritt bei der Bank, war mir die Einarbeitung in die neue Tätigkeit gelungen. Keichel überreichte mir für meine Taten als Briefschreiber eine ansehnliche Prämie und sagte dazu: Wenn künftig schwierige Briefe in diesem Haus zu schreiben sind, gleich in welcher Abteilung, werden Sie das erledigen. Sie haben das gut gelernt.

Für die Praxis des Kreditgeschäftes, mit dem sobald wie möglich begonnen werden sollte, mußte ein Papier entwickelt werden, das der Kundschaft als Information über die Kreditbedingungen, den Sachbearbeitern als Richtlinie für die Kreditprüfung dienen sollte. Brauchbare Vorbilder gab es, abgesehen von den Experimenten in Sachsen, nicht. Die umfangreiche Literatur über Industriehypothekenbanken hatte ich gründlich durchsucht. Für unsere Arbeit konnten wir daraus nichts lernen.
Die Deutsche Bank hatte 1927 eine Anleihe von US $ 25 Millionen aufgenommen, deren Erlös zur langfristigen Umschuldung von kurzfristigen Valutavorlagen und Mark-Krediten an die mittlere Industriekundschaft verwendet wurde. An diese Mittel kamen allerdings nur Firmen heran, die über Einnahmen in Goldvaluta aus Exportgeschäften verfügten. Die Deutsche Bank hat diese Operation nicht wiederholt. Wenig später folgten die Versuche der Sächsischen Landespfandbriefanstalt. Einen organisierten langfristigen Industriekredit als Bestandteil des deutschen Kreditsystems gab es noch nicht. Also stand die Bafio, als sie es unternahm, als Spezialinstitut diese Lücke auszufüllen, vor einem Neuanfang.
Keichel hat, mit mir als bemühtem Helfer, in sorgfältiger Abwägung jedes Wortes, Satzes, Punktes und Kommas, Absatz für Absatz immer aufs neue diskutierend, »Grundsätze für die Gewährung langfristiger gewerblicher Kredite« entwickelt, ein Produkt der Theorie, das aber dem täglichen Geschäft lange Zeit als nützliche Leit-

linie gedient hat. Diese »Grundsätze« unterschieden sich von den üblichen Methoden der etablierten Realkreditinstitute darin, daß die Kreditsicherheiten primär in der Rentabilität der Betriebe sowie in den fachlichen und charakterlichen Qualitäten ihrer Führungskräfte statt in dinglichen Vermögenswerten wie Grundstücken, Fabrikgebäuden und Maschinenparks – häufig schwer verwertbaren Objekten – gesucht wurden.

Eine weitere Neuerung waren feste Zinssätze über eine mehrjährige, meist fünf- bis sechsjährige Frist, wodurch die Kreditkosten genauer kalkulierbar wurden. Volkswirtschaftliches Langziel dieses Modells war die nachhaltige Festigung der Ertragsgrundlagen einer breiten Schicht industrieller Mittelbetriebe, ihr Nahziel, auch die Kreditwürdigkeit der jeweiligen Schuldner im Verkehr mit ihren Hausbanken zu verbessern. Mit solchen Grundsätzen gehörte die Industriebank nicht zu den Hypothekenbanken normalen Typs, sondern war die erste echte Industriehypothekenbank in Deutschland.

Im Herbst 1931 hatte Keichel seine Frau durch einen plötzlichen Tod verloren und blieb deswegen für eine Weile der Arbeit fern. Auf seinem Terminkalender stand ein Vortrag vor dem Bayerischen Genossenschaftstag in Weiden/Oberpfalz über »Neue Aktivitäten für den langfristigen Industriekredit«. Ich wurde gefragt, ob ich dieses Referat übernehmen könne. Das hieß in Wirklichkeit: Fahren Sie nach Weiden und halten Sie das Referat. Ich fuhr. Der Saal des Gasthofes »Zur Post« war überfüllt. Man hatte einen gesetzten, würdigen Herrn aus Berlin als Redner erwartet und war von meinem jugendlichen Aussehen sichtlich enttäuscht. Ich entschuldigte den angekündigten Redner und hielt vor rein bajuwarischem Publikum, in das sich noch nicht das Element der Vertriebenen gemischt hatte, in dialektfreiem Hochdeutsch mein Referat, unterbrochen durch Zurufe »so jung und schon so gschwolln daherredn« oder »wie a jeder Preiss habns ihr Mäu weit aufgsperrt«. Dann folgte eine ebenso sachliche wie originelle Diskussion, in der ich es nicht leicht hatte. Beim Mittagessen wurde ich mit einem großen Karpfen belohnt.

Als der Bayerische Industriellen-Verband bald darauf ein Jubiläum feierte, wurde ich als Vertreter der Bank nach München entsandt. Sein agiler Syndikus, Dr. Max Grasmann, hatte sich für die Interessen seiner Mitglieder durch Besuch in Berlin bereits mehrmals vehement eingesetzt, früher als seine Kollegen aus anderen Teilen Deutschlands. Der Verband residierte in einer Villa in der Arcisstraße, wo heute die sogenannten Führerbauten stehen. Dort erwartete mich morgens eine Schar bayerischer Fabrikanten, die sich über die Aussichten ihrer in Berlin gestellten Kreditanträge informieren wollten. Darüber verging der Vormittag. Anschließend beantwortete ich die Fragen eines Journalisten nach den neuen Aktivitäten der Industriebank.

Abends erlebte ich bei einem Festessen im »Bayerischen Hof« den 75jährigen Oscar von Miller, berühmt als der Ingenieur, dem als erstem die Übertragung elektrischer Energie über weite Entfernungen gelungen war. Mit seinem weißen Haar, funkelnden braunen Augen in einem geröteten Gesicht, war der alte Herr, der Schöpfer des Deutschen Museums in München, eine eindrucksvolle Erscheinung. Temperamentvoll rief er ins Publikum: »Da gibt es Leute, die behaupten, ich sei ein Tyrann. Das ist nicht wahr! In meinem Hause kann jeder tun, was ich will.«

Zurück in Berlin wurde ich zu Bötzkes gerufen: Sie haben geruht, in München der Presse ein Interview zu geben. Meines Wissens sind Sie erst 26 Jahre alt, wie kommen Sie dazu? Als ich mich an kein Interview erinnern konnte, wurden mir die »Münchner Neuesten Nachrichten« vom Vortag vorgelegt. Hier lesen Sie! Da erinnerte ich mich an mein Gespräch mit dem Journalisten und rechtfertigte mich: Was in diesem Zeitungsartikel steht, gibt meine Antworten korrekt wieder, was habe ich falsch gemacht? Bötzkes lenkte ein. Ich beanstande nicht den Inhalt dieses Zeitungsartikels, mir kommt es darauf an, Sie beim Umgang mit Journalisten zu großer Vorsicht zu mahnen. Auch begabte und kluge Journalisten schreiben zuweilen über die Tatsachen nicht wie sie wirklich sind, sondern wie sie nach ihrer Meinung sein sollten. Und die Gabe ist unter ihnen nicht selten anzutreffen, sich vor der Wirklichkeit blind oder taub zu stellen.

In Erinnerung an diese Ermahnung schweife ich zu einem viel späteren Erlebnis ab, das ich im September 1958 auf einer Ostasienreise gehabt habe. In der Halle des altmodisch-großzügigen englischen Hotels Repulse Bay in Hongkong begegnete ich der angesehenen schweizerischen Journalistin Lily Abegg, mir bekannt durch ihre Artikel und durch persönliche Begegnung, als ich im Hause eines in Zürich lebenden Vetters vor prominentem schweizerischem Publikum, darunter Carl J. Burckhardt, Schriftsteller und Politiker (ehemaliger Hoher Kommissar des Völkerbundes in Danzig) einen Vortrag über Prof. Karl Schillers Wirtschaftspolitik gehalten hatte. Wir verabredeten ein gemeinsames Abendessen. Binnen kurzem waren wir in ein aufgeregtes Streitgespräch über die revolutionären Vorgänge in China unter dem großen Vorsitzenden Mao verstrickt. Frau Abegg war in Japan aufgewachsen und mit der Welt Ostasiens vertraut. Mein Reisegefährte und ich hatten uns vorher in Japan und Taiwan aufgehalten, wo wir viel, darunter das ungeheure Naturereignis eines Taifuns, erlebt hatten. Wenige Tage zuvor waren wir beim Gouverneur der Kronkolonie Hongkong beim Abendessen zu Gast gewesen – ein Erlebnis besonderer Art – wo wir von englischen und chinesischen Kennern Chinas Näheres über die stürmischen Vorgänge im kommunistischen China erfahren hatten. Diese Berichte, darunter authentische Schilderungen von Augenzeugen, waren aufregend interessant, gaben aber auch Anlaß zu Skepsis. Als wir zurückhaltend von Maos »Großem Sprung« erzählten, erwies sich Frau Abegg als feurige Sympathisantin Maos. Besonders die von ihm nach präindustrieller Weise in Gang gesetzte Eisenproduktion hatte es ihr angetan. Vorsichtige Einwände gegen den Dilettantismus dieses Versuches, die Industrialisierung Chinas voranzutreiben – sie endete ja auch in einem Desaster – wies sie entrüstet zurück. Sie hatte sich dafür entschieden, alles, was Mao tat, genial und erfolgreich zu finden. Durch unseren Widerspruch gereizt, steigerte sie sich in begeisterte Bewunderung von Maos Abräumen des mehrtausendjährigen »Kulturschutts des alten China« hinein, dieses »grandiosen Reinigungsprozesses«, der nach ihrer Ansicht auch manchem Land Europas gut tun würde – die Schweiz vermutlich ausgenommen.

In geschichtlichen Zeiträumen gedacht, bedeutete es nach ihrer Meinung wenig, wenn die europäische Kultur unserer Tage einmal für lange ausgelöscht würde, um vielleicht nach fünfhundert Jahren einer neuen Kultur auf altem Boden Platz zu machen. Da wir ein behagliches Abendessen genießen wollten, schlug ich vor, das Thema zu wechseln. Wie hätte sich Bötzkes durch Lily Abegg in seiner Warnung vor Journalisten bestätigt gefühlt!

In den nächsten Monaten bin ich als inzwischen erprobter Wanderredner zu mehreren Handelskammern, so unter anderem nach Hannover, Köln und Stuttgart entsandt worden, um dort über das neue Modell langfristiger Industriekredite zu referieren. Bötzkes gab mir auf solche Reisen den Rat mit: Drücken Sie sich so simpel wie möglich aus, rechnen Sie bei Ihren Zuhörern mit einem Höchstmaß von Unwissenheit. Meine Erfahrungen sind anders gewesen. Ich habe viele gut informierte, kritische Zuhörer getroffen, die mir schon durch ihr Lebensalter an Kenntnis und Erfahrung überlegen waren und die Diskussion nicht einfach machten.

Ich habe damals auch die Mauer des Mißtrauens kennengelernt, die zwischen einer erschreckend großen Menge meiner Mitbürger und dem Tun der Banken steht. Über die wirkliche Rolle der Banken in Wirtschaft und Gesellschaft wissen viele zu wenig Bescheid, weshalb obskure Vorstellungen über ihre unmäßige Gewinnsucht, dunkle Formen der Bereicherung, Mißbrauch von Geldmacht, Shylock-Methoden bereitwillig geglaubt werden. Zwischen einer Bank und einem Wucherer zu unterscheiden, fällt vielen schwer, und manche wollen es auch nicht. Die Größe der Bankgebäude nährt den Verdacht, daß es hinter ihren Mauern nicht mit rechten Dingen zugeht. Ich habe mich oft gefragt, was tun die Banken, die im Interesse der Allgemeinheit nicht reich genug sein können, gegen diese verbreitete Ahnungslosigkeit, die auch als Dummheit zu bezeichnen keine Übertreibung wäre? Sie tun – bis auf den heutigen Tag – leider zu wenig dagegen und auch das nicht in der psychologisch richtig zugeschnittenen Weise.

Aufenthalte in anderen deutschen Städten und das Reisen in bequemen Schlafwagen waren aber auch eine angenehme Abwechslung. Manchmal habe ich dabei an den von Robert Musil beschriebenen Mann gedacht, der vom Bankwesen nur wußte, daß dort selbst mittlere Angestellte auf Dienstreisen erster Klasse fahren ...

Dann erhielt ich den Auftrag – Sie sind doch Breslauer! – mich um die Sanierung der Oder-Schiffahrt zu kümmern, ein für mich ganz abgelegenes Thema. Anders als auf dem Rhein, den die Flotten mächtiger deutscher und ausländischer Schiffahrtsgesellschaften befuhren, verkehrten auf der Oder die Kähne kapitalschwacher Privatschiffer. Die Mehrzahl dieser Kähne war damals noch nicht motorisiert und daher bei der Bergfahrt auf Schlepper angewiesen. Qualmende Schleppdampfer, hinter ihnen mehrere, mit Erz für die Hochöfen Oberschlesiens voll beladene, tief im Wasser liegende Kähne, gehörten zum Bild der Oder-Landschaft.

Die sanft strömende Oder ist ein launischer Fluß. In trockenem Sommer behindert sie die Schiffahrt durch Niedrigwasser – als Schuljunge habe ich sie durchwatet – nach der Schneeschmelze und nach Regenzeiten durch Hochwasser, im Winter durch Zufrieren oder Eisgang.

In Breslau sprach man dann mit Blick auf das stromauf gelegene Städtchen Brieg von den »Brieger Gänsen«. Auf der Oder schwamm die oberschlesische Steinkohle über Kanäle in das Stromgebiet von Spree und Havel nach Berlin und Hamburg, auf der Oder nach Stettin, wo sie nach den Häfen Skandinaviens und des Baltikums umgeschlagen wurde. Durch die Abtretung großer Kohlenzechen und Stahlwerke an Polen war ein Teil dieser Frachten seit 1922 verlorengegangen. Auf einer neuen Eisenbahn, der Kohlenmagistrale, wurde schlesische Kohle quer durch Polen zum neuen polnischen Hafen Gdingen in der Danziger Bucht gefahren. Für die deutsche Oder-Schiffahrt war der Frachtausfall schmerzhaft. Oswald Paternoster, der Geschäftsführer des Schiffereivertriebsverbandes für die Oder, für mich die unvergeßliche Vaterfigur der Oderschiffer, hat mich mit den Verhältnissen auf seinem Fluß vertraut gemacht und mir dadurch ein seltenes Spezialwissen vermittelt. Durch Einschaltung einer Schiffshypothekenbank in Hamburg fanden wir einen Weg, Osthilfemittel für die Modernisierung der veralteten Oderschiffahrt einzusetzen. Aus den Geschäftsräumen dieser Bank konnte man an einer Kletterstange, wie sie in Feuerwehrdepots oder in Turnhallen zu finden ist, in ein kleines Weinrestaurant im Erdgeschoß hinabgleiten, eine bewunderungswürdige Verbindung zwischen Finanzgeschäft und Weinkultur.
Als ich Keichel zum Binnenschiffahrtstag nach Mannheim begleitete, kam ich zum ersten Mal in den deutschen Westen. Anschließend unternahm ich eine Dampferfahrt auf dem Rhein von Mainz nach Koblenz und erlebte – auch zum ersten Mal – den berühmten Strom. Mit je einer asphaltierten Straße auf seinem rechten und lin-

ken Ufer, je einer zweigleisigen, von langen Güterzügen dicht befahrenen Eisenbahnstrecke neben diesen Straßen und mit der endlosen Prozession qualmender Schleppzüge stromauf, stromab, kam mir der viel besungene Rhein entzaubert vor, so sehr mich das großartige romantische Flußtal, die malerischen Burgen und die alten Städte an seinen Ufern beeindruckten. Wieviel naturhafter und unberührter war im Vergleich damit die bescheidene Oder in ihrem langen Lauf – fast doppelt so lang wie die Weser – durch die Einsamkeit stiller Ebenen, wie viel ursprünglicher die unbefahrene, machtvoll strömende Weichsel bei Marienwerder ...

1932 übersiedelte die Bank aus dem Behördenbau der Reichsschuldenverwaltung in das Gebäude der während der Bankenkrise des Vorjahres zusammengebrochenen Darmstädter- und Nationalbank am Schinkelplatz im historischen Zentrum von Berlin, gegenüber dem Eosanderportal und der grün patinierten Kuppel des ehemaligen Kaiserschlosses, eine herrliche Lage. Mein Zimmer an der Rückseite des Hauses war mit Teppich, guten Fenstervorhängen, einem verglasten Bücherschrank und einer Schreibtischlampe mit Stoffschirm ausgestattet. Jeder Kenner solcher Merkmale der bürokratischen Hierarchie, von der eigenen Sekretärin zu schweigen, erkennt daran die Attribute einer gehobenen Stellung im Apparat.

Aus meinem Fenster blickte ich auf den vieleckig gebrochenen Chor und die hohen Fenster der Friedrich-Werder'schen Kirche, Schinkels gotisierendem Ziegelbau. In der Werder'schen Rosengasse hinter der Kirche befand sich in einem für das alte Berlin typischen Halbkeller ein volkstümliches Lokal, über dessen Eingang auf einem großen Schild geschrieben stand: »Setzkorn's Milchkatakombe – hier gibt es Milch nur von zufriedenen Kühen«. Außer Milchgetränken wurden dort auch Rollmöpse angeboten. Wer Besseres wünschte, hatte es nicht weit zu Habel, der alten Weinstube Unter den Linden.

Einer meiner letzten Besucher in diesem Zimmer ist Fritz Thyssen gewesen, ein Sohn des Stahlkönigs, der 1933 die Nachfolge des von den Nationalsozialisten aus dem Amt gejagten Silverberg im Vorsitz des Aufsichtsrates angetreten hatte. Thyssen befand sich auf einem Rundgang durch die Direktionsetage, um die Mitarbeiter des Vorstandes kennen zu lernen, ein Interesse, das nach meiner Erfahrung nicht zu den selbstverständlichen Gepflogenheiten von Aufsichtsratvorsitzenden gehört. Er ließ sich behaglich nieder und befragte mich nach Werdegang und gegenwärtiger Tätigkeit. Als er hörte, ich hätte Nationalökonomie studiert, schmunzelte er: meinem Vater hätten Sie das nicht erzählen dürfen, da hätten Sie böse Worte zu hören bekommen. Mein Vater konnte Volkswirte nicht leiden, er hielt sie alle für Schwätzer, sicherlich eine unzulässige Verallgemeinerung. Vor 1933 hatte dieser Thyssen vorübergehend die NSDAP unterstützt. Später war er mit Hitler besonders wegen der Judenverfolgung, in Konflikt geraten und hatte bald Grund, sich vor ihm zu fürchten. 1935 nach Frankreich emigriert, ist er dort 1941 verhaftet und bis 1945 in einem Lager gefangen gehalten worden.

Im Sommer 1932 nahm mich Bötzkes, mit dem ich in der täglichen Arbeit weniger als mit Keichel zu tun hatte, auf eine Reise nach Dresden mit. Für einen jungen Mann

war das eine Auszeichnung, aber diesmal, dessen war ich sicher, nicht nur das. Der Chef wollte mich wahrscheinlich aus der Nähe beschnuppern, um herauszufinden, was man mit mir, dem Ungelernten, auf längere Sicht in einem Bankbetrieb anfangen könne. Bötzkes, Bauernsohn vom Niederrhein, war 1911 zur Deutschen Bank in Konstantinopel gekommen, wo ihn Karl Helfferich, Vorstandsmitglied der Deutschen Bank und bedeutender Finanzwissenschaftler, zur Mitarbeit am Projekt der Bagdad-Bahn herangezogen hatte. Von 1914 bis 1918 hatte er die Dette Publique Ottomane in Konstantinopel (Istanbul) präsidiert, welche die an die Auslandsgläubiger verpfändeten Staatseinnahmen der hochverschuldeten alten Türkei verwaltete. Nach den Rapallo-Verträgen zwischen dem Deutschen Reich und der Sowjetunion 1922 ist Bötzkes mehrmals zu Verhandlungen über deutsche Industrieniederlassungen und landwirtschaftliche Großvorhaben auf russischem Territorium – aus denen nie etwas geworden ist – in die Sowjetunion gereist. Seine Schilderungen der Zustände in Moskau und anderen russischen Städten unter den chaotischen Verhältnissen kurz nach der russischen Revolution waren aufregend.
Von Bötzkes gingen Gelassenheit und selbstverständliche Autorität aus. Frei von persönlicher Eitelkeit, ohne das Bedürfnis nach öffentlicher Geltung, besaß er die Gabe, Menschen an sich zu binden. Suche ich nach einem Vergleich, dann war er mehr ein Orchester-Dirigent als ein Instrumentalvirtuose, mehr ein Meteorologe für Großwetterlagen als für örtliche Schauer und Gewitter. Unter den großen Könnern seines Faches, von denen ich vielen begegnet bin, stelle ich ihn auf einen vorderen Platz. Ich habe ihm viel wohlwollende Förderung zu verdanken,

sein Favorit bin ich nie gewesen. Daß ich eines Tages als Schatzmeister der Max-Planck-Gesellschaft sein Nachfolger werden würde – er hatte dieses Amt bei der Kaiser-Wilhelm-Gesellschaft lange inne und gehört zu den Gründern der Max-Planck-Gesellschaft – hat er sich gewiß nicht vorgestellt.

Während wir in Dresdens schönem Hotel Bellevue an der Bar saßen, meldeten die Abendblätter Hitlers ruchlose Intervention für die zum Tode verurteilten Potempa-Mörder, SA-Männer, die einen Bergarbeiter erschlagen hatten, weil er Kommunist war. Fassungslos lasen wir diese Demonstration niedrigster Demagogie. Daß die Nationalsozialisten bald nicht nur einen Anteil an der Macht, sondern die ganze Macht erobern würden, daß Hitler zum wirklichen Revolutionär und Zerstörer Europas werden würde, haben wir uns an jenem Abend nicht vorgestellt und hätten auch eine entsprechende Prophezeiung nicht geglaubt.

Vor dem Abendessen fragte Bötzkes: Verstehen Sie etwas von Bullen? Nein, ich verstehe nichts von Bullen. Schade, dann müssen wir uns heute Abend trennen, denn ich habe mich mit einem erfahrenen ostpreußischen Bullenzüchter verabredet. Sie dagegen, wie ich Sie einschätze, werden wohl in die Oper gehen. In der Oper hörte ich Rigoletto, Dirigent Fritz Busch. Beim Morgenfrühstück erwies sich, daß Bötzkes, der ein Gut in Mecklenburg besaß, von seinem Gespräch über Bullen tief befriedigt war. Mein Bericht über die Oper dagegen interessierte ihn wenig. Schöngeister waren ihm nicht geheuer. Ich bin auch nicht sicher, ob er zwischen echten und falschen Schöngeistern unterscheiden konnte. Daß ich von Bullen nichts verstand, hat er mir verziehen, aber daß ich auch kein Jäger war und, noch schlimmer, die unbegreifliche Angewohnheit hatte, alle zwei Wochen die Bank abends vorzeitig zu verlassen, um das Philharmonische Konzert zu hören, hat ihn gestört. Es ist nicht einfach, sich mit dem angeborenen Bedürfnis nach Musik in einer unmusikalischen Umwelt zu bewegen.

Ich war jung in das Sekretariat des Vorstandes einer großen Bank gelangt und hatte dort an Grundsatzfragen und dem organisatorischen Aufbau einer Spezialbank für Industriekredit mitgewirkt. Das war ein guter Anfang, doch solide Chancen für einen beruflichen Aufstieg gab es für mich nur, wenn ich rechtzeitig in das praktische Kreditgeschäft umstieg. In den Vorzimmern der Chefetagen großer Unternehmungen kann es ungemütlich zugehen, wenn dort mehrere wache Köpfe um ihren Aufstieg konkurrieren. In solcher Gesellschaft befand ich mich. Das Bankgeschäft, das – verbunden mit allen ihren Zweigen – eine Schlüsselstellung in der Wirtschaft einnimmt, übt auf ehrgeizige junge Leute eine besondere Anziehungskraft aus. Ich war durch tägliche Beschäftigung mit seinen Problemen zwar längst vertraut geworden, aber noch fehlte mir die praktische Routine dieses Fachs. Im Sekretariat konnte sie nicht erworben werden, zumal dessen Aufgaben zunehmend auf den Tisch von Juristen gehörten – damals ging es um die Gründung der Akzept-Bank, der Diskont-Kompagnie und der Tilka, Institute, die für die Aufräumungsarbeiten nach der Bankenkrise bestimmt waren.
Um nicht in eine berufliche Sackgasse zu geraten, beschloß ich – ohne Rücksicht auf den im Betrieb vielleicht damit verbundenen Prestigeverlust –, das Vorstands-Se-

kretariat zu verlassen. Auf meinen Wunsch wurde ich in die Kreditabteilung versetzt. Dort bin ich zwei Jahre lang in einem Zweierzimmer, das ich mit einem alterfahrenen Fuhrmann dieser Sparte teilte, im industriellen Kreditgeschäft geschult worden.

# Fünftes Kapitel

*Nach München 1935–1949 – Bayern 1935 – Walter Riezler – Verhaftung in Bologna – Das Kreditgeschäft – Karl Straube – Ziviler Kriegsdienst – Österreich – Die Seidenfabrik in Georgien – Bötzkes drängt auf Anpassung – Reisen im Krieg – Eine Reise nach Leipzig vier Wochen nach Kriegsende – Ludwig Erhard – Trennung von der Industriebank*

Anfang 1935 wurde ich überraschend gefragt, ob ich für die Bank nach München gehen würde. Wie in anderen deutschen Zentren war dort eine für Bayern zuständige Außenstelle eingerichtet worden. Die Unterschiede von Mentalität und Geschäftsstil zwischen Berlin und Bayern sollten durch die vermittelnde Tätigkeit einer solchen Außenstelle ausgeglichen werden.

Aus Achtung vor dem weiß-blauen genius loci hatte man anfangs den pensionierten Direktor einer Münchner Großbank-Filiale mit der Leitung dieser Vertretung betraut. Carl Ulrich war ein gutmütiger, königlich-bayerischer Typ mit einem reichen Schatz lokaler Erfahrungen und Personalkenntnisse. Im ersten Krieg verwundet, war er auf einen ruhigen Posten in das Große Hauptquartier nach Bad Kreuznach versetzt worden. Dort hatten sich durch eine Überschwemmung des Weinkellers die Etiketten von allen Flaschen gelöst. Mit Stolz berichtete Ulrich, wie er allein mit Hilfe seiner Zunge den großen Bestand dieses Weinkellers nach Lage und Jahrgang wieder richtig sortiert hätte.

Ulrich war nicht untätig, aber hastige Betriebsamkeit widersprach seinem Sinn für die ruhige Würde der täglichen Arbeit. Die ungeduldigen Berliner hatten jedoch dafür wenig Verständnis, sie wollten mehr Aktivität, mehr geschäftliche Resultate sehen. Sie hatten für die These, in Bayern sei mit Hektik nichts auszurichten, kein Ohr. So wurde ich mit der Erwartung und dem Auftrag nach München geschickt, dort mehr Leben in den Betrieb zu bringen. Ich sah in dieser neuen Aufgabe für mich den erwünschten Ausstieg aus dem inzwischen groß gewordenen Berliner Apparat, wo monomane Fachleute, die über nichts anderes als ihren Beruf reden konnten, und Karrieristen die Übermacht erlangt hatten. Ich war überzeugt, mich auf einem Außenposten, der Selbständigkeit und Einfühlungsvermögen verlangte, besser zu bewähren als die hochperfektionierten aber wenig anpassungsfähigen Berliner Fachleute. Gerade das traute ich mir zu. Ich sah daher in dem Angebot, in München zu arbeiten, eine glückliche Fügung für mich und nahm es ohne Zögern an. Ducunt volentem fata – den Willigen führt das Geschick – hatte uns Studienrat Linde einst im Gymnasium eingepaukt. Allerdings, so Linde, unterscheide das unzuverlässige Schicksal nicht genau zwischen Willigen und Unwilligen. Daher sei es weise, sich nicht auf das fatum zu verlassen, sondern zur rechten Zeit selbst das Richtige tun. Das sei allerdings unerlernbar, besonders für mich, denn Linde hielt nicht viel von mir, weil ich statt vierzehn Oden des Horaz nur elf auswendig konnte. Wegen meines raschen Entschlusses, nach München zu gehen, hätte er mich bestimmt gelobt.

Gewiß hatte ich nicht alle Mitglieder des im Laufe von vier Jahren groß angewachsenen Personals der Bank kennengelernt. Aber über die Männer an ihrer Spitze und ihre nächsten Gehilfen, zu denen ich selbst gehört hatte, konnte ich nicht im Zweifel sein; sie waren in ihrem Wesen nicht von alter Familientradition geprägt und hatten wenig kulturelle Lebensbedürfnisse. Sie waren – Achtung gebietend – in der ersten Generation »etwas geworden«. In diesem Milieu habe ich manche lange haltbare Bekanntschaft geschlossen, – aber leider – keine Freunde gefunden. Kam das etwa daher, daß es in den großen Unternehmen seit 1933 keine Juden mehr gab?

Mitte Juni 1935 fuhr ich in meinem neuen Opel P 4 über stille, vielfach gewundene Landstraßen mit einem Zwischenhalt zur ehrfürchtigen Besichtigung des alten Bamberg an die Isar. Zwischen Augsburg und München fand neben der Straße ein »Waldfest« statt, ganz still, ohne Musik, ohne Fahnen, nur mit Bier, viel Bier, für den Reisenden aus dem Norden ein erstaunlicher Anblick.
Bayern ist 1935 ein überwiegend agrarisches Land gewesen. Zwar waren München, Augsburg, Nürnberg, Schweinsfurt Standorte von Industrien hohen technischen Standards, der Nordosten das Zentrum der deutschen Porzellanindustrie, aber insgesamt lag die Industrialisierung in Bayern damals ein gutes Stück zum Beispiel hinter der Schlesiens zurück. Der bayerische Kreditapparat konnte die Finanzierungsbedürfnisse der Wirtschaft dieses Landes befriedigen, und man hat daher in Bayern damals das in Berlin entwickelte neue Modell langfristiger Industriekredite nicht ungeduldig erwartet. Eine mühsame Aufgabe lag also vor mir.

In München, genauer: Altbayern hatte Hitler seinen Marsch an die Macht begonnen. Dieses Land mit seiner damals noch vorherrschenden bäuerlichen Grundstruktur, seinen immer noch wittelsbachisch gefärbten Traditionen, hat sich später mit dem Nationalsozialismus nie so weit identifiziert wie etwa Mittel- und Ostdeutschland. Auch mit der besonders bösartigen Spielart des österreichischen Nationalsozialismus waren die Verhältnisse in Altbayern nicht zu vergleichen. In dieser Region – in Franken, besonders in Nürnberg sah es anders aus – hat es gegen die immer stärker anbrandende braune Welle eine große schweigende Minderheit gegeben, die Abstand vom Nationalsozialismus gehalten hat und nur so weit mitgegangen ist, wie das Leben unter dem Terrorregime denen gebot, die nicht nach Dachau kommen wollten. Was der Bürger im Stillen wirklich über den »Führer« und die neue Zeit dachte, konnte man aus der listigen Zweideutigkeit der Münchner Volkssänger Karl Valentin und Weiss Ferdl erfahren. Man spürte, kam man 1935 nach München, daß dort eine eigene Luft wehte.

Um in München zu leisten, was man dort von mir erwartete, mußte ich zuerst Land und Leute, vor allem die bayerische Wirtschaftsgeographie kennenlernen. Versehen mit Ulrichs Empfehlungen und Ratschlägen habe ich Bayern daher zuerst einmal als genau beobachtender und zuhörender Entdeckungsreisender durchstreift und wahrscheinlich gründlicher als die meisten Landeskinder kennengelernt. Gerufen und ungerufen bin ich von Fabrik zu Fabrik gewandert, zu Verbänden und Handelskammern gegangen, um überall das neue Modell langfristigen Kredits der Bafio vorzustellen. Ich habe interessierte und gelangweilte Zuhörer gefunden, solche, denen ich lästig geworden bin und natürlich auch Fragesteller, die ich mit meinen Antworten nicht zufriedenstellen konnte, unter ihnen einen alten Kommerzienrat, der von mir wissen wollte, wo er bei seinem nächsten Besuch in München die hübschesten Madln finden könnte.

Es ist keine einfache, aber schließlich doch eine erfolgreiche Arbeit gewesen, der ich unter anderem auch meine Verbindung mit der Deutsche Gelatine-Fabriken AG, dem größten Gelatineproduzenten in Deutschland, verdanke. Dieser Familiengesellschaft habe ich – vor allem in Zusammenarbeit mit ihrem Chef Heinrich Koepff – vierzig zeitweise bewegte Jahre als Berater gedient und ein nicht geringes Maß von Zeit und Arbeitskraft gewidmet. Allgemein habe ich meine Branchenkenntnisse in diesen Jahren erweitert. Zwar bin ich durch die Besichtigung vieler Betriebe kein Ingenieur geworden, aber in den Besitz technischer Grundkenntnisse und eines Blickes für den technischen Zustand von Fabriken gelangt. Wer mit Industriefinanzierung zu tun hat, für den sind solche Kenntnisse nützlich. Die Carl Fürstenberg zugeschriebene These, die Besichtigung von Fabriken und Maschinenparks trübe das Krediturteil, stammt aus der Sicht eines großen Börsenbankiers. Das Gegenteil ist richtig.

Hilfreich für das Zurechtfinden in meiner neuen Umwelt war, daß mein Vater als Korrepetitor am Münchner Nationaltheater unter Hermann Levi, berühmt als erster Dirigent von Wagners »Parsifal«, dann als junger Dirigent des Kaim-Orchesters, dem Vorgänger der heutigen Münchner Philharmoniker, seine Laufbahn als Musiker begonnen hatte. Meine Mutter hatte ihren alten Vater oft zu Sommeraufenthalten an den Chiemsee begleitet. Beide hatten immer viel von München und Bayern erzählt. So besaß ich ein Bild von der Münchner Welt, in die ich nun eingetreten war. Bald befand ich mich auch in einem neuen Kreis von Menschen, alle außerhalb meiner beruflichen Sphäre. Ich kam in das Haus des vitalen, musisch interessierten Grafen Lerchenfeld in Percha und trat in eine sich rasch entwickelnde freundschaftliche Beziehung zu Walter Riezler, der sich in Ebenhausen im Isartal niedergelassen hatte.

Riezler, aus alter bayerischer Familie, Sigmund Ritter von Riezler, der Historiker Bayerns, gehörte zu seinen Ahnen, andere Vorfahren zu den Gründern der Bayerischen Hypotheken- und Wechsel-Bank, hatte bei Adolf Furtwängler Archäologie studiert, der ihn an seinen Schwager Heinrich Dohrn, den Gründer und Mäzen des Pommerschen Landesmuseums in Stettin empfohlen hatte. Riezler hat als Direktor dieses Museums in einer mehr als zwanzig Jahre währenden Tätigkeit eine kluge Einkaufspolitik getrieben und den Galeriebestand dieses Museums durch manche Meisterwerke zeitgenössischer Kunst bereichert. 1933 war er wegen seiner Förderung »entarteter Kunst« entlassen worden und hatte sich in das Isartal zurückgezogen. Mit meinem Großonkel Heinrich, einem schwierigen alten Junggesellen, stockkonservativ in künstlerischen Fragen, als Stadtrat für das Museum zuständig, hat es Riezler nicht leicht gehabt. Dieser Riezler war ein vielseitiger, überragender Geist, begabt mit sicherem Urteil über künstlerische Entwicklungen und Werke, überall zu Hause in der Historie der Künste, der Musik, der Politik, ein scharfer, gewiß nicht bequemer Kritiker, aber stets ein fesselnder Gesprächspartner.

Als Musikwissenschaftler hat er das bisher vielleicht bedeutendste Buch über Beethoven geschrieben.

Im Herbst 1938 habe ich das Glück gehabt, gemeinsam mit Riezler nach einem mehrtägigen Aufenthalt in Florenz in einem kleinen Austin-Zweisitzer – Höchstgeschwindigkeit fünfundsechzig km pro Stunde – eine behagliche Reise von Florenz über Arrezzo, San Sepolcro, Gubbio, Urbino, Aquila, Sulmona, Venafro im Tal des Volturno nach Neapel zu machen. Jeder Tag in der Gesellschaft eines solchen Reisegefährten haftet in meinem Gedächtnis, obwohl diese Reise mit einem unerfreulichen Vorspiel begann.

Riezler war mir mit der Bahn vorausgefahren, wir hatten in Florenz einen Treffpunkt verabredet. Ich kam ihm mit meinem kleinen Auto nach und übernachtete in Bologna. Beim Morgenfrühstück führte der Hotelportier zwei italienische Zivilisten an meinen Tisch, die sich als Polizeibeamte auswiesen, mich in ihrem Auto mitnahmen und in einer Einzelzelle des Stadtgefängnisses einsperrten. Nach einer ungemütlichen Wartezeit wurde ich einem umständlichen Verhör unterzogen, dessen Sinn mir erst verständlich wurde, als ich begriff, daß mein Name auf einer Liste der deutschen Gestapo stand. Bei diesem Klaus Dohrn handelte es sich allerdings um meinen vier Jahre jüngeren Vetter und Namensvetter, einen geschworenen Anti-Nazi. Dieser, ein enger Freund des damals längst emigrierten Historikers Felix Gilbert, eines Mitgliedes der großen Mendelssohn-Familie, war beim deutschen Einzug in Wien im März 1938 geflohen. Niemand wußte, wo er war. Es kostete mich Mühe, der Polizei klar zu machen, daß ich nicht der Gesuchte sei.

Als ich am späten Vormittag freigelassen wurde, begab ich mich sofort auf den Weg nach Florenz. Unterwegs über den passo Futa hatte ich eine Panne. Es dauerte eine volle Stunde bis das nächste Auto, ein Adler-Wagen aus Frankfurt am Main, über die damals einsame Paßstraße kam und mich nach Florenz mitnahm; so dünn war damals der Autoverkehr auf der wichtigsten Nord-Süd-Route Italiens.

In München waren für mich die Zeiten des kreditpolitischen Philosophierens, der Bilanzkritik am Schreibtisch vorüber. Ich war vor die handfeste Aufgabe gestellt, Kunden zu gewinnen, Kreditverbindungen herzustellen, kurz: Geschäfte zu machen. Einigen ist das angeboren, manche lernen es nie, ich fand mich in einer neuen Weise auf die Probe gestellt, mitten im wirtschaftlichen Alltag, im direkten Umgang mit seinen Akteuren. Dabei hatte ich zu beherzigen, daß Vorgesetzte – Ulrich war mein Vorgesetzter – sich zwar gerne helfen lassen, aber leicht die gute Laune verlieren, wenn ein Mitarbeiter sie durch seine Leistung übertrifft. Dazu durfte ich es nicht kommen lassen. Ich habe dem alten Herrn daher ständig die Vorstellung vermittelt, Erfolge meiner Arbeit seien die Frucht seiner Anregungen, seiner Ratschläge, seiner Beziehungen und also sein Verdienst. Tatsächlich ist Ulrichs Wissen um die Mentalität der bayerischen Klientel ebenso wie seine umfangreiche Personalkenntnis ein Kapital gewesen, mit dem ich bei meinen Anstrengungen kräftig gewuchert habe.

Es ist einfacher, eine Ware zu verkaufen, die man anfassen kann, als – jedenfalls auf der unteren Ebene des Geldverleihens – eine Kreditverbindung einzuleiten. Unvermeidlich muß dabei nämlich die in aller Welt argwöhnisch gehütete Intimsphäre des Schuldners, sein Portemonnaie – gleich ob er umworben, anspruchsvoll oder säumig ist – durch geduldige Neugier zuverlässig erkundet werden. Darauf zielende Kontakte bedürfen sorgfältiger Vorbereitung, die genauso wichtig wie das Sachgespräch über den Kredit selbst ist. Es ist nicht ratsam, sofort zur Sache zu kommen, sondern klüger, mit allgemeinen Bemerkungen über die schlechten Zeiten, über die Plage des Föhns oder über ein neues Automodell, jedenfalls mit etwas Fernliegendem zu beginnen. Oftmals erweist sich auch die Bekundung des Interesses, den Betrieb des Verhandlungspartners zu besichtigen, und die Geduld, sich dabei alles zeigen zu lassen, bis schlechthin nichts mehr zu zeigen übrig bleibt, als kontaktfördernd. Die Befolgung dieses Rituals hat viele meiner Kunden erst gesprächsbereit gemacht. Da die Entscheidung über die mit so viel Mühe vorbereiteten Geschäfte in Berlin lag, bin ich, um die Sache meiner Kunden durch mündlichen Vortrag wirkungsvoll zu vertreten, oft zu den Kreditsitzungen der Direktion nach Berlin gereist. Kam ich dort zum Vortrag an die Reihe, hieß es oft ironisch: das Wort hat jetzt Herr Dohrn, er vertritt hier das wilde Gebirgsvolk der Bayern.

Meine Reisen nach Berlin habe ich häufig in Leipzig als Zwischenstation unterbrochen; familiäre Gründe waren dazu anfangs der erste Anlaß. In Leipzig gab es aber auch einen anderen Anziehungspunkt: den Thomaskantor Karl Straube, einen hochgeachteten Mann im deutschen Musikleben der ersten Jahrhunderthälfte. Altersgenosse und Freund meines Vaters, war er wie dieser ein Förderer der Musik Max Regers. Straube war ein unwiederholbares Menschenwesen universeller Bildung, der sich in seiner Jugend nach eigener Schilderung einmal schwer entscheiden konnte, ob er Musiker, Historiker oder Mathematiker werden sollte. Sicherlich war er mehr eine Gelehrtennatur als ein Künstlertemperament. Dieser seltene Mann hatte seine Freundschaft mit meinem Vater auf mich übertragen. In Leipzig – später in München – sind daraus lange Abendunterhaltungen entstanden, die Straube mit viel Rotwein zu begleiten pflegte. Dieser Thomaskantor war nicht nur der Lehrer bedeutender Organisten – Günther Ramin und Karl Richter –, dirigierte nicht nur allwöchentlich die Motette: Er interessierte sich auch für Geldtheorie oder für Schumpeters visionäre Bewegungsbilder der wirtschaftlichen Entwicklung. Seine Gesprächsthemen reichten von den Lehren des Koran bis zur Verschwörung des Catilina, von Clausewitz' Buch »Vom Kriege«, bis zu Oswald Spenglers »Untergang des Abendlandes«. Seine Sommerreise nach Bad Gastein pflegte er in München zu unterbrechen, angemeldet mit einer Postkarte: eintreffe München, Freitag 18 Uhr, Gleis 21, erwarte Sie am Bahnhof. Dann verbrachten wir einen langen Abend.

Ich erinnere mich daran, daß Straube sich lange darüber verbreitete, wie merkwürdig es sei, daß Goethe weder das Orgelwerk von Bach noch die späten Quartette Beethovens gekannt hatte. Ein anderes Mal sinnierte er über das Faktum, daß Einstein, Lenin, Rudolf Steiner und Hitler gleichzeitig gelebt hätten. Er sah darin eine Phasenverschiebung verschiedener Schichten historischen Geschehens. Immer mit der Historie beschäftigt, stellte

Straube auch gerne Betrachtungen – die 150jährige Geschichte des Leipziger Gewandhauses vor Augen – über die Entwicklung des bürgerlichen Musiklebens bis in die Gegenwart an. Er konstatierte Veränderungen und Fortschritte und machte sich Gedanken über die Zukunft. Der sich neu entwickelnde Typ des reisenden Gastdirigenten, des Pult-Stars, dessen Name *vor* dem des Komponisten rangierte, gefiel ihm nicht. Die Position des »Generalmusikdirektors« einer großen Stadt sei, so Straube, mit einer Residenzpflicht verbunden, anders sei die doppelte Aufgabe der Orchestererziehung und der Heranbildung eines musikalisch kultivierten Publikums nicht zu erfüllen. Die Wirklichkeit ist anders verlaufen, als Straube sich das gewünscht hat.

Als im Herbst 1939, vom engeren Kreis lange vorhergesehen und als Katastrophe befürchtet, der Krieg begann, erhielt ich einen Gestellungsbefehl. Während ich, in das Unvermeidliche ergeben, meine Sachen für den Gang in die Kaserne vorbereitete, kam die überraschende Weisung, diesen Befehl an mein Wehrbezirkskommando zurückzusenden und mich zur Dienstleistung bei der Deutschen Industriebank, Vertretung München, Lenbachplatz 2, zu melden, also bei meiner Bank! Die Erklärung brachte ein Einschreibbrief der Berliner Zentrale, der mitteilte, daß die Deutsche Industriebank im Kriegsfall mit der Finanzierung von Investitionen in der Rüstungswirtschaft betraut sei. Umfangreiche Anweisungen und strenge Geheimhaltungsvorschriften lagen bei. Für diese Arbeit war ich unabkömmlich (u.k.) gestellt und brauchte keine Uniform anzuziehen.

Von nun an hatte ich als Zivilist für Hitlers Krieg zu arbeiten. Wollte ich mich dem entziehen, hätte ich Soldat werden und den Eid auf Hitler schwören müssen. Ein Drittes gab es nicht. Ich blieb bei meiner Bank und wurde so ein Teil der riesenhaften Organisation der Rüstungswirtschaft, eine ganz unheroische Existenz, die keinen Widerstand gegen das Regime geleistet hat, was heute von so vielen getadelt wird, die damals noch nicht gelebt haben oder nicht in Deutschland waren. In den folgenden fünf Jahren und acht Monaten Krieg bin ich auf diesem Platz in meiner Bank – der bald vergleichsweise wichtig und also auch erlebnisreich wurde – geblieben. Nur mit »banking« hatte diese Tätigkeit nichts zu tun. Sie bestand in der die Form des Kredits benutzenden Zuteilung der für rüstungswichtige Investitionen nötigen Mittel teils in großen Beträgen – zum Beispiel für den Flugmotorenbau – teils für kleine Vorhaben in relativ geringen Beträgen. Es waren Jahre, in denen ein prinzipiell bankenfeindliches Regime, das Narren mit der Parole von der »Berechnung der Zinsknechtschaft« zu seinen Ahnen zählte, die Banken systematisch aus ihrer Funktion im Wirtschaftsablauf verdrängte. Eine mit Rüstungsaufträgen überschüttete Industrie benötigte nicht mehr den Kredit der Banken, denn sie wurde aus den Mitteln eines auf Wechselziehungen gestützten Systems der faktisch unbegrenzten Geldschöpfung bezahlt. Während so die Debitoren der Banken dahinschmolzen, wuchsen ihre Kreditoren, für die es schließlich nur Staatstitel als Anlage gab. Überfluß an wertlosem Geld, Verschwinden der Ware, Währungszerstörung waren die Folgen dieses im Grunde kriminellen Verfahrens, dessen Schutt dann die rigorose Währungsreform von 1948 beseitigen mußte. Als 1939 die ersten Investitionskredite für Rüstungsvorhaben herausgelegt wurden, ließ sich dieser katastrophale Verlauf freilich noch nicht übersehen.

Wenn heute ehemalige Soldaten über ihre Erlebnisse im russischen Winter oder in anderen fernen Gegenden sprechen, muß ich schweigen, denn ich bin zu Hause geblieben. Wie geriet unser Freund Sep Ruf, der Architekt des Weltausstellungs-Pavillons in Brüssel und des Kanzler-Bungalows in Bonn, ein ganz und gar unkriegerischer Mensch, in Feuer, wenn er über seine Abenteuer als Panzerfahrer in Rußland ins Erzählen kam. Dann skizzierte er mit Kohlestift in raschen Strichen die Marschrouten seiner Abteilung, die deutschen und die gegnerischen Stellungen auf dem blütenweißen Tischtuch der Münchener »Osteria«, das für die Weiten Rußlands nie ausreichte. Die Kellnerin Mari mußte neu aufdecken, ja wenn die Rückzugsstraßen über die Karpaten, durch Ungarn und Österreich zu skizzieren waren, oft ein drittes Mal das Tischtuch erneuern, bis der Sep den Feldzug bis zum Ende aufgezeichnet hatte.

An einem heißen Sommertag des ersten Kriegsjahres hatte Ulrich beim Angeln einen Schlaganfall erlitten, an dessen Folgen er starb. Ich trat seine Nachfolge an.
Rasch hatten sich seit Kriegsbeginn Umfeld und Gegenstand der Arbeit verändert. Seit der Eingliederung Österreichs gehörten auch Salzburg, Tirol und Vorarlberg zum Vertretungsbezirk München. Moderne Industrien gab es nur in Vorarlberg. Es kostete noch einmal viel Arbeit, diese Gebiete kennenzulernen und neue persönliche Kontakte herzustellen. Gemeinsam mit Hauptmann Oktabeetz von der Rüstungsinspektion Salzburg, einem

österreichischen Reserveoffizier in deutscher Uniform, Prototyp eines Nicht-Nazi, habe ich diese österreichischen Lande daraufhin durchsucht, ob und wo von dort Lieferungen für die Rüstung organisiert werden könnten. Mit Ausnahme des industriell hochentwickelten Vorarlberg und eines Großbetriebes in Tirol, der Glasfabrik Swarovski in Fritzens-Wattens bei Innsbruck, haben wir wenig gefunden. Zahlreich waren die Fälle, bei denen ich Zeuge einer oft staunenswerten Umstellung ziviler Produktionen auf die unübersehbare Vielfalt technischen Gerätes für die Rüstung gewesen bin. Da wurden im Allgäu mechanische Steuerungen für Raketengeschosse, in Würzburg Segmente für U-Bootskörper, in Nürnberg Seeminen gebaut, auf dem Feuerstein in der Fränkischen Schweiz geheimnisvolle Apparate für die Entschlüsselung von Code-Telegrammen entwickelt. In Tirol wurden Ausweichkapazitäten für Jenaer optisches Glas geschaffen, in den Haßbergen Tiefkühlkost für Fernaufklärer und U-Boote hergestellt, Spinnereien und Webereien in Vorarlberg für die Montage von Jagdflugzeugen, stillgelegte Eisenbahntunnels für den Bau von Flugmotoren eingerichtet. Nicht das Organisations- sondern das Improvisationsgenie der deutschen Industrie während des Zweiten Weltkrieges verblüffte die Welt.

Auch die Art meiner Gesprächspartner hatte sich verändert. Hatte ich bisher mit zivilen Unternehmern, Kaufleuten und Ingenieuren zu tun, so mußte ich mit der längeren Dauer des Krieges immer häufiger mit Dienststellen der Wehrmacht, aber auch mit Gauwirtschaftsberatern und anderen Dienststellen der Partei verhandeln. Was man in den Köpfen dieser Gesprächspartner über

Hitler, den Krieg und seinen voraussichtlichen Ausgang dachte, war von außen nie sicher zu erkennen. Es mußte in jedem Fall mit Vorsicht erforscht werden. Da gab es die, welche laut vom Endsieg sprachen und die anderen, die zwar so redeten, aber in Wirklichkeit ihre Zweifel hatten. Dann waren da die vielen, die schwiegen, weil es gefährlich war, Zweifel am Endsieg zu äußern, und endlich jene, die auf die Niederlage hofften, weil sie wußten, daß das Regime nur von außen niedergerungen werden konnte. In solchem Milieu mußte man wegen der Allgegenwart von Denunzianten vorsichtig bei allen Gesprächen sein. Zum Glück hat man in solcher Lage Antennen, so daß man auch ohne Worte wußte, woran man war. Ich erinnere mich an ein mit dem Chef einer kleinen Maschinenfabrik geführtes Gespräch, das durch dieses stumme Einverständnis zustande kam. Wir standen in der Werkstatt vor einer langen Reihe von Flakscheinwerfern und sprachen offen miteinander darüber, wie jeder Erfolg unserer Arbeit für die Rüstung den Krieg verlängere. Wir waren geradezu glücklich, solche Übereinstimmung in gegenseitigem Vertrauen feststellen zu können. Aber eine Antwort darauf, was wir als einzelne dagegen tun könnten, hatten wir nicht.

Irgendwann im Sommer 1942 fragte mich Fritz Dorn, der aus einer Moskauer deutschen Kaufmannsfamilie stammte und dadurch in einer entfernten verwandtschaftlichen Beziehung zur Familie meiner Mutter stand, ob ich bereit sei, eine wesentlich größere Aufgabe in der Kriegswirtschaft zu übernehmen. Dorn hatte in der Papierindustrie Karriere gemacht und war bei Kriegsausbruch Direktor in einem Werk der Feldmühle. Jetzt war

er, der fließend russisch sprach, oberster Chef aller Zellstoff-, Papier- und Textilbetriebe in den von der Wehrmacht besetzten Ostgebieten, ein Amt mit großer Machtfülle.
Bei einem Aufenthalt in Berlin erklärte Dorn meine Tätigkeit in München für nebensächlich und schlug vor, mich für die Leitung der Seidenindustrie in Georgien mit Sitz in Tiflis frei zu machen. Ein atemberaubender Vorschlag. Georgien, wandte ich ein, ist doch gar nicht in deutscher Hand, die Front verläuft bei Rostow, nur einige Vorhuten haben sich dem Kaukasus genähert, und der Weg bis nach Georgien ist noch weit. Ihr Vorschlag ist faszinierend, aber er kommt mir utopisch vor. Dorn ließ das nicht gelten. Die Überwindung des Kaukasus und die Besetzung Georgiens, dessen sei er sicher, sei nur eine Frage kurzer Zeit. Die Aufgabe bei der Seidenindustrie würde außergewöhnlich interessant sein.
Ich sah die Dinge anders. In Rußland war der Blitzkrieg offensichtlich gescheitert, die Front auf ihrer riesigen Länge von Leningrad bis zum Schwarzen Meer zum Stehen gekommen, im Westen aber, mit Amerika als mächtigem Gegner, sah ich eine neue zweite Front voraus. Ich fand, daß sich die Kriegslage gefährlich entwickelte.
Dorn teilte meine »Katastrophensicht« nicht. Er malte mir die Bedeutung der mir zugedachten Tätigkeit in Georgien so verführerisch aus, daß mich der Reiz des Abenteuers schon schwankend machte. Am Nachmittag suchte ich Bötzkes auf, um ihm von meinem Gespräch mit Dorn zu erzählen und seine Meinung zu erfahren. Nachdem er meinem Bericht ruhig zugehört hatte, erhielt ich folgenden Bescheid: Ihr Verstand reicht aus, um zu erkennen, was im Osten bevorsteht. Wir werden mehr zu

vergessen haben als die Seidenindustrie in Georgien. Ich gestatte Ihnen nicht, Ihren Platz in München zu verlassen. Kehren Sie unverzüglich, möglichst noch heute, nach München zur Erfüllung Ihrer dortigen Pflichten zurück. Außerdem erwarte ich, daß Sie mir eines Tages für diese Anweisung dankbar sein werden, weil ich Ihnen damit wahrscheinlich das Leben rette. Dorn ist die Sorge um die Seidenindustrie in Tiflis von den Russen bald abgenommen worden.

Viele Jahre nach dem Krieg bin ich noch einmal an die Seidenindustrie in Georgien erinnert worden, als mir Fritz Dorn erzählte, er hätte mit seiner Frau eine Autoreise nach seiner Vaterstadt Moskau unternommen und dort der Zentraldirektion der sowjetischen Papier- und Zellstoffindustrie einen Besuch abgestattet; er sei in Moskau betont herzlich aufgenommen worden. In meiner Sicht war seine Reise ein tollkühner Einfall angesichts seiner Tätigkeit in Rußland während des Krieges. Statt dessen hatten die Russen ihm zu Ehren ein Bankett gegeben, um ihm für die korrekte und faire Verwaltung der ihm während des Krieges unterstellten Fabriken und ihres Personals zu danken.

Einige Monate später, Herbst 1942, die Niederlage zeichnete sich schon ab, kam Bötzkes nach München, um eine »persönliche Angelegenheit« zu besprechen. Beim Abendessen ging er sogleich in medias res: Warum sind Sie, mitten unter Nazi-Behörden tätig, nicht Mitglied der Partei? Neun Jahre sind seit 1933 verstrichen und noch immer leisten Sie sich die stumme Provokation, der Partei fernzubleiben. Unsere Bank ist einem wachsenden Druck der Partei auf Gleichschaltung ihrer Führungs-

kräfte ausgesetzt. Bei den Großbanken sind in die Vorstände überall Pg's eingeschleust worden, jeden Tag können wir auch an die Reihe kommen. Mit Ihrer und Ihres Hamburger Kollegen Ausnahme sind die Leiter aller Außenstellen unserer Bank bei der Partei. Ich wundere mich, wie Sie sich hier in München, der »Hauptstadt der Bewegung«, und im Nürnberg des Julius Streicher ohne Partei-Abzeichen am Rock überhaupt bewegen können. Meinen Sie nicht, daß Sie für sich selbst und für die Bank ein Risiko eingehen? Ich kenne Ihre politische Einstellung sehr wohl und weiß, daß ich ein Zugeständnis von Ihnen erwarte, das Ihnen schwer fällt; dennoch hoffe ich auf Ihr Verständnis.
Darauf war ich nicht vorbereitet. Niemand hat bisher daran Anstoß genommen, erwiderte ich, daß ich der Partei nicht angehöre, nirgends habe ich deshalb bisher Schwierigkeiten gehabt. Ich sehe daher die Notwendigkeit nicht, jetzt sozusagen vor Torresschluß zu kapitulieren. Doch Bötzkes ließ nicht locker. Wenn Sie gegen das Regime wirksam etwas unternehmen wollen, dann müssen Sie das Zeug zum Verschwörer und also wohl zum Märtyrer haben. Haben Sie das? Und ist es nicht für solche Unternehmungen überhaupt längst zu spät? Sie meinen, niemand erwartet Ihren Eintritt in die Partei. Woher wissen Sie das? Ich bin da anders unterrichtet. Ich muß leider deutlich werden: Ich kann Sie, einen Nicht-Pg, nicht länger vom Heeresdienst freistellen lassen. In Berlin würden wir das bedauern, denn der Bank wäre daran gelegen, Sie auf Ihrem Posten in München zu halten.
Ich sah mich in einen schweren Konflikt zwischen der Pflicht gegenüber meiner Bank, wie sie mir dargestellt wurde, und meiner politischen Überzeugung gestellt,

von der ich – zu meinem nicht geringen Stolz – so lange nach außen nicht abgewichen war. Dann habe ich Bötzkes doch nachgegeben. Der Preis war mir zu hoch, dem auf mich ausgeübten Druck zu widerstehen. Als später Nachzügler bin ich in die Partei eingetreten, zwei Jahre vor dem Ende. Übrigens ist Bötzkes, wie ich nach dem Krieg erfahren habe, der Partei nicht beigetreten.

In den ersten Kriegsjahren ist das Reisen noch einfach für jedermann gewesen. Erst mit längerer Kriegsdauer, vor allem seit der Verschärfung des Luftkrieges über Deutschland ist es zuerst umständlich und zeitraubend, dann gefährlich geworden, als alliierte Jagdflieger begannen, fahrende Personenzüge zu beschießen. Solche Erlebnisse habe ich des öfteren gehabt. Auch Übernachtungen in fremden Städten, verbunden mit dem Aufenthalt in fremden Luftschutzkellern unter fremden Leuten, waren nicht behaglich. Wer schneller und bequemer reisen wollte, mußte fliegen, wozu es aber einer besonderen Genehmigung bedurfte, die sparsam erteilt wurde. Der Ausweis meiner Bank verschaffte mir dieses Privileg. So bin ich während des Krieges noch des öfteren zwischen München und Berlin mit kleinen Maschinen der Lufthansa geflogen. Bei meiner letzten Luftreise im Krieg am 13./15. März 1944 überflogen wir in niedriger Höhe das noch unzerstörte Dresden. Meine Freunde mißbilligten meine Luftreisen, weil der Himmel über Deutschland längst von englischen und amerikanischen Jägern bevölkert war. Wenig später, im Sommer, ist der zivile Flugverkehr in Deutschland eingestellt worden.
Die Fähigkeit der Eisenbahn, ihre durch Bomben zerstörten Gleisanlagen, Brücken, Bahnhöfe, Fahrdrähte

immer wieder schnell auszubessern, zerschossene durch fahrfähige Lokomotiven zu ersetzen, die Fahrpläne trotz gehäufter Betriebsstörungen durch Luftangriffe einigermaßen einzuhalten, grenzte lange an ein Wunder. Meine letzte größere Eisenbahnreise habe ich am 8. Januar 1945 unternommen. Zu dieser Zeit konnte von geregelten Verkehrsverhältnissen keine Rede mehr sein. In Berlin fand ich am frühen Nachmittag einen Zug nach Stettin, der in normalen Zeiten für diese Strecke weniger als zwei Stunden benötigte. Diesmal brauchte ich allein für das erste Drittel dieser Reise bis Eberswalde zwei Stunden. Hinter Angermünde blieb der Zug lange auf freier Strecke stehen, weil der Lokomotive der Dampfdruck für die Weiterfahrt fehlte. Es war eiskalt, die Wagenfenster waren ohne Glas, der Wind pfiff durch die Abteile, nirgends ein Licht, denn die Verdunklungsvorschriften waren streng. Dicht gedrängt saßen die Passagiere, niemand sprach ein Wort, alle warteten in der unheimlichen Stille geduldig, bis die erschöpfte Lokomotive wieder zu Kräften gekommen war. In der Ferne hörte man rollenden Kanonendonner, die vorrückende russische Front östlich der Oder. Nach sechsstündiger Fahrt erreichte ich in Stettin gerade noch einen Zug, der über die Oderbrücken in Richtung Osten fuhr und mich bis Finkenwalde, der nächsten Station auf dem rechten Oderufer mitnahm. Von dort machte ich mich zu Fuß auf nach Hökendorf, dem Dohrn'schen Gut seit 1817, wo ich um Mitternacht eintraf. Die Familie war versammelt, man beriet die Lage. Ich bot an, die im Hökendorfer Archiv verwahrten Dokumente der Familiengeschichte, meines Urgroßvaters umfangreichen Briefwechsel mit Alexander von Humboldt, mit Felix Mendelssohn-Bartholdy und den

großen Entomologen seiner Zeit, auch seine Reiseberichte über Spanien, Italien und vor allem über Brasilien in der ersten Hälfte des 19. Jahrhunderts, dazu Preziosen oder wichtige Erinnerungsstücke in Sicherheit zu bringen.
Der Hausherr gab sich gelassen. Nein, nein, wir bleiben hier unter unserem eigenen Dach, wir wollen nicht irgendwo als Flüchtlinge im Straßengraben enden. Mögen die Russen kommen, ich fürchte sie nicht, sie werden mir und meiner Familie nichts antun. Ich habe mir politisch nichts vorzuwerfen. Ich habe meine polnischen und russischen Arbeiter immer anständig behandelt und gut gefüttert. Auch vor ihnen brauche ich mich nicht zu fürchten. Außerdem spreche ich russisch. Also bleiben wir hier, hier sind wir seit jeher zu Hause. Wir traten vor das Haus in die Nacht, wieder grollte Kanonendonner in der Ferne. Noch einmal erbot ich mich, Dokumente und Wertsachen mitzunehmen. Vergeblich.
Am nächsten Morgen ging ich ohne Gepäck voll böser Ahnungen auf die Rückreise. In Stettin fand ich nebst drei anderen Passagieren einen Stehplatz in der unverglasten Toilette eines aus Personen- und Güterwagen gemischt zusammengesetzten, unbeschreiblich überfüllten Zuges, der nach vielstündiger Fahrt bei Eintreten der Dunkelheit Berlin erreichte.
Gleich in der Frühe des nächsten Tages suchte ich meine Bank am Schinkelplatz auf, die durch den Luftkrieg schwere Schäden erlitten hatte. Ich wollte wissen, wie ich mich im Falle einer Unterbrechung meiner Verbindung mit Berlin verhalten sollte. Meine Zentrale hatte hohe Beträge aus Berlin auf Konten bei Münchener Banken verlegt. Ich holte mir Bescheid, wie ich gegebenen-

falls darüber disponieren dürfe. Für den Notfall war ich bereits mit dem voluminösen Barbestand von 3 Millionen RM ausgestattet worden, den ich in einer großen Schachtel unter meinem Bett verwahrte. Als der Krieg vorüber und Berlin unter russischer Besatzung von München aus längere Zeit unerreichbar war, habe ich aus dieser Reserve manchen versprengten Kollegen mit dem Nötigsten ausstatten können. Bevor ich Berlin verließ, besuchte ich noch meinen Vetter und Freund Wolfgang Sachs, den Mathematiker der Victoria-Versicherung in der Lindenstraße, wo er in einem Notquartier hauste. Er hatte gerade eine Einberufung zur Organisation Todt nach Dresden erhalten und machte sich Sorge darüber, in welches Chaos er dort geraten würde.

Als die Nacht kam, tastete ich mich durch dunkle Straßen vorbei an ausgebrannten Ruinen, über Trümmer stolpernd, zum Anhalter Bahnhof. Dort drängten sich auf dem Vorplatz Tausende mit Koffern, Körben, Säcken, Kinderwagen, ein erschreckendes Bild, von der Dunkelheit verhüllt, doch furchterregend schon durch das brausende Stimmengewirr der verängstigten Menge. Alle suchten einen Zug irgendwohin, nur fort von Berlin. Es kostete große Anstrengung und viel Zeit, bis zu den überfüllten Bahnsteigen vorzudringen. Vor der Abreise hatte ich mir – obwohl ich längst nicht mehr an das Funktionieren solcher Vorsorge glaubte – im fahrplanmäßigen Nachtzug nach München einen Platz reservieren lassen. Doch als ich endlich in der Dunkelheit den richtigen Wagen gefunden hatte, erlebte ich ein Wunder: der Platz war reserviert und ich nahm ihn vorsorglich, lange vor der fahrplanmäßigen Abfahrtszeit sofort in Besitz. Das war mein Glück, denn kaum saß ich, heulten die Sirenen des Fliegeralarms und zugleich wurde der Zug aus der Bahnhofshalle auf ein Gleisgelände im Vorortbereich gezogen. Dort stand er lange, bis die Sirenen die Entwarnung ankündigten. Erst am nächsten Abend traf ich in München ein. Daß ich ausgehungert und durchgefroren war, nahm ich hin, aber daß ich die abenteuerliche Reise umsonst unternommen, nicht ein einziges Blatt des inhaltsreichen Familienarchivs gerettet hatte, war enttäuschend.

In den Wochen nach diesem Reiseabenteuer trat der Krieg in sein letztes Stadium. An geordnete Arbeit war nicht mehr zu denken. Die Verbindung mit Berlin riß ab, die betriebliche Einheit der Deutschen Industriebank hörte auf. Mir blieb die Aufgabe, zu verwalten, was ihr an Werten und Verbindungen in Bayern gehörte.

Wenige Wochen später ereignete sich in Hökendorf genau das, was ich befürchtet hatte: der Gutshof mußte Hals über Kopf für eine deutsche Artilleriestellung geräumt werden, seine Bewohner konnten nur die nötigsten Habseligkeiten zusammenraffen und fuhren hinter einem Holzgasschlepper auf einem offenen Wagen ins Ungewisse, ins Elend.

Vierzig Jahre später habe ich mich vom polnischen Stettin, einer groß gewordenen aber heruntergekommenen Stadt, aufgemacht, um in Hökendorf nach dem alten Gutshof meiner Familie zu suchen. Er war nicht mehr zu finden, sein alter Platz am Rande der Buchheide nur noch an einigen verwilderten Spuren seines einst von Lenné, angelegten Parks zu vermuten. Auf seinem ehemaligen Gelände waren Bulldozer am Werk, um den Bau einer neuen Satellitenstadt von Stettin vorzubereiten.

Nach dem Einmarsch der Amerikaner in Bayern Anfang Mai 1945 durfte zunächst niemand den Landkreis seines Wohnsitzes verlassen. Erst Ende Mai fand ich eine Gelegenheit, von Feldafing am Starnberger See nach München zu gelangen. Ein offener Lastwagen brachte eine kleine Gruppe durch den Forstenrieder Park vor den Justizpalast mit seiner demolierten Kuppel. Von dort ging's zu Fuß über die Schuttberge des Lenbachplatzes, vorbei am ausgebrannten Luitpold-Block bis zu dem mit Trümmerschutt übersäten Odeonsplatz. Vor der Feldherrnhalle bis hinein in die Ludwigstraße standen Menschen einzeln und in Gruppen, fassungslos beim Anblick der Verwüstung ringsum. Auf einmal hörte ich, daß mein Name gerufen wurde. Max Grasmann, ein guter Bekannter seit 1931, hatte mich gesehen. Als Syndikus des Bayerischen Industriellen-Verbandes hatte er mir geholfen, mich in den bayerischen Verhältnissen zurechtzufinden, als ich 1935 nach München übergesiedelt war.

Nach freudiger Begrüßung – Gott sei Dank, Sie gibt es noch! – stellte mir Grasmann seinen Begleiter vor: Das ist mein Schwager Monheim, Sie wissen schon, der Schokoladenfabrikant aus Aachen. Welch ein Glück Sie hier zu treffen! Sie werden meinem Schwager bestimmt helfen, ja bitte, helfen Sie ihm, er ist in einer schwierigen Lage, schlagen Sie ihm meine Bitte nicht ab. Die aufgeregte Begrüßung verwirrte mich. Worum handelt es sich? Welche Bitte soll ich denn erfüllen? Es geht um eine hochwichtige, eine vor allem eilige Sache. Monheim hat in Leipzig einen mit Kakaobutter beladenen Lastzug stehen. Sie müssen wissen, Kakaobutter wird für die Herstellung medizinischer Zäpfchen benötigt. Unsere Lazarette, belegt mit vielen tausend Verwundeten, benötigen dringend Zäpfchen in großer Menge. Monheim muß den Lastzug mit der Kakaobutter aus Leipzig abholen und nach München bringen, spätestens morgen. Bitte, lieber Herr Dohrn, nach Leipzig! Aber Herr Grasmann, eine Reise quer durch Deutschland ist zur Zeit unmöglich, das ist reine Phantasie, das wissen Sie so gut wie ich. Für eine solche Reise gibt es niemals eine Genehmigung, nicht für Monheim, nicht für seinen Lastzug und schon gar nicht für mich. Heute ist es mir gerade zum ersten Mal gelungen, vom Starnberger See bis zum Odeonsplatz zu gelangen. Aber an eine Reise nach Leipzig kann doch niemand ernsthaft denken.

Oh, Sie irren! Das ist längst geregelt, die amerikanischen Dienststellen haben wegen der Wichtigkeit dieser Reise die nötigen Papiere für Monheim und einen Begleiter zugesichert, ich brauche sie nur noch beim Staatsrat Rattenhuber im Rathaus abzuholen. Aber dann ist ja alles gut, wozu brauchen Sie mich dann noch? Wir brauchen Sie, weil Monheim nicht alleine reisen kann, er spricht kein Wort Englisch. Denken Sie doch an die vielen Straßenkontrollen der Amerikaner, die er auf dieser langen Strecke passieren muß. Ohne einen sprachkundigen Begleiter kann er diese Reise nicht unternehmen. Außerdem, im Vertrauen, das Gerücht geht um, die Amerikaner würden Leipzig, Halle und ganz Thüringen in Kürze den Russen überlassen. Dann sehen wir die Kakaobutter nie wieder. Ich bitte Sie also dringend, begleiten Sie Monheim auf dieser Fahrt. Ich weiß, es ist ein Abenteuer, aber die Kakaobutter wird für die Lazarette in München und überall in Oberbayern gebraucht. Da muß geholfen werden.

Die Erteilung einer Reisegenehmigung nach Leipzig war

ungewöhnlich. Davon war ich beeindruckt. Und der Hinweis auf den Bedarf der Lazarette stimmte mich weich. Wann soll denn die Reise losgehen? Morgen früh um sechs Uhr mit einem kleinen Ford. Da sagte ich zu, Monheim zu begleiten. Grasmann war begeistert.

Der kleine Ford, eine ältliche Karosse mit abgefahrenen Reifen, der hinter dem zerstörten Hofgartentor vor der Ruine der Residenz geparkt war, machte keinen vertrauenerweckenden Eindruck, aber als fahrfähiges Vehikel war er in diesem Augenblick eine Rarität. Und wie komme ich jetzt nach Feldafing zurück, um mich mit den nötigsten Reiseutensilien, Ausweisen, Lebensmittelkarten zu versehen? Man übergab mir den Schlüssel für den Ford, und ohne Führerschein, ohne Passierschein, ein unerhörter Leichtsinn in jenen Tagen, fuhr ich, von keiner Straßenkontrolle aufgehalten, durch den Forstenrieder Park zurück nach Feldafing, um mich von meiner Familie für ein paar Tage zu verabschieden und für die Reise auszustatten.

Am folgenden Morgen startete ich in aller Herrgottsfrühe nach München, wo Monheim zustieg. Dann nahmen wir die Autobahn nach Nürnberg. Bis zur Donau vor Ingolstadt begegneten wir nur zwei amerikanischen Armeewagen, die keine Notiz von uns nahmen. Die Autobahn war von einer geradezu unheimlichen Leere. Die Brücke über die Donau war gesprengt. Nach vorsichtiger Überwindung einer klappernden Ponton-Brücke kontrollierte ein schwarzer Soldat wortlos unsere Papiere, fand sie in Ordnung, und ohne Aufenthalt fuhren wir weiter, wieder stundenlang allein auf der einsamen Autobahn. Am Nachmittag wechselten wir in der Nähe von Hof auf die Landstraße über. Vorher pumpte Monheim mit einer Handpumpe vorsichtshalber noch einmal unsere Reifen auf. Von da an fuhren wir, nur unserem Ortssinn folgend, in Richtung Leipzig, denn alle Wegweiser waren seit den letzten Kriegswochen verschwunden. Beim Passieren von Plauen begegneten wir langen Marschkolonnen von Männern in Viererreihen, die Hände am Hinterkopf gefaltet, alle mit den großen weißen Buchstaben PG auf dem Rücken gezeichnet. Ein unbehaglicher Anblick.

Nach zwölfstündiger Fahrt erreichten wir Leipzig und fanden im Hause Felsche Quartier. Wer sich noch an das alte Leipzig erinnert, weiß, daß Felsche die feinste Konditorei dieser Stadt in der Grimmaischen Straße und dazu eine Fabrik guter Schokoladen war. Wir trafen die überraschte Familie Felsche, Eltern und zwei hübsche Töchter in größter Sorge an, weil sie, wie ganz Leipzig, mit Schrecken die Ablösung der bisherigen amerikanisch-belgischen Besatzung durch die Rote Armee fürchtete. Das Gerücht, von dem Grasmann in München gesprochen hatte, entsprach offenbar der Wahrheit. Bis in die späte Nacht berieten wir mit den Felsches, ob man wagen könne, in Leipzig zu bleiben oder sich, unter Aufgabe der gesamten Habe, in den Westen absetzen solle. Natürlich boten wir an, die Familie samt Gepäck mit nach München zu nehmen. Die Felsches haben sich damals nicht entschließen können, Leipzig zu verlassen.

Während Monheim sich um seinen Lastzug kümmerte, ging ich auf die Suche nach Karl Straube, dem Thomaskantor, von dem ich schon berichtet habe. Das große Haus im sogenannten Musikviertel, wo Straube seine Wohnung und darin auch seine herrliche Bibliothek hatte, war ein Trümmerhaufen. Nicht weit davon habe ich trauernd vor der Ruine des Gewandhauses, der berühmten Stätte des Leipziger Musiklebens, gestanden. Nur die Mauerwand mit der Inschrift »res severa verum gaudium« war stehengeblieben. Von einem Passanten erfuhr ich, wo sich Straube aufhielt. Ich fand den alten Herrn an Leib und Seele gebrochen in einem Notquartier, das ihm der Musikverlag Peters in seinem unzerstörten Haus eingeräumt hatte, ein Wiedersehen, das schmerzte.

Die Kriegsverwüstungen in Leipzig waren groß und bedrückend, die Lebensverhältnisse in der einst wohlhabenden Stadt ärmlich. In »Auerbachs Keller«, einem der wenigen offenen Restaurants konnte man gegen Lebensmittelmarken eine warme Suppe erhalten, wurde aber nur bedient, wenn man ein Eßbesteck mitgebracht hatte. Ein mir teures Grab auf dem alten, von Bomben aufgewühlten Johannisfriedhof, konnte ich nicht sehen, weil der Friedhof wegen der Entschärfung von Blindgängern noch nicht betreten werden durfte. Die Thomaskirche war unbeschädigt.

Nach zwei Tagen wurde die Rückreise angetreten. Da rings um Leipzig alle Wegweiser fehlten, gerieten wir wegen vieler Umleitungen in die falsche Richtung und wußten bald nicht, wo wir waren. Ich hatte das ungute Gefühl, daß wir nach Osten fuhren, Monheim behauptete das Gegenteil. Da tauchte aus dem Morgennebel plötzlich ein rotes Schild mit kyrillischen Buchstaben unter Hammer und Sichel vor uns auf: Wir waren an der Grenze der sowjetischen Besatzungszone angelangt, die russischen Posten konnten nicht weit sein. Damals gab es noch keine Leitplanken auf den Autobahnen. So konnten wir sofort über den Grünstreifen umkehren und uns schleunigst in der Gegenrichtung entfernen. In später

Nacht erreichten wir Hof. Die Stadt, es war Ausgehverbot, lag dunkel und menschenleer. Doch in Hof kannte ich mich aus, und so fanden wir schnell den Weg zum Bahnhof, wo wir im Wartesaal übernachten wollten. Aber das freundliche Bahnpersonal vermittelte uns in der Wohnung eines abwesenden Lokomotivführers dessen Ehebett, in dem wir uns gründlich ausschlafen konnten. Erst am nächsten Abend – der Lastzug kam nur langsam vorwärts – trafen wir, stürmisch begrüßt, in München ein: Wie gut, daß Sie meinen Schwager auf dieser Reise mit ihren englischen Sprachkenntnissen ein hilfreicher Begleiter gewesen sind. Ich widersprach nicht, obwohl auf dieser Reise kein einziges Wort englisch gesprochen werden mußte ... Als Reisebegleiter dieses Ausflugs nach Leipzig wurde ich mit mehreren Tafeln Kakaobutter honoriert. Die damit zubereiteten Bratkartoffeln schmeckten zwar merkwürdig, sind uns aber gut bekommen; ihr Fett verbesserte für einige Tage unsere Speisekarte.
Wenige Wochen nach unserer Rückkehr rückten die Russen in Leipzig ein.

Mein ausgebranntes Büro im Bernheimer Haus am Lenbachplatz erwies sich als wieder herstellbar. Sogleich begann die Suche nach Material und Handwerkern, Bezahlung teils mit Geld teils durch verwickelte Kompensationsgeschäfte. Der Panzerschrank, beim Brand des Hauses mit Hilfe von zwei kanadischen Kriegsgefangenen über das Balkongeländer im 2. Stock auf die Straße gestürzt, wurde aus dem meterhohen Trümmerschutt ausgegraben, in dem er über ein Jahr lang gelegen hatte. Er war noch intakt. Aber bevor wieder mit den Bankge-

schäften begonnen werden konnte, mußten zuerst die vor Kriegsende vorsorglich von Berlin auf Konten bei Münchner Banken verlegten Millionen verfügbar gemacht werden.
In der Ruine der Bayerischen Hypotheken- und Wechsel-Bank suchte ich das in einem engen Kellerraum amtierende Vorstandsmitglied Albert Glaser auf, um mit ihm Dispositionen über diese Konten zu besprechen. Sie vertreten eine Berliner Bank? Wissen Sie nicht, daß die Konten der Berliner Banken durch die Militärregierung gesperrt sind? Ich kann Ihnen keine Mark aus diesen Konten freigeben. Natürlich wußte ich, daß die russische Kommandantura eine totale Sperre über alle Banken in Berlin verhängt und daß auch die amerikanischen Besatzungsbehörden verschiedene Sperren über Bankkonten verfügt hatten. Mit List und gutem Willen konnte man diese Bestimmungen manchmal unterlaufen. Glaser fuhr fort: haben Sie nicht bemerkt, daß sich in der Welt einiges geändert hat? Die Zeiten sind vorbei, in denen Berliner Banken Geschäfte in Bayern betrieben haben. Wir brauchen die Berliner nicht in Bayern. Und Berlin? Ach Berlin können Sie in Zukunft überhaupt vergessen. Dazu sah er mich triumphierend an, um nach kurzer Pause zu fragen: Wo san's denn her, mein lieber Herr Doktor? Da werde ich Sie gewiß enttäuschen, verehrter Herr Glaser, ich stamme aus Breslau. So, so, aus Breslau, ja dann san's freilich für mich ein Ausländer.
Ich kannte Bayern längst zu gut, um die Hochstimmung zu verstehen, in der sich dieser Sohn Bayerns befand. Ich konnte ihm seine Wut über die von den Nationalsozialisten versuchte unsinnige Zerstörung der bayerischen Staatlichkeit durch Aufteilung des historisch gewachse-

nen Landes in mehrere Gaue nachfühlen. Ich nahm hin, daß der alte Urgroll gegen Berlin und die Preußen, den ich auch zu verstehen gelernt hatte und gegen deren nun allerdings untergegangene Übermacht dabei mitklang. Andererseits erschreckte mich Glasers Gleichgültigkeit gegenüber dem Schicksal Berlins und des deutschen Ostens, eine Einstellung, die damals in Bayern kein Einzelfall gewesen ist. Sie zeigte die Grenzen des deutschen Nationalgefühls – Anlaß zum Nachdenken.

Mit Glaser in solcher Stimmung zu streiten, war sinnlos. Also überließ ich ihn seinen Hochgefühlen und begab mich in das ehemalige Luftgaukommando, wo die Urzelle eines im Aufbau befindlichen Wirtschaftsministeriums untergebracht war, zu einem mir als zuständig bezeichneten Ministerialen. Er hörte mir zunächst geduldig zu, so daß ich schon glaubte, er verstünde etwas von meiner Sache. Doch als ich geendet hatte, erklärte er mir barsch, der Fall ginge ihn erstens nichts an, zweitens aber und vor allem hätten Berliner Banken in Bayern nichts mehr zu suchen. Während ich nach diesem Bescheid noch ratlos vor ihm saß, öffnete sich die Zimmertür, in der ich für einen Augenblick das mir wohlbekannte Gesicht des Geheimrats Ludwig Kastl, Mitglied des Aufsichtsrates der Deutschen Industriebank, erblickte. Kastl schloß die Tür, als er einen Besucher im Zimmer sah. Ich lief zur Tür und erreichte Kastl auf dem Korridor. Jetzt erkannte er mich. Kurze Begrüßung. Was machen Sie denn hier? So und so, bitte helfen Sie mir, Herr Geheimrat. Kastl kehrte mit mir zu dem Beamten zurück und sagte kurz angebunden, er möge sich sofort meiner Sache annehmen, sie läge im Interesse der bayerischen Wirt-

schaft. Nach einigen Tagen wurden mir tatsächlich Teilbeträge meiner gesperrten Konten freigegeben, nicht der ganze Bestand. Also wurde ein neuer Anlauf nötig. Da las ich in der Zeitung, daß die Regierung Högner einen Wirtschaftsminister berufen hatte, einen unbekannten Professor namens Ludwig Erhard. Wenige Tage später saß ich einem schlanken, behaglich Zigarre rauchenden Professor Erhard, einem blonden Mann in hellem Anzug gegenüber. Er hat mir geholfen. Ich kam zu meinen gesperrten Millionen.
Ich ahnte nicht, daß mein Gegenüber bald Geschichte machen würde, große Wirtschaftsgeschichte. Mein Erlebnis mit Glaser amüsierte ihn so, daß er es sich zweimal erzählen ließ. Erhard hat sich rasch und erfolgreich für mich eingesetzt, so daß ich finanziell für die Wiederaufnahme der Geschäfte gerüstet war. Es zeigte sich aber schnell, daß es bis zur Währungsreform im Sommer 1948 nur bescheidene geschäftliche Möglichkeiten gab. Für die meisten Vorhaben, die vorgetragen und überlegt wurden, fehlte das Material, und die Reichsmark hatte keine Kaufkraft mehr.

Die Deutsche Industriebank hatte mit dem Kriegsausgang den größten Teil ihres einstmals großen Vermögens, die nach Ostdeutschland gegebenen Darlehen der Osthilfe und ihre Forderungen an die Industrie im kommunistischen Machtbereich Mitteldeutschlands verloren. Ihr Gebäudebesitz am Schinkelplatz und am Werder'schen Markt in Berlin war zerstört. Mit den ihr im Westen verbliebenen Mitteln bereitete sie von Düsseldorf aus die Wiederaufnahme ihrer Tätigkeit für eine in vierzehn Jahren erfolgreich erprobte geschäftspolitische Idee durch ein Nachfolgeunternehmen vor. Erste dafür entworfene Pläne waren an der alle auf Reichsmark lautenden Geldvermögen vernichtenden Währungsreform gescheitert. Am 9. Dezember 1948 wurde in Frankfurt von einer Versammlung von Industriellen, die schon vor dem Kriege der Deutschen Industriebank nahegestanden hatten, die Industriekreditbank AG mit einem Kapital von DM 12 Millionen mit dem Sitz in Düsseldorf gegründet, um die Tätigkeit der Deutschen Industriebank im Westen Deutschlands fortzuführen, unter den damaligen Zeitumständen eine Tat großen unternehmerischen Mutes. Ich hatte zum Zeitpunkt der Währungsreform 1948 siebzehn Jahre bei der Deutschen Industriebank gearbeitet, davon während eines Jahrzehnts durch Krieg und Nachkriegszustände in meiner beruflichen Bewegungsfreiheit beschränkt. In der Phase des Übergangs der Geschäfte von der Deutschen Industriebank auf das Nachfolgeinstitut Industriekreditbank AG bin ich dem Hause noch bis 1949 treu geblieben. Da ich aber bei der neuen Bank für mich keine berufliche Weiterentwicklung sah, hielt ich die Zeit für gekommen, mich nach neuen Aufgaben umzusehen. Ich entschied mich, inzwischen in Bayern zu Hause, für ein Angebot der Bayerischen Hypotheken- und Wechsel-Bank, das mit der Zusage der Berufung in den Vorstand nach kurzer Einarbeitung verbunden war. Anfang 1950 begann ich mit der neuen Arbeit. Bevor ich davon berichte, muß ich von anderen Erlebnissen erzählen, die im Frühjahr 1945 ihren Anfang genommen hatten.

## Sechstes Kapitel

*Feldafing: Der Güterzug des Elends – Der Treuhänder – Die Bewohner des Lagers – Tennenbaum – Der Kindergarten – Der Flötist – Wohin in die Zukunft? – Reise nach Israel – Levi Eshkol*

In den ersten Tagen des Mai 1945, die amerikanischen Vorhuten hatten München erreicht, blieb beim Bahnhof Feldafing am Starnberger See ein überlanger Güterzug stehen. Der Strom war ausgefallen. Als die Wagentüren geöffnet waren, stolperten zum Entsetzen der zufälligen Zeugen die Gestalten ehemaliger KZ-Gefangener in gestreiften Häftlingskleidern aus den grauenhaft überfüllten Waggons auf Bahnsteig, Bahndamm und Geleise. Dieser Transport war nach Süden irgendwohin in die Berge unterwegs, eine sinnlose Reise ins Nichts. Als weitere Transporte auf Lastwagen eintrafen, stieg die Zahl dieser Unglücklichen in Feldafing auf über siebentausend. Sie wurden in den von ihren bisherigen Bewohnern fluchtartig verlassenen weitläufigen Gebäuden einer ehemaligen Nationalpolitischen Erziehungsanstalt südlich Feldafing und in mehreren zu dieser Schule gehörenden Villen untergebracht. So war, als die Luftbombardements aufgehört hatten, der Krieg noch in seiner letzten Phase in den stillen Ort über dem See gekommen. Über Nacht gab es zwei Feldafing: das bayerische Dorf, in dem zweitausend

Deutsche, eingesessene Dörfler, Villenbesitzer und die Bombenflüchtlinge aus den Städten eng aneinander rücken mußten, und ein zweites Feldafing, das Lager, in der Sprache der Besatzungsmacht das DP-Camp – DP für Displaced Persons – mit mehreren tausend befreiten Gefangenen, ausschließlich Ost-Juden. Für die Verpflegung sorgte die amerikanische Armee, für ihre sonstigen Lebensbedürfnisse – etwas später, dann aber wirksam – die UNRRA (United Nations Relief and Rehabilitation Agency).
In Starnberg residierte eine amerikanische Militärregierung für den Landkreis. Sie hatte als neuen Bürgermeister Dr. Hans Carl eingesetzt, den seit langem in Feldafing ansässigen Inhaber eines Nürnberger Fachverlages für Brauwirtschaft. Mit Dr. Carl hatte man während des ganzen Krieges, vor allem in den letzten gefährlichen Monaten der Auflösung der alten Autoritäten offen sprechen können.

Jetzt, in den ersten Tagen nach dem Eintreffen der vielen tausend befreiten Gefangenen hatte man Befürchtungen vor Konflikten mit diesen gepeinigten Opfern der Konzentrationslager. Würden sich aufgestaute Haßgefühle entladen? Mußten Vorsichtsmaßnahmen gegen gewalttätige Ausschreitungen getroffen werden? Wie war die Stimmung dieser mißhandelten Menschen, die einem grausamen Ende gerade entronnen waren? Man mußte erkunden, was von der neuen Nachbarschaft zu erwarten war. Deshalb entschloß sich Dr. Carl, in das Lager zu gehen, um sich Klarheit darüber zu verschaffen, worauf man sich in den kommenden Wochen einzurichten habe. An einem Maiabend begleitete ich ihn auf einem ersten

Gang ins Lager. Die Amerikaner hatten wir deswegen nicht befragt. Wir wollten allein und offen auf die Juden zugehen. Unser Erscheinen vor den Schulgebäuden, vor denen in der milden Abendluft Hunderte im Gespräch zusammenstanden, die meisten noch in ihren Häftlingskleidern, erregte Aufsehen. Schnell bildete sich um uns ein dichtes Gedränge, so daß wir nicht weiterkamen. Ebenso schnell tat sich für uns eine Gasse auf, durch die man uns zu einer Tür wies, hinter der wir in einem dunklen Raum einige ältere Männer trafen, die sich, die Verständigung war schwierig, als die Sprecher der Menge zu erkennen gaben. Wir wiederum stellten uns als die Abgesandten des Dorfes vor, Dr. Carl als sein Bürgermeister. Wir sagten Worte des Willkommens, fragten nach Wünschen und boten Hilfe an. Zögernd, tastend kam ein Gespräch in Gang. Aber je länger wir miteinander redeten, um so mehr wich die anfängliche Spannung einem gelösten Interesse. Die Wünsche waren zahlreich aber sehr bescheiden: Briefpapier, Bleistifte, Streichhölzer, Feuerzeuge, Rasierklingen, Seife, Kämme, Bürsten, Taschentücher, Brillen, Notizbücher und dergleichen mehr. Es waren Unglückliche, mit denen man sich verständigen konnte, die garnicht an Rache und Gewalt dachten. Wir spürten, daß in Zukunft ein ruhiger Umgang möglich sein würde. Mit der gegenseitigen Zusicherung guten Willens für eine friedliche Nachbarschaft gingen wir auseinander. Erleichtert durch den Verlauf dieses ersten Kontaktes traten wir den Rückweg ins Dorf an, wieder durch das inzwischen noch dichtere Gedränge einer tausendköpfigen Menge, eine nicht gerade behagliche Situation knisternder Spannung.

Viele Gefangene haben ihre Befreiung nicht lange überlebt. Sie erlagen Krankheiten und langer Entkräftung. Andere gingen zugrunde, weil sie die kräftige Armeeverpflegung in ihrem geschwächten Zustand nicht mehr vertragen hatten. Es dauerte Wochen, bis die Mehrzahl dieser Elendsgestalten einigermaßen zu Kräften kam, doch noch lange blieben die meisten stumm und teilnahmslos. Erst allmählich wurden sie ansprechbar, mit der Zeit sogar mitteilungsbedürftig, und mit Verwunderung und Respekt erlebte man, daß Klagen über die durchgemachten Schrecken kaum geäußert wurden. Die meisten haben über ihre schlimmen Erinnerungen in einer Art von Selbstschutz geschwiegen. Aber als sich das Gros dieser Opfer aus den KZ's erholt hatte, kam es zu mancher Auseinandersetzung und nicht selten auch zu Zerstörungswut. Die Gartenzäune der Feldafinger Villengärten und die Parkettfußböden mancher Häuser wurden bis auf die letzte Latte verheizt, um in den warmen Nächten des strahlenden Sommers 1945 mit großen Freudenfeuern die wiedergewonnene Freiheit zu feiern. Dabei ging es laut her bis in die Morgenstunden.

Die amerikanische Militärregierung zeigte zunächst keine Neigung, sich um etwas anderes als um die Verpflegung im Lager zu kümmern. Sie schien darauf zu bauen, daß man sich dort selbst die nötige Ordnung geben würde. Bei der überaus bunt gemischten Zusammensetzung der Bewohner des Lagers war das freilich eine Illusion. Da stammten die einen aus der Großstadt Warschau, andere aus einer galizischen Kleinstadt oder vom Dorf, kleine Gruppen kamen aus Litauen, andere aus der Sowjetunion, einige aus der alten jüdischen Gemeinde von Saloniki. Es entwickelten sich chaotische Zustände.

Nach zwei Monaten abwartenden Zuschauens entschloß sich die Militärregierung Ende Juli unter dem Eindruck des entstandenen Durcheinanders, den gesamten Komplex des Lagers – in seiner baulichen Substanz fast ausschließlich beschlagnahmtes Vermögen der ehemaligen NSDAP – unter die Verwaltung eines Treuhänders (Custodian) zu stellen. Dieser Treuhänder sollte nicht nur für die Gebäudeerhaltung sorgen, sondern auch das wertvolle Inventar der ehemaligen NS-Schule – Kücheneinrichtungen, Geschirre, Möbel, Wäsche, Lebensmittelvorräte, Schreibmaschinen, Fahrzeuge, eine Bibliothek, einen wohlausgestatteten Physiklehrsaal, einen großen Vorrat an Skiern, Segelboote, andere Sportausrüstungen – vor Verlust und Zerstörung bewahren. Er sollte auch verhindern, daß Bäume gefällt wurden, Schwarzschlachtungen stattfanden, schmiedeeiserne Gartentore weiter abmontiert und verkauft wurden. Dieser Wunsch der Besatzungsmacht kam aber viel zu spät, denn längst war das meiste, was nicht niet- und nagelfest war, verschwunden, ausgenommen die immobile Substanz, die man nicht wegtragen und auf dem schwarzen Markt verwerten konnte.

Von den Amerikanern wegen eines Personalvorschlages für diese Aufgabe befragt, schlug Bürgermeister Dr. Carl mich für dieses Amt vor. Von der Militärpolizei nach Starnberg gebracht, mußte ich dort meinen Lebenslauf aufschreiben, wobei mir ein Private first Class, auf Deutsch ein Gefreiter, ein deutscher Jude aus der Pfalz in amerikanischer Uniform, über die Schulter sah. Als ich schrieb, daß ich in der Industrie- und Handelskammer Berlin unter dem Präsidenten Franz von Mendelssohn tätig gewesen sei, unterbrach er mich: Hören Sie auf, das genügt uns. Es störte ihn nicht, daß ich während des Krieges in ziviler Funktion für die Rüstung gearbeitet hatte, er hielt sowieso alle Deutschen für Nazis.

Im Sommer 1945 war es eine abenteuerliche Vorstellung, als Deutscher eine Aufgabe mit Aufsichtsfunktion in einem Lager jüdischer KZ-Opfer zu übernehmen. Würde man einen Deutschen dort in einer solchen Rolle dulden? Auf den ersten Blick schien das unwahrscheinlich. Also zögerte ich. Dann aber ging mir durch den Sinn, daß es in Feldafing damals außer mir wahrscheinlich niemanden gab, der so viel mit Juden als Freunden zu tun gehabt hatte. Freilich, viel konnte mir diese Erfahrung nicht helfen, denn meine jüdischen Freunde hatten alle zu der gebildeten, assimilierten, wohlhabenden Klasse deutscher Juden gehört, die mit dem Ostjudentum, der größten jüdischen Volksgruppe Europas mit einer selbständigen Geschichte, Kultur und Sprache, wenig gemein hatten. Gerade in Erinnerung an meine jüdischen Jugendfreunde habe ich mich dann doch an die mir zugedachte Aufgabe in Feldafing gewagt.

Als ich zum ersten Mal mit meiner Bestellung als Treuhänder im Lager erschien, stieß ich dort auf feindselige Ablehnung. Ein Deutscher hier mit Amtsbefugnissen? Von einem jüdischen Leutnant der Army, der sich aus eigener Machtvollkommenheit als Lagerchef etabliert hatte, wurde ich handgreiflich bedroht und mußte vor dem wütenden Mann den Rückzug antreten. Davon war ich nicht überrascht, eigentlich hatte ich es so erwartet. Ich riet daher der Militärregierung, sie möge für die heikle Aufgabe im Lager einen anderen, nicht gerade einen Deutschen, suchen. Vergebens. Die Amerikaner beharrten darauf, ich möge mich im Lager durchsetzen.

Am nächsten Morgen wurde ich, begleitet von zwei baumlangen Militärpolizisten, erneut ins Lager gesandt mit der Empfehlung, den widerspenstigen Leutnant nötigenfalls durch die beiden Riesen nach Starnberg bringen zu lassen. Mein Erscheinen in dieser Begleitung brach jeden Widerstand. Der Leutnant verschwand. Von da an habe ich es mit den Bewohnern des Lagers und ihren Sprechern allein zu tun gehabt. Bald bin ich mit ihnen in ein sachliches, von Emotionen freies Verhältnis gekommen und habe besonnene Partner unter ihnen gefunden. Die amerikanischen Militärs hatten für die Lagerbewohner durchaus keine Sympathie und gingen dem direkten Umgang mit den Ostjuden, für die sie eine unverhüllte Verachtung an den Tag legten, möglichst aus dem Wege. Vor allem der Pfälzer Emigrant drückte seinen Abscheu drastisch aus. Durch ihn habe ich eine für mich neue Art jüdischen Judenhasses in einer brutalen Direktheit kennengelernt, die selbst bei bösartigen Antisemiten selten vorkommt.

Die Mehrzahl der Feldafinger Juden hatte in geschlossenen Gruppen in kleinen Städten Osteuropas gelebt. Der Prozeß der Assimilation, durch den so viele deutsche Juden während der letzten hundert Jahre gegangen waren, hatte sie nicht berührt, auch nicht angezogen. Sie hatten Juden bleiben und nach dem Glauben und den Sitten ihrer Väter und Vorväter leben wollen, als sie durch Hitler aus ihrer Welt herausgerissen wurden. Ihre Vorfahren hatten im Ghetto ein im jüdischen Sinn behütetes Leben geführt. Das Ghetto hatte ihnen inmitten einer oft feindlichen slawischen Umwelt Schutz nach außen und inneren Halt gewährt. Sie waren überwiegend arm. Angehörige der wohlhabenden Schicht habe ich unter ihnen nicht – vielleicht muß man sagen, nicht mehr – getroffen. Eine Minderheit waren ehemalige Bauern. Sie waren im Lager am schlechtesten dran, da es für sie dort nur untergeordnete Tätigkeiten gab. Lasten tragen, Häuser und Wege reinigen, Abfall beseitigen. Die Handwerker unter ihnen, Schneider, Schuster, Kürschner, Schreiner, auch einige Goldschmiede und Uhrmacher, fanden dagegen rasch zurück zu ihrer Arbeit, sobald man ihnen die nötigen Werkzeuge beschafft hatte. Tüchtige und fleißige Leute waren darunter, die vorzügliche Arbeit leisteten. Es fanden sich unter ihnen auch Sänger und Schauspieler, die auf einer geschickt gezimmerten Bühne ein Theater eröffneten, wo jiddische Stücke mit viel Musik aufgeführt wurden.

Eine besondere Rolle unter ihnen spielten die Kaufleute, die Händler. Mit unglaublichem Geschick schafften sie, in einer Zeit krassen Mangels an allem, Waren heran. Die großzügigen Sendungen jüdischer Hilfsorganisationen aus aller Welt bildeten den Grundstock ihrer Warenlager. Dollar-Überweisungen von Angehörigen, vor allem aus den USA, ergänzten ihr Betriebskapital. Bald handelten sie mit allem, was es in dieser ersten Zeit nach dem Kriege in Deutschland sonst nirgends gab. Sie bauten im Lager eine lange Reihe von Verkaufsständen, eine richtige Ladenstraße auf, ähnlich jener größeren, die sich in München in der Möhlstraße nahe dem Friedensengel über der Isar etabliert hatte. In dieser Ladenstraße gab es alle Arten von Konserven, Kaffee, Zigaretten, Feuerzeuge, auch Uhren und Schmuck zu kaufen, ein großer Schwarzmarkt, den auch deutsche Käufer aufsuchten.

Eines Tages geriet eine Ladung Räucherfisch, auch ein

Geschenk irgendeiner Hilfsorganisation, in die Verfügung einiger Händler, die sich dieser damals seltenen Ware mit aller kaufmännischen Leidenschaft annahmen. Die Räucherfische wurden daher beileibe nicht an die Verbraucher verkauft, dafür war diese Ware als Handelsobjekt zu interessant, sondern so lange weiter und immer weiter gehandelt, bis sie schließlich verdorben, ungenießbar und stinkend geworden war. Das ganze Lager lachte darüber, besonders über den Dummen, der als Letzter auf den verdorbenen Fischen sitzen geblieben war.

Als neue Transporte ehemaliger KZ-Opfer eintrafen, wurden mehrere private Landhäuser in Feldafing beschlagnahmt, auch das Haus, das ich mit meiner Familie bewohnte. Wir zogen in ein kleines Nachbarhaus, wobei wir in Kauf nahmen, damit in dem Ortsbezirk zu bleiben, der von nun an ringsum mit Schlagbäumen unter Kontrolle einer jüdischen Lagerpolizei gestellt wurde. Als einzige Deutsche haben wir dort, umgeben von ein paar Tausend aus dem KZ befreiten Juden, unter dem Schutz unseres großen Neufundländers Pascha und einer Wohngarantie der Militärregierung gelebt, erkennbar an einem Off Limits-Schild an unserer Gartenpforte.
Der mutigen Unerschrockenheit meiner Frau war es zu danken, daß wir die schwierige Anfangszeit in dieser ungewöhnlichen Umgebung überstanden haben. Denn wir wurden nicht nur tags, sondern bis in die späte Nacht durch Lagerinsassen in Bewegung gehalten. Die einen wollten sich bei uns einquartieren, und manche waren so hartnäckig, daß es viel Geduld kostete, sie ohne Kränkung abzuweisen. Andere räuberten Blumen oder Früch-

te vom Baum. Es gab laute Szenen. Doch obwohl alle, die ungebeten kamen, nicht mehr hergeben wollten, was sie sich genommen hatten, so boten sie, zur Rede gestellt, immer und sofort eine oft großzügige Bezahlung an. Darauf sind wir nicht eingegangen, sondern haben den Blumenfreunden lieber noch einige blühende Zweige mehr in die Hand gegeben, jedoch mit der Bitte, unseren Garten künftig zu schonen.

Irgendwo aus Galizien stammte Itzak Tennenbaum. In seinem »Schtetel« hatte er als Kalfaktor gelebt, in einem Beruf, den man hierzulande als Gelegenheitsarbeiter etwa nach dem Beispiel des berühmten Berliner Eckenstehers Nante bezeichnen würde. Tennenbaum verstand und sprach recht gut deutsch. Täglich stand er wie einst in seiner galizischen Heimat vor dem Feldafinger Bahnhof, wartete die Züge ab und bot den Reisenden seine Dienste an. Eines Tages trug er mir ein schweres Paket nach Hause. Er hatte, ein Einsamer ohne familiären Anhang, ein ungestilltes Aussprachebedürfnis und erzählte mir unterwegs einen Teil seiner Lebensgeschichte. Er war froh, daß ich ihm zuhörte.
Seit diesem Tag meldete er sich täglich bei uns, fragte nach Aufträgen und trat sozusagen in unsere Dienste. Gab es schwere Lasten zu schleppen, einen Sack Kartoffeln oder einen Sack Briketts, so wurde Tennenbaum gerufen, er erledigte solche Aufträge gerne, schnell und zuverlässig. Bezahlung wies er weit von sich. Seinen Lohn fand er im Gespräch und darin, mir, dem deutschen Doktor, den das ganze Lager kannte, persönlich zu dienen. Er freute sich über kleine Geschenke, einen Rucksack, einen Taschenspiegel, einen Kalender, einen

Drehbleistift. Hund Pascha, sonst exclusiv im Umgang mit Lagerbewohnern, begrüßte Tennenbaum als zur Familie gehörig.

Bald gab es auch Kinder im Lager, zurückgeholt aus den Verstecken, in denen ihre Eltern sie vor der Verfolgung hatten verbergen können. Und eines Tages wurden Kinder im Lager geboren. Ein Rabbiner besuchte mich mit der Bitte, einen Kindergarten im Lager einzurichten. Ich machte drei Zimmer für einen Kindergarten frei und ließ deren Wände von zwei befreundeten Malerinnen mit Szenen aus deutschen Märchen ausschmücken. Als der Rabbiner zur Besichtigung erschien, betrachtete er die Wandbilder lange schweigend. Dann erklärte er mir etwas stockend und verlegen, daß deutsche Märchenbilder für einen jüdischen Kindergarten nicht annehmbar seien. Mir blieb nur übrig, die Bilder zu überstreichen. Dann ließ ich eine über alle Wände laufende Darstellung des Auszugs aus der Arche Noah malen. An der Spitze schritt Vater Noah mit seiner Familie, dahinter folgte der Zug der wilden Tiere, Löwen, Tiger, Elefanten, Giraffen, Zebras und dann der Zug der Haustiere, unter diesen mit Rücksicht auf den Rabbiner kein Schwein. Die Arche Noah war ein großer Erfolg, der Rabbiner war des Dankes voll.

In einem Nachbarhaus wohnte der ehemalige Versicherungsangestellte Isidor Kotlar aus Warschau. Ihm war es gelungen, seine Kinder bei polnischen Bauern zu verstecken und dadurch vor der SS zu retten. Jetzt hatte er die Kinder nach Feldafing nachkommen lassen. Seine Frau war in Auschwitz umgekommen, er hatte im Lager

wieder geheiratet und begann mit den geretteten Kindern ein neues Familienleben zu führen. Oft sprach er mit mir über diese glückliche Wende seines Lebens. Nur einen Kummer konnte er nicht verschmerzen: den Verlust seiner Flöte, einer guten Querflöte, auf der er früher viel musiziert hatte. Als ich ihm sagte, ich sei auch Flötist, besäße zwei Böhmflöten und würde ihm eine davon schenken, strahlte er vor Freude.
Dreizehn Jahre später hatte ich in Israel mit dem damaligen Finanzminister Levi Eshkol und der Staatlichen Wasserbehörde über die Finanzierung einer größeren Lieferung von Wasserpumpen für ein Röhrennetz zu verhandeln, das vom See Genezareth bis in den Norden des Negev reichte. Als ich in Tel-Aviv einen Laden betrat, um einen kleinen Einkauf zu machen, wartete meine Frau vor dem Geschäft im Auto. Da ich von meiner Besorgung auffallend lange nicht zurückkehrte, kam sie mir nach, um zu sehen, was los war. Sie fand mich in der Umarmung eines Herrn, der stürmisch auf mich einredete. Es war mein ehemaliger Nachbar Kotlar aus Feldafing, dem ich die Flöte geschenkt hatte. Er lud uns zum Abendessen ein und überschüttete uns mit Berichten über sein schweres Leben in Israel und die Sorge um seine inzwischen erwachsenen Söhne, die zum Heeresdienst eingezogen werden sollten. Er beschwor uns, eine Aufführung von Shakespeares »Was Ihr wollt« zu besuchen. Sie müssen hingehen, es wird zwar hebräisch gesprochen, was Sie nicht verstehen, aber Sie kennen ja das Stück, und vor allem, denken Sie doch, eine Sensation, die Rolle der Olivia wird von einer Arierin gespielt! Wir trauten unseren Ohren nicht, als wir das ominöse Wort in Tel-Aviv vernahmen. Die Arierin war eine Deutsche,

die einen jüdischen Offizier der englischen Armee geheiratet hatte und mit ihm nach Israel ausgewandert war. Wir erlebten einen Abend großer Schauspielkunst.

Das alle Bewohner des Lagers beherrschende Thema war die Frage nach ihrer Zukunft. Wo und wie sollte das Leben dieser Entwurzelten und Heimatlosen, nach Verlust aller Angehörigen meist auch Einsamen, weitergehen? Der Aufenthalt im Lager konnte nur ein Übergang sein. An den Grübeleien über diese in jedem Falle anders liegende Schicksalsfrage haben mich viele Lagerinsassen beteiligt, die meinten, ich besäße die bessere Weltkenntnis. Im Abstand von vier Jahrzehnten suche ich in meiner Erinnerung nach diesen Gesprächen und nach den Vorstellungen, die sich die heimatlos gewordenen Juden damals von ihrer Zukunft gemacht haben.
Am einfachsten lösbar war meistens die Frage der Berufswahl, am häufigsten kontrovers das Problem, wo auf dieser Erde man sich als Jude in Zukunft mit einiger Gewähr für die Sicherheit von Leib und Leben niederlassen könne. Eines stand für alle fest: ein Zurück nach dem Osten, gleich welchem Lande, stand nicht zur Diskussion. Daß sich Polen, Letten, Rumänen und Russen bereitwillig an den Barbareien deutscher Vernichtungskommandos beteiligt hatten, saß so fest im Gedächtnis wie die lange Erfahrung mit dem alt eingewurzelten Antisemitismus der osteuropäischen Völker. Dazu kamen leider zutreffende Gerüchte über neue Judenverfolgungen in Polen. Eine polnische Zeitung wurde im Lager herumgereicht, die während der deutschen Okkupation geschrieben hatte, die Nazis hätten die Judenfrage in einer Weise zugunsten Polens gelöst, wie es die Polen selbst

niemals vermocht hatten. Auch das war nicht vergessen. Dazu kam die abschreckende Wirkung, die vom Vorrücken des ungeliebten Sowjetsystems bis nach Mitteldeutschland ausging.
Über die Länder Westeuropas als Wanderungsziele wurden sorgfältig abwägende Betrachtungen angestellt. Österreich schied als die Heimat Hitlers und eines radikalen Antisemitismus für die Niederlassung überhaupt aus. Über die Haltung Frankreichs zu den Juden während der deutschen Besetzung waren auch böse Geschichten im Umlauf. Man beschuldigte die französische Polizei einer allzu willigen Kooperation mit der Gestapo. Und England? Diesem Land wollten nur wenige ihr Schicksal anvertrauen, weil die Meinung überwog, die vom Krieg erschöpfte Insel würde ihr Weltreich verlieren und einer schweren Zukunft entgegensehen. Deshalb richteten sich die meisten Blicke auf drei überseeische Wanderungsziele: auf die USA, auf Südafrika mit einer größeren jüdischen Gemeinde in Johannesburg und auf Australien. Eine Mehrheit hat sich damals für die Auswanderung nach den USA entschieden, zumal viele dort Verwandte aufgespürt hatten, auf deren Hilfe sie hoffen durften.
Die Alternative war Palästina, das Land des welthistorischen Versuchs der Wiedergründung eines eigenen Judenstaates. Palästina, heute der souveräne Staat Israel, stand damals noch unter der Verwaltung der englischen Mandatsmacht, die mit Rücksicht auf die große eingesessene arabische Bevölkerung einen zu schnellen Zustrom jüdischer Einwanderung abwehrte. Deshalb war die Einwanderung nach Palästina in den vierziger Jahren nicht einfach und das Leben inmitten der oft blutigen Auseinandersetzungen zwischen der ansässigen arabischen Be-

völkerung und den mit Gewalt Land nehmenden, bewaffneten jüdischen Verbänden gefahrvoll und unsicher. Viele hielten daher damals die Auswanderung nach Palästina für ein gewagtes Abenteuer. Diesen Zauderern predigten die Zionisten: seit der Zerstreuung haben wir Juden immer aufs neue die grausame Erfahrung gemacht, daß wir überall in der Welt auf Abneigung und Feindschaft stoßen. Daraus müssen wir endlich die Folgerung ziehen: Kein Jude soll glauben, an dieser Lage der Judenheit würde sich in Zukunft etwas ändern. Deshalb müssen die Juden das Leben in der Diaspora aufgeben und die nationale Selbständigkeit des jüdischen Volkes erringen, sich wie eine Herde Schafe dicht zusammenscharen. Juden müssen selbst als Landwirte, Viehzüchter, Obstzüchter, Maurer usw. arbeiten, selbst Soldaten und damit wehrhaft werden. Die Juden müssen wie andere Völker auf eigenem Boden sich selbst mit der Waffe verteidigen und dürfen nicht länger wehrlos dastehen. Gegen die leidenschaftlichen Appelle der Zionisten erhoben sich Widerspruch und Skepsis. Seit zweitausend Jahren, so war zu hören, sind wir Juden an das Leben unter anderen Völkern gewöhnt. Juden können nicht nur mit Juden zusammenleben, als Individualisten sind sie nicht zur Einigkeit untereinander fähig. Hatten sich nicht Juden gerade erst während der Hitler'schen Verfolgung gegenseitig verraten? Und würde die Gründung eines jüdischen Staates in Palästina mit seiner zahlreichen arabischen Bevölkerung nicht neue Konflikte erzeugen? Solche Überlegungen in der Mitte der vierziger Jahre zeigten Weitblick, ließen aber auch erkennen, wie sehr ein nationalstaatliches Denken im Laufe seiner Geschichte dem jüdischen Volk fremd geworden war.

Schließlich tauchte die heikle Frage auf: Soll man, darf man, kann man vielleicht in Deutschland bleiben? Wenn diese Frage an mich gestellt wurde, habe ich sie, in Anbetracht der Bestialitäten der von Deutschen betriebenen Judenvernichtung, verneint. Hitler war zur Hölle gefahren, aber mit ihm auch alle bösen Geister des Antisemitismus? Als ehrlicher Ratgeber konnte ich einer Niederlassung in Deutschland damals nicht das Wort reden. Daß in schwachen Ansätzen der Gedanke an Deutschland als ein Platz für jüdisches Leben überhaupt ins Gespräch kam, mochte daher kommen, daß die deutsche Kultur für das Judentum Osteuropas einmal ein wichtiger Bezugspunkt im Westen gewesen war. Auch die mittelhochdeutschen Elemente in der jiddischen Sprache zeugen davon. Noch 1863, beim Posener Aufstand, hatten die Juden gegen die Polen zu den Deutschen gehalten, und im Nationalitätenkampf in Böhmen hatten die jüdischen Gemeinden, vor allem von Prag, auf der deutschen Seite, zumindest auf der Seite der deutschen Sprache gestanden. Doch das war Vergangenheit. Wer aber konnte Mitte der vierziger Jahre mit gutem Gewissen dazu raten, sich in Deutschland niederzulassen, einem zerstörten, zerrissenen, verarmten Land mit ungewisser Zukunft? Unvergeßlich bleibt mir, daß mir meine jüdischen Gesprächspartner, wenn ich der deutschen Zukunft eine traurige Prognose stellte, – und wer hätte das als ein gewissenhafter Ratgeber an meiner Stelle damals nicht genauso getan? – zwar ruhig zuhörten, aber stets widersprachen. Nicht um mich zu trösten oder aus Höflichkeit, sondern aus Überzeugung. Sie sagten mir, Deutschland würde bald wieder aufgebaut, ein wohlhabendes Land und wahrscheinlich die wirtschaftlich stärkste

Macht Europas werden. Als ich über solche Reden – damals blanke Utopien – ungläubig den Kopf schüttelte, erhielt ich die Antwort: »Nehmen Sie es, bitteschön, nicht übel, Herr Doktor, aber Sie kennen die Deutschen nicht.«

Vier Jahre habe ich für das Lager Feldafing gearbeitet, schon bald, als ich meinem Beruf wieder nachgehen konnte, nur nebenamtlich. Die Erlebnisse und Erfahrungen, die ich dabei gemacht habe, möchte ich nicht missen.

Weihnachten 1959 bin ich mit meiner Frau auf Einladung der Israel-Mission zu Verhandlungen über Investitionen der Wasserwirtschaft nach Israel geflogen. Wir sind dort drei Wochen geblieben, haben das Land, geführt und betreut von Yaakov Bach, von Galiläa im Norden bis nach Elath am Golf von Aquaba im Süden bereist und einen tiefen Eindruck von den damals schon bedeutenden Leistungen des Aufbaus gewonnen. Wir haben auch viele der damals führenden Persönlichkeiten kennengelernt, sind überall mit betonter Freundlichkeit empfangen worden. Bei der Witwe des ersten Staatspräsidenten Chaim Weizmann sind wir bei einer ausführlichen Teestunde zu Gast gewesen. Während unseres Aufenthaltes waren wir die einzigen deutschen Bundesbürger in Israel und erregten allenthalben neugieriges Interesse.

Meine Verhandlungen wegen der Lieferung deutscher Pumpen und ihrer Finanzierung führte ich mit dem damaligen Chef der Staatlichen Wasserbehörde, Dr. Wiener, und abschließend mit dem Finanzminister Levi Eshkol, einem untersetzten kräftigen Mann Mitte der Sechziger, der schon vor 1914 aus Rußland nach Palästina eingewandert war. Die Gespräche mit Eshkol waren sachlich und humorgewürzt und führten zu einem beide Seiten befriedigenden Ergebnis.

Als wir in einem gähnend leeren Flugzeug – außer uns nur noch ein einziger Passagier – die Rückreise antraten, blieben wir nicht lange allein. Der weitab sitzende dritte Passagier näherte sich mit den Worten: Ich bin Nahum Goldmann. Sie werden es vielleicht wissen: Präsident des Jüdischen Weltkongresses und Sie sind das Ehepaar Dohrn, das sich in den letzten Wochen in Israel gründlich umgesehen hat. Bitte unterhalten wir uns doch über Ihre Eindrücke. Der Flug verlief in anregendem Gespräch mit diesem bedeutenden Reisegefährten.

Ein dreiviertel Jahr später nahm ich in Washington an der Jahrestagung der Weltbank teil. Für die Tischordnung bei einem von einer New Yorker Großbank gegebenen Bankett hatten die Gastgeber das Alphabet gewählt. Als ich mir meinen Platz am Tisch mit den Buchstaben D und E suchte, bot mir ein am gleichen Tisch sitzender französischer Gast an, meinen Platz mit dem seinen zu tauschen: Er hätte die Tischordnung inspiziert und festgestellt, daß ich neben dem israelischen Finanzminister Eshkol zu sitzen käme. Das sei vielleicht peinlich für mich, daher sein einfühlsames Angebot. Ich bedankte mich gebührend, schlug aber vor, noch abzuwarten bis Herr Eshkol gekommen sei. Minuten später erschien Eshkol, der mich, meiner ansichtig, mit ausgebreiteten Armen auf das freundlichste begrüßte. Dann nahmen wir friedlich nebeneinander Platz und waren bald im Gespräch über die israelische Wasserbehörde. Für die Tafelrunde des Tisches Buchstabe D und E war das – 1959! – eine kleine Sensation.

# SIEBTES KAPITEL

*Die Hypo – Max Geiger – Wolfgang Lippisch – Karl Gartner*

Die Bayerische Hypotheken- und Wechsel-Bank, in Fachwelt und Volksmund die »Hypo«, weist sich durch ihre Firma als eine gemischte Bank aus, in der das Hypotheken- und das Bankgeschäft unter einem Dach betrieben werden. Sie war 1835 mit einem Kapital von 10 Millionen Gulden gegründet worden, das übrigens zu rund 60 Prozent durch Zeichnung jüdischer Bankiers, darunter der Frankfurter Rothschilds mit 1,5 Millionen Gulden, aufgebracht worden war. Der König von Bayern hatte nur einen vergleichsweise geringfügigen Betrag gezeichnet.

In den über hundert Jahren ihres Bestehens hat sich die Hypo zu einem Herzstück der bayerischen Wirtschaft entwickelt, bei ihr tätig zu sein, war der Stolz von Generationen, bei ihr eine leitende Stellung zu bekleiden, eine Auszeichnung. So war es auch für mich, den »Zugereisten« etwas Besonderes, in diese angesehene Bank einzutreten. Daß meine Tätigkeit für die Hypo nur eine kurze Episode in meinem Berufsleben sein würde, ahnte ich nicht.

Hatte in der langen Geschichte der Hypo das Geschäft ihrer Hypothekenabteilung, ausgedehnt auf ganz Deutschland einmal im Vordergrund gestanden, so war nach

1948 eine Verschiebung zugunsten der Bankgeschäfte eingetreten, eine Entwicklung, die von einer systematischen Verdichtung des Filialnetzes begleitet war.

In der Hypo traf ich Albert Glaser wieder, der mich fünf Jahre zuvor noch als Ausländer eingestuft hatte, jetzt aber freundlich als jungen Kollegen akzeptierte. Glaser hatte sich in Immenstadt im Allgäu durch allzu weitherzige Kreditgewährung an eine neugegründete Motorradfabrik einen Problemfall herangezogen. Mit der captatio benevolentiae, ich verstünde gewiß mehr von Industrie als er, bat er mich, in Immenstadt nach dem Rechten zu sehen. Als ich mich dort umgesehen hatte, konnte ich Glaser nur sagen: ein Konkurs ist unvermeidbar, je eher je besser. Das war ein Schock für den alten Herrn. Er bat mich, die Abwicklung dieses Trauerfalls zu übernehmen, auch für mich eine neue Erfahrung.
Doch sonst war Glaser derselbe leidenschaftliche Bayer geblieben, als welchen ich ihn kennengelernt hatte. So wehrte er sich zum Beispiel noch Anfang 1952 starrsinnig gegen eine Teilnahme an der Gründung der Ausfuhrkredit AG, die nach seiner Meinung ohne Wert für Bayern und seine Banken, höchstens gut dafür sei, »der Deutschen Bank und anderen die Hasen in die Küche zu treiben« – wie sein unvergeßlicher Ausspruch lautete. Als über die Teilnahme an dieser für die deutsche Exportwirtschaft höchst wichtigen Gründung im Vorstand diskutiert wurde, habe ich nur durch einen dringenden Appell an den Anspruch der Hypo, Bayerns große Bank zu sein, eine positive Entscheidung durchsetzen können. Wenn Sie schon so eigensinnig auf dieser Beteiligung bestehen, mußte ich hören, dann müssen Sie uns auch dort

im Kreditausschuß und im Aufsichtsrat vertreten. Nichts lieber als das, war meine Antwort. War es verwunderlich, daß ich fürchtete, mich in solcher Atmosphäre auf die Dauer nicht wohl zu fühlen?
Schon einmal hatte die Hypo diese enge Einstellung teuer bezahlt: Die erste Kreditrestriktion nach der Währungsreform – zur Zeit der Koreakrise – hatte sie hauptsächlich auf das Haus Siemens – ein Berliner, kein bayerisches Unternehmen! – angewendet, um auf diese Weise die bayerische Kundschaft zu schonen. Die Bayerische Vereinsbank ist sofort in diese Lücke eingesprungen und hat sich damit einen Platz unter den Banken des Hauses Siemens erobert. Dieser Fehler war nicht mehr zu reparieren. Andererseits entfaltete die Hypo eine lebhafte Aktivität bei der Finanzierung vieler nach Bayern gekommener mittelständischer Flüchtlingsbetriebe und hat dadurch einen großen Beitrag zur verstärkten Industrialisierung Bayerns nach dem Krieg geleistet.

Es ist vor allem Max Geiger gewesen, dessen motorischem Elan die Hypo nach der Währungsreform von 1948 den Aufbruch in die Expansion ihres Bankgeschäftes zu verdanken hat. Dieser energiegeladene Mann aus dem bayerischen Schwaben hatte das Bankgeschäft von der Pike auf erlernt und sich durch Fleiß, Begabung, Verstandeskraft mit einer sympathischen Prise an Schläue bis an die Spitze emporgearbeitet. Instinktsicher und entscheidungsfreudig, mit schnellem Durchblick durch verwickelte Verhältnisse, nicht leicht zu täuschen, wußte er sich meistens mit seiner Meinung durchzusetzen: Gleichzeitig war er kooperativ und versagte guten Leistungen anderer nicht seine Anerkennung. Mit seinem zuverlässigen Gespür für die richtige Lösung steckte er Akademiker in die Tasche. Ich habe mit Max Geiger, einem Naturtalent seines Berufes von großem Format, auf das beste zusammengearbeitet. Ich erhielt als Zuständigkeitsbereich das Kreditgeschäft in Bayern-West und der Rheinpfalz, ein arbeitsreiches aber interessantes Pensum mit Augsburg, Würzburg, Schweinfurt, Aschaffenburg und Ludwigshafen als den wichtigsten Plätzen.

Eine andere Persönlichkeit origineller Prägung in der Hypo war Wolfgang Lippisch, der ein Doppelleben führte: tags Syndikus und Bankvorstand der Hypo, abends war er – und zwar an jedem Abend des Jahres mit der einzigen Ausnahme des Weihnachtsabends – in einem Konzertsaal, in der Oper oder dem Theater zu finden. Lippisch vertrat die Idee, daß es nach dem Aussterben zuerst des aristokratischen dann des bürgerlichen Mäzenatentums ein nobile officium der großen Unternehmen der Wirtschaft sei, die Pflege der Künste nicht allein dem Staat zu überlassen, sondern selbst als Mäzene aktiv zu werden. Es ist Lippisch gelungen, von Max Geiger mit Tatkraft unterstützt, den Vorstand der Hypo von dieser Idee zu überzeugen und in den 60er und 70er Jahren zu ihrer Verwirklichung in großartiger Form zu bewegen. Für den Ankauf von Meisterwerken so berühmter Maler wie Boucher, David, Fragonard, Goya, Guardi und anderen hat die Hypo damals um die 40 Millionen DM aufgewendet und die von ihr erworbenen Kunstwerke der Pinakothek in München als Dauerleihgabe zur Verfügung gestellt. Welch' eine Leistung, solche mäzenatischen Ausgaben vor einer dividendenhungrigen Hauptversammlung zu rechtfertigen!

Meiner Tätigkeit in der Hypo verdanke ich auch das Zusammentreffen mit Karl Gartner, aus dem sich eine lebenslange Freundschaft entwickelt hat. Der mittelgroße Mann meines Alters betrat mein Zimmer, stellte sich vor: Gartner Karl aus Gundelfingen und sah mich aus blauen Augen offen an, kampflustige Vitalität ausstrahlend. Ich spürte sofort, daß ich einen besonderen Besucher vor mir hatte.
Worum geht es? Ich fasse mich kurz: Mit meinen zwei Brüdern führe ich einen kleinen Betrieb, hervorgegangen aus der Schlosserei unseres Vaters, mit hundert Beschäftigten. Wir fertigen Eisen- und Metallkonstruktionen, leichte Hallen, Tore und Ähnliches. Jetzt möchten wir erweitern, brauchen einen Bagger und dafür 50000 DM. Können Sie mir diesen Kredit geben? Wollen Sie nicht Ihren Mantel ablegen und sich setzen? Fröhlich erklärte mir der Besucher, er hätte den Mantel erst vor einer halben Stunde beim Lodenfrey gekauft, um bei mir kreditwürdiger auszusehen. Da lachten wir beide. Haben Sie Unterlagen mitgebracht, Bilanzen oder ähnliches? Nein, ich habe nichts mitgebracht, ich bin ja selbst gekommen. Darf ich einige Fragen stellen? Ich erhielt präzise Antworten und hatte rasch ein Bild der Verhältnisse. Der Mann gefiel mir ausnehmend gut. Er war vertrauenswürdig und tatkräftig und besaß Humor. Nach kurzer Unterhaltung ließ ich die Sekretärin kommen, diktierte ihr das Nötige. Herr Gartner, sagte ich, Sie können wieder nach Gundelfingen fahren und über den Kredit von 50000 DM ab sofort verfügen. Wann kann ich Sie in Gundelfingen besuchen und Ihren Betrieb kennenlernen? Nach meinem ersten Besuch bin ich viele Male in Gundelfingen gewesen und habe die erstaunliche Entwick-

lung der Firma Gartner aus einem kleinen Betrieb nur lokaler Bedeutung zu einem international tätigen Unternehmen in den folgenden zweieinhalb Jahrzehnten aus der Nähe miterlebt. Während einiger Jahre habe ich dort auch den Vorsitz in einem Beirat geführt, in dem es oft stürmisch zuging. Die temperamentvollen Brüder Gartner hatten, so eng sie zusammenarbeiteten, viele und heftige Meinungsverschiedenheiten, und Karl Gartner war ein streitlustiger Besserwisser, der allerdings auch meist recht hatte. Er war der oft ungeduldige Hauptmotor des wachsenden Unternehmens. Ohne eine Hochschule besucht zu haben, erwies er sich – der klassische self-made-man – als ein ungewöhnlich erfindungsreicher Ingenieur. Besessen von seiner Vorstellung der integrierten Fassade, Bleistift und Papier für neue Konstruktionskonzepte jederzeit zur Hand, entwickelte er seine Idee, unbeirrt von der Skepsis der Fachwelt, oft bis in die Nachtstunden darüber brütend, zur patentreifen Vollendung. Er gehört zu den hervorragenden Unternehmern der Nachkriegszeit, seiner Leistung bewußt und dennoch bescheiden.
Unter den vielen Großbauten unserer Zeit, die Gartner mitgebaut hat, nenne ich als Beispiele nur die Hochhausfassaden der Deutschen Bank in Frankfurt am Main, von Lloyds in London, der Hong-Kong und Shanghai Banking Corporation in Hong-Kong. Heute hat Gartner in Gundelfingen 1800 Beschäftigte, der Jahresumsatz des Unternehmens beläuft sich auf mehrere hundert Millionen.

# Achtes Kapitel

*Tucher – »Die öffentliche Hand im Kreditgeschäft« – In den Vorstand der Kreditanstalt für Wiederaufbau: KfW – Der Wiederaufbau ein Wunder? – Otto Neubaur – Herbert Martini – Hermann Josef Abs – Londoner Schuldenkonferenz – Der Nachruhm – Arbeit in der KfW – Exportfinanzierung – KfW-Sondergeschäfte*

Als ich Anfang 1950 bei der Bayerischen Hypotheken- und Wechselbank eintrat, standen sich die beiden bayerischen Regionalbanken, deren Hauptverwaltungen Wand an Wand im Herzen von München nahe den Frauentürmen lagen, in einem von vielen geschäftlichen und persönlichen Spannungen überschatteten Wettbewerb in erbitterter Feindschaft gegenüber. Von draußen dazugekommen, fühlte ich mich durch diese ererbten Zwistigkeiten nicht belastet und setzte eine bestehende freundschaftliche Beziehung mit Hans Christoph von Tucher, der Nummer Eins der Bayerischen Vereinsbank, unbekümmert fort. In der Hypo wurde das zunächst nicht gern gesehen, bis sich herausstellte, daß Tucher sich mit mir über vieles, am wenigsten aber über Bankgeschäfte unterhielt.

So berieten wir uns zum Beispiel über die Wiederaufstellung von Hildebrands Hubertus-Brunnen, der während des Dritten Reiches von seinem Platz in der Prinzregentenstraße entfernt worden war. Dafür gründeten wir einen Verein, sammelten als Mitglieder die Honoratioren Münchens, Tucher übernahm den Vorsitz, ich verfaßte einen flammenden Spendenaufruf. Wir hatten Erfolg. Heute steht der Brunnen am Ostende des Nymphenburger Kanals.

Im Umgang mit Tucher fehlte es nie an Gesprächsstoff, wozu vor allem Angelegenheiten des Germanischen Nationalmuseums in Nürnberg gehörten, wo er den Vorsitz im Verwaltungsrat führte. Nach seinem frühen Tod sollte ich dort später seine Nachfolge antreten, aber das ahnten wir beide damals nicht. Zu den Fragen, die ihn besonders beschäftigten, gehörte das Vordringen der öffentlichen Hand im deutschen Kreditwesen. Gemessen an den Bilanzsummen hatte sich nach dem Kriege das Gewicht deutlich zugunsten der öffentlichen Institute verschoben. Das alarmierte Tucher. Er führte den Vorsitz im Ausschuß Regionalbanken des Bundesverbandes deutscher Banken und bewog mich, dort über dieses Thema zu sprechen. So hielt ich im Oktober 1953 vor diesem Ausschuß ein Referat über »Die öffentliche Hand im Kreditgeschäft«. Ich kritisierte, daß die öffentliche Hand, in Notzeiten zu Hilfe gerufen, sich nicht wie die Feuerwehr nach geleisteter Hilfe zurückgezogen hätte, sondern mit großem Apparat an der Brandstelle geblieben sei. In einem Nebensatz hatte ich die davon abweichende Praxis der Kreditanstalt für Wiederaufbau (KfW) erwähnt, die ihre Aufgabe unter Verzicht auf eine eigene Bürokratie durch Einschaltung aller Gruppen des vorhandenen Kreditapparates erfülle.
Das war längst vergessen, als ich im Januar 1954 von Ot-

to Neubaur, Senior im Vorstand der Kreditanstalt für Wiederaufbau, einen Brief erhielt, in dem er sich – mein Referat war auf seinen Tisch gekommen – für meine Bemerkungen über die Geschäftspolitik der Kreditanstalt bedankte und dazu schrieb:

»Meine Kollegen und ich haben nie einen Zweifel darüber gelassen, daß wir uns als Feuerwehr betrachten, die nach getaner Arbeit abzurücken hat, und wir haben uns bei der Übernahme des Amtes sehr schnell dahin verständigt, daß wir keinesfalls in den Fehler ad hoc gegründeter Institute verfallen wollen, weil nun einmal die Gründung erfolgt war, damit einer Verewigung der Bank das Wort zu reden. Allen, die die freie Marktwirtschaft bejahen, wird Ihre Auffassung, daß die Planwirtschaft auch auf diesem Gebiet baldmöglichst abgebaut werden sollte, als durchaus folgerichtig und zweckmäßig erscheinen.«

Später habe ich erfahren, daß mein Feuerwehr-Vergleich – der sich als Fehleinschätzung erweisen sollte – schon in den Gründungsverhandlungen der KfW eine Rolle gespielt hat, als man angesichts des als temporär angenommenen Charakters ihrer Aufgabe den Keim der Selbstauflösung in ihre Statuten einpflanzen wollte. Das ist unterblieben, und die KfW ist, den Notwendigkeiten einer nicht vorhersehbaren Entwicklung folgend, als unentbehrliches Glied des deutschen Kreditsystems das mächtigste Finanzinstrument des Bundes geworden, berufen, große Aufgaben volkswirtschaftlichen und politischen Formats zu übernehmen, wie sie sich jetzt bei der ökonomischen Reorganisation der DDR stellen.

Bald darauf fragte mich Neubaurs Kollege Dr. Herbert Martini, wann ich einmal nach Frankfurt käme, da er mich kennenlernen wolle. Zwei Wochen später hatte ich in Frankfurt zu tun und suchte Martini auf. Nach kurzer Begrüßung ging Martini sofort medias in res: Ich habe den Auftrag, Sie zu fragen, ob Sie bereit sind, in den Vorstand der Kreditanstalt für Wiederaufbau einzutreten. Eines solchen Überfalles nicht gewärtig, faßte ich mich nur zu einem Wort des Dankes für die ehrenvolle Frage aber auch zu dem Hinweis, ich stünde bei der Hypo noch für mehrere Jahre unter Vertrag, sei also für eine Tätigkeit an anderer Stelle nicht frei. Martini meinte, über meine Vertragsbeendigung würde die Hypo mit sich reden lassen, es käme auf meine Entscheidung an, und diese möge ich doch möglichst bald treffen, denn Neubaur hätte die Absicht, in den Ruhestand zu treten. Ich hatte die bis 1947 zurückreichenden Vorbereitungen für die Gründung der KfW, dann den Beginn ihrer Tätigkeit aus der Ferne immer mit dem resignierten Bedauern verfolgt, an der Mammutaufgabe des Wiederaufbaus nicht an zentraler Stelle teilnehmen zu können. Plötzlich war das Angebot dazu vom Himmel gefallen.

Es war leicht zu begreifen, daß die Arbeit im Vorstand der KfW eine Aufgabe einmaliger Art und von größerem Format als die Tätigkeit bei einer Regionalbank sein würde. Die KfW, die über die Kapitalhilfen des Marshall-Planes verfügte, war das Zentrum der Finanzierung des in Gang befindlichen Wiederaufbaus. Ihre Tätigkeit war an volkswirtschaftlichen Zielsetzungen orientiert, nicht auf Erwirtschaftung von Gewinn gerichtet. Ich war schnell entschlossen, den Übertritt zu einem Institut mit einer so überragenden Aufgabe zu vollziehen.

In der Münchner Hypo wirkte meine Absicht, nach Frankfurt zur KfW zu gehen, als Schock. Dort konnte sich niemand vorstellen, es würde einer, der es zum Vorstandsmitglied in diesem Hause gebracht hatte, diesen Platz – und München – jemals freiwillig verlassen – noch dazu mit vermindertem Einkommen. Zudem erwiese ich mich als undankbar für die rasche Beförderung in den Vorstand des ehrwürdigen Instituts. Dennoch hat mich die Hypo großzügig für die KfW freigegeben. Im August 1954 konnte ich dort meine Arbeit beginnen.

Der Milieuwechsel konnte nicht krasser sein. War die Zentrale der Hypo in der Theatinerstraße als quasi nationale Institution Bayerns mit ihrem lebhaften Publikumsverkehr einem summenden Bienenkorb vergleichbar, so war das Domicil der KfW im damals noch schwer zerstörten Frankfurter Westend in der Kronstetten'schen Stiftung ein stiller Ort. Dieses Haus hatte eine vielfältige Vergangenheit: zuerst war es ein Damenstift, nach 1933 Hauptquartier der Gestapo und nach 1945 Sitz des Oberbürgermeisters von Frankfurt. Von Publikumsverkehr konnte keine Rede sein. Nur wenige Besucher, meistens Manager großer Unternehmen, gingen aus und ein, tiefe Stille herrschte auf den langen Korridoren dieses Hauses, in dem es keine Kassenhalle gab.
Waren die Chefetagen der Hypo mit eleganten Möbeln, Ledersesseln und Perserteppichen ausgestattet, so erreichte die Ausstattung der KfW gerade den Standard eines Finanzamtsvorstehers. Ihr Haus hatte auch nicht die Patina einer alten Geschichte, aber unter seinem Dach war man daran, ein neues Kapitel der deutschen Wirtschaftsgeschichte zu schreiben.

Die Hauptleistungen des wirtschaftlichen Wiederaufbaus in Westdeutschland sind in dem Jahrzehnt zwischen der Währungsrefom von 1948 und dem Ende der fünfziger Jahre vollbracht worden. Man hat sie wegen ihres Tempos und ihrer Dynamik das deutsche Wirtschaftswunder genannt, auch deshalb, weil sie mit einer anderen großen Leistung, der Eingliederung von Millionen Vertriebener aus den Ostgebieten in ein zerstörtes Land verbunden waren. Der Wiederaufbau ist manchmal als ausschließlich ökonomisch orientierte Leistung kritisiert worden. Zu Unrecht. Notwendigerweise mußte die Sicherung der nackten Existenz einer millionenfach obdachlos gewordenen und verarmten Bevölkerung, also der wirtschaftliche Wiederaufbau, Vorrang haben. Erst als dafür das Nötigste getan war, konnte man an die Erneuerung des geistigen und künstlerischen Lebens gehen, des Gebiets der vielfach irreparablen Zerstörungen. Daß nach der physischen und psychischen Überforderung aller Kräfte durch den langen Krieg die Arbeit des Wiederaufbaues nach dem ersten Schock und einer nur kurzen Phase der Apathie entschlossen aufgenommen worden ist, darf noch als ein Wunder gelten. Aber sonst ist der Wiederaufbau der deutschen Wirtschaft in seinem Verlauf kein Wunder, sondern das Ergebnis eines mit Bedacht von qualifizierten Fachleuten der Wirtschaft und Verwaltung organisierten Ineinandergreifens der intakt gebliebenen Hauptkräfte eines alten Industrielandes gewesen: einer an disziplinierte Arbeit gewohnten Bevölkerung, der vorhandenen Armee bewährter, erfahrener Manager, Ingenieure und Facharbeiter, diese verstärkt durch die Vertriebenen aus den Ostgebieten. Außerdem stand die zwar schwerbeschädigte aber reparaturfähige

Infrastruktur des Industriestandorts Deutschland zur Verfügung: Wasser- und Stromversorgung, Eisenbahn- und Straßennetze sowie die Kanalisationsanlagen der zerstörten Städte. Weil trotz der Verwüstungen des Krieges noch ein großes Potential an personellem Know-how vorhanden war, sind die Hilfen des Marshall-Plans von den Deutschen optimal genutzt worden. Dem Marshall-Plan ähnliche Aktionen für andere Länder ohne solche Voraussetzungen werden sich immer schwer mit ähnlichem Erfolg wiederholen lassen. Es darf daran erinnert werden, daß die Bundesrepublik als einziges Land unter den Empfängern der Hilfen des Marshall-Planes diese vom amerikanischen Steuerzahler aufgebrachten Mittel voll aus dem Bundeshaushalt zurückgezahlt hat.

Für das schnelle Gelingen des wirtschaftlichen Wiederaufbaus, auch für die Arbeit der KfW, war es – zwar wenig in das Bewußtsein der Öffentlichkeit getreten –, doch von entscheidender Bedeutung, daß der Apparat der Banken trotz der Zerschlagung der Großbanken durch die Besatzungsmächte rasch wieder funktioniert hat. Baukräne, Betonmischmaschinen, Drehbänke, Turbinen sind jedermann sichtbar, dagegen bleiben die Vorgänge bei den Banken, welche die Beschaffung, Aufstellung und Inbetriebsetzung dieser Geräte ermöglichen, unsichtbar.
Die deutschen Banken haben nicht nur die Darlehen aus Mitteln der KfW an die Investoren weitergeleitet, sondern haben sich, solange sie nur über langsam wachsende Einlagen verfügten, bei der Zentralbank jahrelang hoch verschuldet, – ein Akt der Geldschöpfung im Vorgriff auf die dadurch ermöglichte Güterproduktion – um investive Vorhaben ihrer Kunden zu finanzieren. Mit Mut

zum Risiko und unter bewußter Verletzung der Goldenen Bankregel – kurzfristige Kredite nur für kurzfristige Zwecke – haben sie in großem Umfang langfristige Investitionen mit kurzfristigen Krediten finanziert. Es gab Theoretiker, so den Erlanger Nationalökonomen Professor Stucken, der freilich selbst niemals für die Liquidität einer Bank verantwortlich gewesen ist, welche diese Fristentransformation als die eigentliche Aufgabe der Banken betrachtet haben. Dank dem langen Atem der Wiederaufbaukonjunktur ist der allmählich gefährlich angewachsene Umfang kurzfristiger Kreditengagements aus der ersten Phase des Wiederaufbaus rechtzeitig konsolidiert worden.

Manfred Pohl hat in seinem Buch »Wiederaufbau« die Vorgänge vor der Gründung der Kreditanstalt zwischen Anfang 1947 bis November 1948, Aufhebung der Zwangswirtschaft, Währungsreform, Einführung der DM und den Beginn der Kapitalhilfen durch den Marshallplan, geschildert. Für die optimale Verwendung der amerikanischen Kapitalhilfen und die begrenzte Dauer des Wiederaufbaus der wichtigsten Teile der deutschen Wirtschaft, vor allem der Grundstoffindustrien und der Energiewirtschaft, wurde die KfW – Empfänger und Verwender der amerikanischen Kapitalhilfen (Marshallplan) – als zentrale Leitstelle geschaffen, die einen großen Teil dieser Aufgabe durch Benutzung der vorhandenen Organisation der Banken gelöst hat.

In den vorbereitenden Verhandlungen über die Strategie des Wiederaufbaus hat von allem Anfang an Hermann Josef Abs, seit 1936 Mitglied des Vorstandes der Deutschen Bank, eine herausragende Rolle gespielt. Das Gesetz über die KfW, Anstalt des öffentlichen Rechts, an dem Abs wesentlich mitgewirkt hat, schloß jede Konkurrenz dieses Instituts mit den bestehenden Banken aus. In ihrer Namensgebung kommt das Wort Bank nicht vor. Noch Jahre später, als ich in einer Sitzung von der KfW mehrmals als Bank sprach, bin ich von Abs unterbrochen worden: »Sie sprechen hier immer von einer Bank. Wir sind aber hier in keiner Bank, sondern, wie soll ich es ausdrücken, in einer öffentlichen Kreditbedürfnisanstalt«.

Die KfW hat die Finanzierung im Grundstoffbereich, also dem Kohlebergbau, der Elektrizitätswirtschaft und der Stahlindustrie, an den Anfang ihrer Arbeit gestellt. Sie hat ihre Kredite dort – in der Regel hohe Einzelbeträge – direkt an die Unternehmen vergeben. Erst nach der Befriedigung des dringenden Investitionsbedarfs der Grundstoffindustrien, auch der Eisenbahn, hat sie ihre Tätigkeit auf die verarbeitende Industrie und die übrigen Wirtschaftszweige ausgedehnt. Hier hat sie ihre Kredite nicht direkt an die Unternehmen, sondern über den Apparat der Hausbanken unter deren Haftung geleitet. Sie arbeitete also nach einem Plan, aber nicht planwirtschaftlich, sondern mit dem Ziel, die von ihr mit Mitteln für den Wiederaufbau ausgestatteten Betriebe finanziell und technisch gesund in den Wettbewerb der Marktwirtschaft zu entlassen.

Der organisatorische Kunstgriff, das voraussehbar gewaltige Volumen an Kleinarbeit – von der Bilanzprüfung bis zu den Grundbuchangelegenheiten – bei den tausendfachen Operationen der Wiederaufbaufinanzierung dem bestehenden Bankenapparat aufzuladen, hat den erwünschten doppelten Effekt gehabt, der KfW den Aufbau einer großen eigenen Organisation zu ersparen und die Beziehungen der Hausbanken zu ihrer Kundschaft nicht zu stören, sondern zu nutzen. Die Banken haben deshalb auch nicht gemurrt, als sie bei der Weiterleitung der Kredite aus Mitteln der KfW die Haftung für das Kreditrisiko übernehmen mußten – gegen Provision. Diese Konstruktion hat der KfW damals gestattet, ihren eigenen Personalapparat auf die Dimension eines um einen Vorstand gruppierten großen Sekretariates qualifizierter Mitarbeiter zu beschränken, durchweg erfahrene Männer des Metiers. Anfänger konnte die KfW nicht brauchen. Ein Nebeneffekt der Zusammenarbeit der KfW mit allen Gruppen des Kreditgewerbes waren die ihr dadurch gegebenen interessanten Vergleichsmöglichkeiten von Geschäftsstil und Arbeitsqualität der einzelnen Bankinstitute, die in dieser Vollständigkeit wohl einmalig waren.

Otto Neubaur, der Senior im Vorstand, ehemaliger Berufsoffizier, den ich abgelöst habe, war nach dem ersten Krieg bei der Reichskreditgesellschaft zum Vorstandsmitglied aufgestiegen. Man verstand seinen Zug ins Asketische, wenn er von seinen Knabenjahren in der Kadettenanstalt erzählte, wo in seinem Spind ein Wintermantel mit blankgeputzten Knöpfen hing, den er aber – Erziehung zur Härte gehörten zu den Prinzipien der Kadettenanstalt – auch bei hartem Frost nicht tragen durfte. Im dienstlichen Umgang war er kurz angebunden und streng, gefürchtet wegen seines raschen Spürsinns für Nachlässigkeiten und Fehler. Manchmal hatte er erstaunliche Visionen zukünftiger Entwicklungen. Eines Tages fand er mich in den Aktenberg des Wiederaufbauprojekts von Blohm & Voss, Hamburg, vertieft. Wissen Sie, sagte er mir, Blohm & Voss gebe ich ja noch eine Chance, aber sonst sollten Sie Ihre Zeit nicht an Projekte von Werften verschwenden. Der Schiffbau hat in Europa keine Zukunft. Das gilt auch für England. Er wird nach Japan, überhaupt nach Ostasien abwandern. So Neubaur 1954.

Dr. Herbert Martini, mein anderer Kollege, trug die Verantwortung für die Passivseite der Bilanz, für die Bereitstellung der aus den verschiedenen Quellen der amerikanischen Kapitalhilfe fließenden Finanzierungsmittel, später für die großen Anleiheoperationen der KfW am Kapitalmarkt. Martini hatte vor dem Kriege als Ministerialrat im Preußischen Ministerium für Handel und Gewerbe gearbeitet. Seine Erfahrungen im Umgang mit der hohen Ministerialbürokratie und seine Personalkenntnisse in diesem Bereich waren von unschätzbarem Wert. Seit 1947 hatte er an den Vorbereitungen zur Gründung der KfW teilgenommen und war einer ihrer Gründungsväter.

Der Verwaltungsrat der KfW hatte eine starke Stellung, er bestimmte die großen Linien ihrer Geschäftspolitik. In der Hauptphase des Wiederaufbaus war die gesamte Wirtschafts- und Finanzpolitik der Bundesrepublik Gegenstand seiner Debatten. In der KfW kursierte die Geschichte einer Auseinandersetzung zwischen Abs und Butschkau, dem Chef der Rheinischen Girozentrale, über die Chancen einer Anleihe der KfW. Abs hatte schon im Herbst 1949, also sehr früh, darauf gedrängt, die KfW möge zur Verstärkung ihrer Mittel an den Kapitalmarkt gehen. Butschkau widersprach unter Hinweis

darauf, daß der Kapitalmarkt noch tot und daher kein befriedigendes Zeichnungsergebnis zu erwarten sei. Das Hin und Her der Argumente hatte Abs mit dem Diktum abgeschlossen: Herr Butschkau, wenn jemand keine Kinder hat, dann ist das noch kein Zeichen von Impotenz.
Zu den Mitgliedern des Verwaltungsrates gehörten außer Vertretern aller Zweige der Wirtschaft fünf Bundesminister, unter ihnen Professor Ludwig Erhard und Bundesfinanzminister Fritz Schäffer. Aber die zentrale Figur dieses Gremiums war Hermann Josef Abs, der in den ersten vier Jahren nach Gründung der KfW auch den Vorsitz in ihrem Vorstand geführt und durch eine herkulische Arbeitsleistung unter den schwierigen äußeren Umständen dieser Hungerjahre den Arbeitsstil der KfW so geprägt hat, daß sie, in ihrer Konzeption ohnehin von ihm mitgestaltet, ganz und gar als sein Geschöpf betrachtet werden muß.
Nach seiner Rückkehr in den Vorstand der Deutschen Bank hat Abs als Vorsitzender des Kreditausschusses, später in der Nachfolge von Otto Schniewind im Vorsitz des Verwaltungsrates, den Weg der KfW maßgeblich bestimmt. Wer ihrem Vorstand angehörte, befand sich in seinem engeren Wirkungs- und Einflußbereich. Mein Versuch, Abs einen Antrittsbesuch zu machen, ist mir von Mai bis Sepember 1954 wegen seiner Terminüberlastung nicht gelungen. Als mir daher in der ersten Sitzung des Verwaltungsrates, an der ich als neues Mitglied des Vorstandes teilnahm, mein Platz zwischen Abs und Geheimrat Vocke, dem Präsidenten der Bank deutscher Länder, seit 1957 der Deutschen Bundesbank, angewiesen wurde, war ich voller Spannung auf die Begegnung mit dem vielgenannten Mann.

Vocke, der als unnahbar galt und in der Bundesbank den Spitznamen »kalte Mamsell« führte, erwies sich als liebenswürdiger, um den Neuling an seiner Seite väterlich besorgter Nachbar. Er hat mir die um den große Tisch versammelten Größen teils humorvoll, teils sarkastisch beschrieben, blätterte neugierig in meinen Sitzungspapieren und fragte, was der Vorstand zu diesem oder jenem Punkt der Tagesordnung sagen würde.
Für Hermann Josef Abs, meinen Nachbarn zur Linken, war ich dagegen in dieser ersten Sitzung Luft. Das änderte sich, als er einige Wochen später in einer Sitzung des Kreditausschusses gebeten wurde, außerhalb der Tagesordnung etwas über die Lage der Bundesbahn zu berichten. Als Vorsitzender des Finanzausschusses ihres Verwaltungsrates war er mit diesem Thema intim vertraut. Sein ex tempore mit einer Armee von Zahlen bis auf die erste Dezimalstelle druckreif vorgetragener Bericht über die Eisenbahnfinanzen versetzte mich in staunende Bewunderung.
Während sich die Sitzung auflöste, schob ich ihm einen Zettel zu, auf den ich eilig geschrieben hatte: Der Geist hilft unserer Schwachheit auf – Motette von Johann Sebastian Bach. Abs warf durch seine halbe Brille einen Blick zu mir und fragte: Sind sie musikalisch? Als ich das bejahte, sagte er: Ich veranstalte in den nächsten Tagen in meinem Kronberger Haus ein Konzert, zu dem ich auch den Finanzminister Schäffer eingeladen habe, kein leichter Mann übrigens, aber ein hervorragender Finanzminister. Ich würde mich freuen, wenn Sie mit Ihrer Frau zu diesem Konzert bei uns sein würden. Karl Richter spielte die Goldberg-Variationen.
An diesem Abend begann mein persönlicher Kontakt mit

Abs. Im Laufe der Jahre habe ich viele schöne Konzerte in seinem Haus erlebt. Einmal gefiel ihm der Pianist besonders gut. Darüber entspann sich ein Gespräch: Spielt er nicht hervorragend? Ja, ganz hervorragend. Früher haben Sie doch auch Klavier gespielt? Ja, aber wo heute die Zeit dafür hernehmen? Ach, das kommt. Nein, das kommt bestimmt nicht, denn ich werde so lange arbeiten, bis eines Tages plötzlich Schluß ist. Ja, dieser Wunsch ist begreiflich, aber darüber bestimmen nicht Sie, sondern eine höhere Instanz. Wohl wahr, aber nicht bei jedermann.

Es ist viel über Hermann Josef Abs, den gebürtigen Rheinländer, als überragenden Bankier und über das weite Spektrum seiner geistigen und musischen Interessen geschrieben worden. Ein vollkommenes Porträt dieses durch sein Wirken im Herzland Europas nach der Katastrophe von 1945 hervorgetretenen Weltmannes, über das Außergewöhnliche seiner Person, auffallend in ihrer äußeren Erscheinung, national schwer einzuordnen, mit einer Neigung zu englischem Habitus, gibt es noch nicht. Ich versuche, nur einige Striche zu seinem Bilde beizutragen.

In den Jahren meiner Tätigkeit bei der KfW habe ich Abs oft im Gespräch unter vier Augen an seinem Schreibtisch in der Bank gegenüber gesessen und mit ihm außer über Angelegenheiten der KfW auch über andere Themen gesprochen – immer in dem Bewußtsein, einen Mann vor mir zu haben, der die Zeitgeschichte mitgestaltet.

Als Adenauer, von seinem Zusammentreffen mit Ben Gurion im New Yorker Waldorf Astoria-Hotel zurückgekehrt, auf der Rheinfähre in Königswinter Abs begegnete, hatte sich folgender Dialog entwickelt: Na, was sagen Sie zu meinem Abkommen mit dem Ben Gurion? – Offen gestanden, ich war verblüfft, daß Sie ihm mehrere Milliarden Mark über den Tisch versprochen haben und dachte mir, wie richtig doch meine kürzlich in einem Vortrag erhobene Forderung sei, amtierenden Ministern keine Reisen ins Ausland zu erlauben. – Wieso das? – Ja, einmal außer Landes, geraten die hohen Herren zu leicht in die Versuchung, freundliche, aber unerfüllbare Versprechungen zu machen. – Und damit wollen Sie mir sagen, ich hätte dem Ben Gurion zuviel versprochen? – Nun, mehrere Milliarden sind ein hübsches Sümmchen, und die Technik der Finanzierung dieses Versprechens bedarf einer sehr genauen Überlegung. – Gut, dann entwerfen Sie mir mal einen Brief, in dem ich dem Ben Gurion sage, wie das mit dem Geld gemacht werden soll. Aus diesem Brief muß natürlich klar hervorgehen, daß der deutsche Bundeskanzler zu seinem Wort steht, aber ... Und dann schreiben Sie, wie es gemacht werden muß. Diesen Brief müßte ich in den nächsten Tagen haben.

Das erzählte mir Abs, als er gerade von Königswinter kommend in seinem Frankfurter Büro eingetroffen war. Abs hatte hinzugefügt, er sei heute und in den nächsten Tagen außerstande, die Technik der Israel-Hilfe zu überlegen und darüber einen Brief an den Herrn Ben Gurion in Israel zu entwerfen. Sie täten mir einen großen Gefallen, wenn Sie diese Sache in die Hand nehmen würden. Das Terrain in Israel kennen Sie ja aus eigener Anschauung. Ich habe in drei Tagen, zwischendurch wiederholt gefragt, wann der Brief nach Israel fertig sei, einen langen Text produziert, den Abs ohne irgendeine Änderung unterschrieben hat. Für die Israel unabhängig von den

Wiedergutmachungsleistungen zugesagte kommerzielle Entwicklungshilfe hat dieser Text in der Folge die Richtung gewiesen.

Abs, immer einen Gürtel von distance um sich breitend, schätzte es nicht, wenn Besucher mit ihren Anliegen übergangslos über ihn herfielen. Deshalb bin ich gut damit gefahren, Unterhaltungen mit ihm möglichst durch andere Themen, zum Beispiel Berichte über Konzerterlebnisse oder Reisen, auch durch ein Wort über einen Ankauf für das Städel und dergleichen einzuleiten. Ich bedaure, daß ich so manche dabei entstehende Abs-Anekdote nicht aufgezeichnet habe. Eines Tages hatte ein Bürodiener Abs' Arbeitszimmer leise betreten, auf den Schreibtisch ein Aktenstück gelegt und das Zimmer ebenso stumm wieder verlassen. Ich sagte: Ein besonders angenehmer Mann. – Ja, ein besonders angenehmer Mann. Glauben sie mir, wenn ich hier plötzlich tot umfalle und es wird dafür gesorgt, daß das geheim bleibt, könnten Sie diesen Mann auf meinen Stuhl setzen, und ich garantiere Ihnen, daß die Bank dann dank ihrer Eigendynamik noch lange ohne Störung so weiter läuft, als ob nichts geschehen sei ...

Im Arbeitszimmer von Abs in der Bank stand ein Stuhl, auf dem er seinen Mantel, statt ihn in den Schrank zu hängen, sorgfältig gefaltet abzulegen pflegte, den Hut darauf, eine englische Gepflogenheit, wie er mich belehrte.

An sommerlichen Wochenenden bin ich mit einem entspannten und behaglichen Abs manches Mal in seinem großen Garten auf und ab gegangen. Das waren gemütliche Spaziergänge, von einem besonders schön blühenden Rhododendron zu einem im Vorjahr gepflanzten Rotdorn wandernd, vor den Rosenbeeten stehen bleibend – weit weg von der Bank und den Geschäften. Auf dem langen Fensterbrett seines häuslichen Arbeitszimmers lagen wohlgeordnet nebeneinander die vielen Klarsichtmappen mit den Unterlagen für die Arbeit der nächsten Tage. Darunter standen in Reih und Glied in langer Kolonne die Aktenköfferchen mit dem Material für die bevorstehenden Aufsichtsratssitzungen. Zum Anfassen lag da vor meinen Augen das unfaßbar große Arbeitspensum, das dieser Mann – der nie Urlaubsreisen unternahm – mit immensem Fleiß bewältigte. Nur mit strenger Selbstdisziplin in der Lebensführung und jahrelanger Beschränkung auf wenige Stunden Schlaf konnte diese Leistung vollbracht werden.

In Abs, dem praktizierenden Katholiken, lebt ein ausgeprägter Sinn für Ordnung im Großen wie im Kleinen, ein Bedürfnis, das sich, wie ich meine, auch in seiner besonderen Neigung zur polyphonen Ordnung der Musik des Johann Sebastian Bach zeigt. Vor allem in seiner wohl bedeutendsten Leistung, dem für die deutsche Seite erfolgreichen Abschluß der Londoner Schuldenkonferenz 1953, erblicke ich das Werk seiner ungewöhnlichen Fähigkeit, in schwer entwirrbare, verwickelte, weit in die Vergangenheit zurückreichende Zusammenhänge Ordnung zu bringen. Die Regelung der deutschen Vorkriegsschulden durch Abs gehört zu den großen ökonomischen Erfolgen der Bundesrepublik, die ihr die Tür in die Welt wiedergeöffnet haben, ein Erfolg, ebenbürtig der Abschaffung der Zwangswirtschaft und der Währungsreform 1948, Ludwig Erhards in die Geschichte eingegangenen Leistungen.

Die Beziehungen zwischen Abs und Erhard sind, bei allem gegenseitigen Respekt, wegen der verschiedenen Persönlichkeitsstruktur der beiden Männer nie zu ungetrübter Harmonie oder gar persönlicher Wärme gelangt. In der Schule, sagte ich einmal zu Abs, habe ich den alten Spruch gelernt: indignum est, gloriae virorum magnorum obtrectari. (Es ist unwürdig, den Ruhm großer Männer herabzusetzen.) Verstoße ich gegen diesen Satz, wenn ich frage, ob wohl Erhard alle möglichen Konsequenzen seines Entschlusses, Preisbindungen und Zwangswirtschaft mit einem Schlage aufzuheben, bis ins Letzte überdacht oder ob er aus seiner, vom Geiste Eukkens und Röpkes geformten Sicht des ökonomischen Kosmos visionär gehandelt hat? Keineswegs mindern Sie mit dieser Frage Erhards Verdienst, meinte Abs, nur würde ich anders formulieren, würde sagen, Erhard handelte im entscheidenden Augenblick in einem somnambulen Zustand. Für das Bild, das Abs von Erhard hatte, war das gewiß eine charakteristische Bemerkung.

Aus dem Verlauf der Londoner Schuldenkonferenz hat Abs manche Anekdoten erzählt. Besonders gern hat er von seinem originellen Einfall gesprochen, mit dem es ihm gelungen war, die widerstrebenden Gläubiger zu der Einsicht zu bewegen, daß die Bundesrepublik nur ein Teil des ehemaligen Deutschen Reiches sei und daher auch nur einen Teil der deutschen Vorkriegsschulden übernehmen könne. Nachdem alle anderen Versuche, etwa durch die Aufstellung von Landkarten mit Kennzeichnung der verlorenen Gebiete im Osten und der DDR, auch durch einige in die »TIMES« lancierte Limericks, diese Verhandlungshürde der Konferenz zu überwinden, erfolglos geblieben waren, hatte Abs gebeten, den versammelten Gläubigern eine Geschichte aus seiner Familie vortragen zu dürfen.

Als meiner hochbetagten Großmutter, so etwa erzählte er diesem Publikum, »nach einer schweren Erkrankung ein Bein amputiert worden war und sie ihr Ende nahen fühlte, hatte sie den Pfarrer zu sich gebeten und ein trostreiches Gespräch mit ihm geführt. Nachdem der geistliche Herr sich schon verabschiedet hatte und zur Tür schritt, rief meine Großmutter ihn noch einmal zurück. Herr Pfarrer, sagte sie, nach meinem Begräbnis und der Seelenmesse werden Sie meiner Familie gewiß eine Rechnung schreiben. Bitte vergessen Sie dann aber nicht, das amputierte Bein abzuziehen. Mit dieser Geschichte, die Sinn für angelsächsischen Humor bewies, erreichte Abs eine Wendung in der Stimmung der Konferenz. Endlich begriffen die Gläubiger, daß die Bundesrepublik nicht für alle Schulden des ehemaligen Deutschen Reichs aufkommen könne.

Viele Male habe ich Abs als Leiter großer Sitzungen erlebt, immer war er auf jeden einzelnen Punkt der Tagesordnung minutiös vorbereitet und von perfekter Sachkunde. Er war ein Meister in der Kunst, kontroverse Diskussionen in die von ihm gewollte Richtung zu lenken, ein Gedächtnisriese und ein Rechengenie, jederzeit fähig zu genauer Rückkopplung auf weit zurückliegende Vorgänge und das dazu gehörende Zahlenwerk. Meistens, wenn die übrigen Sitzungsteilnehmer bereits versammelt waren, kam er als letzter. Auf den Glockenschlag pünktlich betrat er die Bühne, alle Blicke auf sich ziehend, so als ob sein Auftritt – Ergebnis präziser Zeiteinteilung – inszeniert sei. Seine im Augenblick geprägten, nicht vorbereiteten Bonmots – die ihm selbst am meisten Vergnügen bereiteten – waren von treffendem Witz, aber oft auch von verletzender, manchmal grausamer Schärfe. »Viel Witz«, hat einmal Fontane an Kleske, den Chefredakteur der Vossischen Zeitung geschrieben, »ist immer gefährlich, wenn ihn nicht das beste Herz begleitet und zügelt.«

Es gab Vorstände, die mit diesem Vorsitzenden ihres Aufsichtsrates gut zusammenarbeiten konnten und andere, denen es nie gelang, auch für beste Leistungen seine Anerkennung zu finden. Wer weniger gut Bescheid wußte als er, wer langsamer oder ungeschickter war, ein schlechteres Gedächtnis hatte, mußte sich gefallen lassen, daß ihm das von Abs schonungslos bescheinigt wurde. Es war nicht gut, Zielscheibe seines Spottes zu sein, und mit Spott ist er nicht sparsam umgegangen. Wenn Sie mit mir streiten wollen, müssen Sie früher aufstehen, habe ich ihn sagen hören. Seine Haltung gegenüber Kollegen und Mitarbeitern war von persönlicher Sympathie oder dem Gegenteil stark und nachhaltig geprägt. So manchen, zu denen er kein positives Verhältnis hatte, hat er damit das Leben schwer gemacht.

In studentischem Übermut erzählte er mir einmal vom Zusammentreffen mit dem Chef einer anderen Großbank im reservierten Zimmer eines Restaurants. Vor Beginn unserer Unterhaltung, so Abs, übergab ich dem Oberkellner meine Brieftasche: nehmen Sie das in Verwahrung, ich bin nämlich hier mit einem Herrn zusammen, bei dem man auf sein Geld besonders aufpassen muß. Wie der Gesprächspartner auf diese Ouvertüre reagiert hat, wurde nicht erzählt.

Abs hat Mitte der 50er Jahre vorübergehend, ich weiß nicht wie ernsthaft, mit dem Gedanken gespielt, in die Politik zu gehen. Von wo, von wem und für welche Rolle in der Politik er gefragt worden ist, kann ich nur vermuten. Daß für einen Mann seiner Welterfahrung, seines Verhandlungsgeschicks und der Verfügung über ein dichtes internationales Beziehungsgeflecht der Gedanke an einen politischen Auftrag eine Verlockung enthielt, ist begreiflich. Er entsprach auch seinem Geltungsbedürfnis, einer Eigenschaft, die ihm seine Kritiker und Neider, die gewöhnlichen Begleiter des Erfolges, als Eitelkeit vorwerfen. Wie viele nahe Freunde dieser Mann in der Welt hat, dem zu Recht viel Achtung und Verehrung entgegengebracht wird, weiß ich nicht. Gewiß ist, daß er selbst sein bester Freund ist.

In Amerika ist es – mit wechselndem Erfolge – üblich, daß führende Persönlichkeiten der Wirtschaft eine politische Aufgabe übernehmen. Abs mochte dieses Beispiel vor Augen haben. Als er sich mit mir über die Frage: Einstieg in die Politik, ja oder nein, offenherzig unterhielt, habe ich ihm mit allem Respekt abgeraten, seinen Weg als Bankier auch nur vorübergehend zu verlassen. Ich habe ihm freimütig gesagt, daß er ohne eine politische Hausmacht mit seiner sensiblen Natur für das gröbere Geschäft der Politik nicht tauge. In der Politik nämlich, müsse er viel gewöhnliche Kartoffelsuppe kochen, während er doch dem hochbezahlten Saucier eines Luxushotels vergleichbar sei. Abs hat sich meine Metapher mit Verblüffung angehört, aber nicht widersprochen.

Durch die Einschaltung in die Entwicklungshilfe hatte der Tätigkeitsbereich der KfW eine wichtige Ausdehnung erfahren. Als der indische Finanzminister Desai nach Deutschland gekommen war, um wegen deutscher Kapitalhilfen anzuklopfen, hatte Abs den indischen Gast an einem Sommerabend in sein Kronberger Haus zu einem Essen in kleinem Kreise eingeladen. In seiner Tischrede beugte er einem Gespräch über heikle Finanzfragen dadurch vor, daß er das so gut zum Thema Entwicklungshilfe passende Bibelwort der Morgenmesse in der Kronberger Kirche, den 1. Johannesbrief Kapitel 3, Vers 17 zugrunde legte: »Wenn aber jemand dieser Welt Güter hat und siehet seinen Bruder darben und schließet sein Herz vor ihm zu, wie bleibet die Liebe Gottes bei ihm, meine Kindlein, lasset uns nicht lieben mit Worten noch mit der Zunge, sondern mit der Tat und mit der Wahrheit.« Der indische Würdenträger antwortete auf entsprechendem Niveau. Über Kredite fiel an diesem Abend kein Wort.

In Kapstadt war ich dabei, als Abs nach einem festlichen Staatsempfang anläßlich der Amtseinführung von Nikolaus Diederichs als Präsident der Republik Südafrika spontan als Sprecher der Gäste aus aller Welt eine Dankesrede von rhetorischer Brillanz hielt. Wie Abs wohnte ich damals in dem alt-englischen Kolonial-Hotel Mount Nelson. Beim Morgenfrühstück erzählte er mir, eine Dame aus besten Frankfurter Kreisen hätte ihn auf eine hochwertige Sammlung von Kopien erster Meisterwerke aufmerksam gemacht und diese zum Ankauf durch das Städel empfohlen. Die Dame hätte mit ungläubigem Staunen vernommen, daß für das Städel nur Originale in Betracht kämen. Er amüsierte sich über mein Erstaunen, als er mir den Namen dieser Kunstfreundin verriet.

Mit dem Wandel von Zeit und Menschen, fortschreitend auch mit der wachsenden Entfernung von der Welt des 19. Jahrhunderts, hat sich der Typus des Bankiers und sein Bild in der Öffentlichkeit verändert. Der Gegenstand seiner Arbeit ist heute durch den Schleier der verwickelten Zusammenhänge des modernen Geldwesens für das große Publikum so schwer zu verstehen wie manche Forschungsziele und Arbeitsmethoden der modernen Physik oder Biologie. Die Banken selbst operieren nicht immer geschickt bei der Aufklärung einer wirtschaftlich erschreckend ungebildeten Gesellschaft über ihr Tun. Auch Feindschaft aus Dummheit verzerrt das Berufsbild des Bankiers. Breit angelegte, universell gebildete Persönlichkeiten sind in den Führungspositionen der Banken unserer Tage selten geworden. Mehr und mehr tritt die Figur des perfekten Machers mit engem Blickfeld auf sein Fach in den Vordergrund.

Abs dagegen, Jahrgang 1901, der ehrwürdige Patriarch des deutschen Bankwesens, mit vielen Zügen seines Wesens noch in der Welt des späten 19. Jahrhunderts wurzelnd, hat einen wichtigen Teil seiner Lebensarbeit Aufgaben außerhalb von Wirtschaft und Politik gewidmet, die Existenzgrundlagen von Künstlern gesichert und viele wichtige Einrichtungen im kulturellen Bereich gefördert. Darin, daß dieser führende Architekt der Wirtschaftsmacht Bundesrepublik Deutschland auch für Kunst und Wissenschaft, tätig gewesen ist, liegt das besondere Merkmal seiner Lebensleistung.

Ein Zeitgenosse des legendären Carl Fürstenberg hat erzählt, dieser wäre niemals zu einer Sitzung gegangen, in der es nicht um das Geldverdienen ging. Gerade solchen Zwecken hat aber Abs viel Zeit gewidmet. Auch dadurch wird sein Wirken eine lange Spur hinterlassen.

In der KfW erstreckte sich meine Zuständigkeit auf die Bereiche Kohlenbergbau, Eisen- und Stahlindustrie und später auf die langfristige Exportfinanzierung und die Entwicklungshilfe. Damit hatte ich die Verantwortung für den Teil des Aktivgeschäftes übernommen, in dem die KfW ihre Kredite direkt gewährte. Wegen der weit überdurchschnittlichen Größenordnung der hier vorkommenden Einzelkredite konnte den Hausbanken eine Durchleitung unter Haftung nicht zugemutet werden. Außerdem handelte es sich nicht selten um Schuldner, deren Eigentumsverhältnisse infolge der von den Besatzungsmächten betriebenen Entflechtungspolitik im Montanbereich ungeklärt waren. Es hat über die Frage, ob in solchen Fällen Kredite überhaupt gewährt werden können, im Verwaltungsrat lebhafte Debatten gegeben. Dabei hat sich die Auffassung durchgesetzt, Vorrang hätte unter allen Umständen die Steigerung der Kohlenförderung, Eigentumsverhältnisse könnten auch später geklärt werden.

Das Engagement bei der Kohle, das ich vorfand, lag erheblich über 1 Milliarde DM und ist in der Folge noch um mehrere Hundert Millionen gesteigert worden. Die Investitionen für Vorhaben über und unter Tage dienten sämtlich der Fördersteigerung, ausgehend von der Überzeugung, daß der Kohlebedarf in den kommenden Jahren noch wachsen würde. Das Ziel der Fördersteigerung hat auch noch gegolten, als die neue Konkurrenz des Öls und später des Erdgases schon voll im Kommen war. Erstmals 1957 räumte die KfW in ihrem Geschäftsbericht ein,

daß sich die Verwendung von Heizöl auf den Absatz einiger Kohlensorten negativ auswirke. Trotzdem hat der deutsche Bergbau noch zu dieser Zeit alles unternommen, seine Kohlenförderung zu steigern, um den vermeintlich weiter wachsenden Kohlebedarf zu decken. Niemand, kein wirtschaftswissenschaftliches Forschungsinstitut, kein »Weiser«, am wenigsten der Bergbau selbst, waren auf den stürmisch vordringenden Wettbewerb des Öls und seine bald katastrophalen Folgen für den Kohlenabsatz vorbereitet. Erst 1959 – der Bau der Pipeline von Wilhelmshafen nach Köln, die Errichtung von Raffinerien im Ruhrgebiet und an der Nordseeküste hatten begonnen – räumte die KfW in ihrem Jahresbericht ein, daß der Kohlenbergbau infolge der veränderten Situation am Energiemarkt angefangen hätte, seine Förderung zu drosseln. Über Nacht war eine historische Wende am Energiemarkt eingetreten, die den bis heute andauernden Schrumpfungsprozeß des Steinkohlenbergbaus, dieses bisher an der Spitze der Grundstoffindustrie stehenden Wirtschaftszweiges, eingeleitet hat. De facto sind so in dem Jahrzehnt zwischen 1948 und 1958 Fehlinvestitionen größten Ausmaßes im Kohlenbergbau von der KfW finanziert worden. Wo war die wirtschaftswissenschaftliche Prognose?
Auch für mein anderes Arbeitsgebiet, die Stahlindustrie, hatte ich aus Bayern keine Erfahrungen mitgebracht und mußte einen gründlichen Lernprozeß absolvieren. In der Stahlindustrie war die August-Thyssen-Hütte AG (ATH) nicht nur mein größter Kunde, sondern ihr Chef, Hans Günther Sohl, die bedeutendste Figur unter den vielen Gesprächspartnern in diesem Bereich. Die ATH hatte im Krieg schwere Zerstörungen erlitten und später

wichtige Anlagen durch Demontage verloren. Beim Wiederaufbau nach dem neuesten Stand der Technik hat Sohl in richtiger Voraussicht der künftigen Entwicklung des Stahlmarktes besonders die Kapazität für Walzbleche ausgebaut. Der Aufwand für zwei neue Breitbandstraßen für Walzbleche erreichte einen dreistelligen Millionenbetrag, an dessen Finanzierung sich die KfW maßgeblich beteiligte. Angesichts der Höhe dieses Engagements hielt ich die Einräumung eines Platzes im Aufsichtsrat für die KfW für angebracht und habe dann selber mehrere Jahre diesem Gremium unter dem Vorsitz von Robert Pferdmenges angehört – zum deutlich artikulierten Mißfallen von Hermann Abs, der darin einen Einbruch in die Domäne der Geschäftsbanken erblickte.

Die Aufsichtsratssitzungen der ATH waren mit solcher Perfektion vorbereitet, die mündliche Berichterstattung durch den Vorstand, an der Spitze durch Sohl, so erschöpfend und überzeugend, daß es selten zu langen Debatten kam. Pferdmenges, in kluger Schweigsamkeit wirkend, beschränkte sich, selten in die Debatte eingreifend, auf die ihm obliegenden formellen Pflichten des Vorsitzenden.

Ich habe durch meine Zusammenarbeit mit der ATH und in den Sitzungen ihres Aufsichtsrates das Beispiel eines ehrgeizig konzipierten und weitsichtig geplanten Neuaufbaus eines großen Stahlwerkes aus der Nähe miterlebt. Sohl war der überlegene Stratege dieser Politik.

Fritz Aurel Goergen, damals Vorstandsmitglied der Phoenix-Rheinrohr AG – von da ging er als Vorsitzender des Vorstandes zu Henschel in Kassel – hatte Abs in der Deutschen Bank aufgesucht, um ihn für seine Idee des

Baues einer eigenen Erztransportflotte der deutschen Stahlindustrie zu gewinnen. Dafür hatte Abs aber weder Zeit noch Geduld.

Bei mir ist der Goergen, sagte er mir am Telephon. Sie kennen ihn ja. Er will mir einen Plan vortragen, für die deutschen Stahlwerke eine eigene Flotte von Schiffen für den Erztransport zu bauen. Das Geld dazu will er auch haben. Ich habe heute keine Zeit für ihn und habe ihn an Sie verwiesen. Er ist schon unterwegs.

Goergen erschien und stärkte sich reichlich aus einer in Kenntnis seiner Neigungen bereitgestellten Flasche Cognac. Dann setzte er mir auseinander, die deutschen Reeder verdienten mit ihren hohen Frachtraten zu viel am Transport von Übersee-Erzen für deutsche Hochöfen. Diese Gewinne könne die Stahlindustrie selbst machen, wenn sie sich eine eigene Flotte für diesen Zweck zulegen würde. Er behauptete, hier läge eine Finanzierungsaufgabe für die KfW.

Es gelang mir nicht, Goergen zu der Einsicht zu bewegen, daß sein Plan unvernünftig sei. Was machen Sie mit Ihrer Tonnage, wenn die Stahlkonjunktur einmal nachläßt? Überflüssige Tonnage auflegen ist teuer. Durch solche Argumente ergrimmt, nicht überzeugt, verließ mich Goergen. Bald darauf bat er um ein neues Gespräch in gleicher Sache. Im Düsseldorfer Industrie-Club erschien er zusammen mit Professor Edgar Salin aus Basel. Er war stolz auf die Begleitung durch diesen berühmten Gelehrten, den er mir als seinen Berater vorstellte. Goergen wiederholte zunächst, was ich schon einmal von ihm gehört hatte, dann sekundierte ihm Salin. Der Professor meinte, die KfW würde einen Fehler begehen, Goergens Plan zu ignorieren. Ich wies das zurück und sagte Salin, es sei mir unbegreiflich, daß er sich dafür hergäbe, einen offensichtlich ungenügend durchdachten Plan zu befürworten. Darauf lenkte Salin ein und schlug einen Versöhnungsspaziergang zu zweit am Rheinufer vor; über die Erzdampfer fiel dabei kein weiteres Wort.

Ich habe Salin später öfters in Basel und im Engadin zu manchem freundschaftlichen und dank seiner außergewöhnlichen wissenschaftlichen Lebendigkeit höchst anregenden Gespräch getroffen. Sein Buch über die Einführung der Mittelpufferung bei den europäischen Eisenbahnen ist ein erstaunlicher Exkurs eines Gelehrten in die Betriebstechnik der Eisenbahn.

Unter den Vielen, die im Verlauf des »Wirtschaftswunders« von sich reden gemacht haben, gehörte Goergen zu den unerfreulichen Figuren, er war geschäftstüchtig, undurchsichtig und verschlagen. Noch einmal bin ich mit ihm zusammengetroffen; er war inzwischen Chef bei Henschel in Kassel, seiner letzten Station. Er war nicht nachtragend und lud sich mit weiblicher Begleitung bei mir zum Abendessen ein. In Kassel endete seine Karriere unrühmlich, da er zwischen den eigenen Vorteilen und denen von Henschel nicht deutlich genug unterschieden hatte.

In der langfristigen Exportfinanzierung hat die KfW eng mit der 1952 gegründeten Ausfuhrkredit-AG (AKA) zusammengearbeitet. Die AKA erteilte ihre Kreditzusagen mit Laufzeiten zwischen vier und fünf Jahren. Reichten solche Fristen nicht aus, um einen im internationalen Wettbewerb umkämpften Auftrag hereinzuholen, war deswegen eine längere Zielgewährung an den ausländischen Kunden nötig, dann trat die KfW mit einer an die

Kreditzusage der AKA gekoppelten Zusage einer Anschlußfinanzierung auf weitere Jahre in Aktion. Ich habe an den Kreditsitzungen der AKA, in denen oft von hoher Sachkunde geprägte Kontroversen ausgetragen wurden, jahrelang regelmäßig teilgenommen, ebenso an den Sitzungen des Interministeriellen Ausschusses für die Übernahme von Garantien und Bürgschaften im Auslandsgeschäft. In beiden Ausschüssen wurden die Risiken der behandelten Geschäfte nicht nur unter dem Gesichtspunkt der Bonität der Schuldner, sondern ebenso dem des jeweiligen Länderrisikos sorgfältig geprüft. So hatte ich Gelegenheit, den Beginn der großartigen Entfaltung des deutschen Außenhandels besonders mit Investitionsgütern von der Finanzierungsseite her aus der Nähe mitzuerleben.

Interessant waren einige internationale Geschäfte, die in einer Zeit, als der deutsche Kapitalmarkt sich noch nicht regeneriert hatte und nicht reif für Kapitalexporte war, von den Geschäftsbanken nicht durchgeführt werden konnten. Einige Projekte solcher Geschäfte sind damals an die KfW herangetragen worden. Die von der KfW durchgeführten Transaktionen sind die einsamen Vorläufer einer Entwicklung, in der sich der deutsche Kapitalmarkt bald wieder zu großer Leistungsfähigkeit erholt hat. Einige dieser Geschäfte würden heute keiner besonderen Erwähnung wert sein, über sie wird hier nur der Historie wegen berichtet.

1957 wurde die Repatriierung des Stinnes-Vermögens – heute ein Teil der VEBA – überraschend akut. Hugo Stinnes, eine der zur Legende gewordene Figuren der

Ruhrindustrie, hatte seit Jahrhundertbeginn mit den Schwerpunkten Bergbau, Kohlenhandel, Schiffahrt, Stahl und Elektrizitätswirtschaft, ausgreifend auch auf andere Wirtschaftszweige, einen heterogen zusammengesetzten, bedeutenden Konzern aufgebaut. Anfang der zwanziger Jahre war dieser Konzern in eine Liquiditätskrise geraten, die mit Hilfe amerikanischer Kapitalbeteiligung durch Gründung einer Holdinggesellschaft mit dem Sitz in Maryland, USA, der Hugo Stinnes Corporation überwunden wurde.

Etwa 80 Prozent der Vermögenswerte dieser amerikanischen Holding lagen auf dem Gebiet der heutigen Bundesrepublik, ein wertvoller Teil der deutschen Wirtschaft. Als die USA 1943 in den Krieg gegen Hitler eingetreten waren, wurde das Vermögen der amerikanischen Stinnes-Holding als feindliches Eigentum beschlagnahmt und unter die Kontrolle eines »enemy property custodian« gestellt. Erst im Mai 1957, dann aber kurzfristig, wurden die shares der Stinnes Corporation zur öffentlichen Versteigerung gestellt. Die Bundesregierung wollte verhindern, daß ausländische Bieter – über die bald verschiedene Gerüchte umliefen – Verfügung über einige wichtige Unternehmen der deutschen Wirtschaft erlangten und bemühte sich daher um Zeitgewinn zur Vorbereitung einer deutschen Beteiligung an der Versteigerung. Diese Bemühungen hatten keinen Erfolg. Aber Sondierungen über die aufzubringende Bietungssumme brachten Gewißheit darüber, daß diese bei etwa DM 160 Millionen liegen würde.

Als der Bundeswirtschaftsminister die KfW über die Entwicklung bei Stinnes unterrichtete, deutete ich das als Anzeichen, daß man in Bonn auf die Mitwirkung der

KfW an der Lösung dieses Problems als Eventualität rechnete. Im Vorstand der KfW gelangte man darüber zu keiner einheitlichen Meinung. Auch bei weitherziger Auslegung der ihr durch Gesetz gestellten Aufgabe, so meinten meine Kollegen, gehöre die Mitwirkung der KfW an der Repatriierung von deutschen Auslandsvermögen nicht zu ihrem Tätigkeitsbereich. Ich war anderer Auffassung, stand damit jedoch allein. Außerdem war der voraussichtlich benötigte Aufwand für die Ersteigerung von Stinnes in der Sicht meiner Kollegen für die KfW ein viel »zu großer Brocken«. Auch diese Meinung teilte ich nicht, zumal die KfW ständig für überraschend auftretende »Notfälle« eine hohe Liquiditätsreserve hielt. Der Fall Stinnes war nach meiner Meinung ein solcher Notfall.

Während wir im Vorstand der KfW über unsere Haltung in dieser Frage noch uneinig diskutierten, erreichte uns die Einladung zu einer in Sachen Stinnes eilig anberaumten Sitzung im Hause der Deutschen Bank. Als Vertreter der KfW wurde ich ohne eine Verhandlungsrichtlinie zu dieser Sitzung entsandt. Ein kleiner Beratungskreis war dort versammelt: von der Deutschen Bank Hermann Abs und sein Mitarbeiter Paul Krebs, Staatssekretär Dr. Westrick vom Bundeswirtschaftministerium, Ministerialdirektor Dr. von Spindler vom Bundesfinanzministerium, der Düsseldorfer Bankier Johannes Zahn vom Bankhaus Trinkaus.

Dr. Westrick unterrichtete eingangs über den neuesten Sachstand und fügte hinzu, die Zeit dränge, es müsse daher hier und heute darüber entschieden werden, ob die deutsche Seite sich an der Versteigerung beteiligen könne. Ich war in die offene Feldschlacht geraten. Es stellte sich schnell heraus, daß ein von den Banken der deutschen Stinnes-Firmen zu bildendes Konsortium nicht in der Lage sein würde, kurzfristig 160 Millionen DM für die Teilnahme an der Versteigerung aufzubringen. Eine nachdenkliche Pause trat ein, in der sich auch mein letzter Zweifel darüber auflöste, warum man die KfW zu dieser Besprechung eingeladen hatte. Niemand sprach es aus, aber es gab kein Vorbei an der Einsicht, daß die Repatriierung des Stinnes-Vermögens ohne massive Mitwirkung der KfW nicht gelingen würde. Als Vertreter der KfW war ich nicht zum Zuhören eingeladen worden. Also brach ich nach kurzer Besinnung das Schweigen mit der Erklärung, die KfW sei bereit, einem zu bildenden deutschen Bietungskonsortium mit bis zu DM 120 Millionen beizutreten. Das war ein Paukenschlag. Abs bot mir für die KfW mit der größten Quote die Führung des Bietungskonsortiums an, die ich sogleich der Deutschen Bank antrug. Am 25. Juni 1957 fand in Amerika die Versteigerung statt. Dem deutschen Konsortium, das als einziger Bieter aufgetreten war, wurde der Zuschlag erteilt.

Meine Kollegen hatten meine Rückkehr aus der Sitzung in der Deutschen Bank mit Ungeduld erwartet. Mit meinem Bericht über den Sitzungsverlauf und den von mir für die KfW abgegebene Finanzierungszusage erregte ich Entrüstung. Ich mußte mir heftige Vorwürfe über mein eigenmächtiges Handeln und über meinen verschwenderischen Umgang mit der sorgfältig gehüteten Liquidität des Hauses anhören. Doch diese Kritik verstummte rasch, als die KfW für ihre – entscheidende – Mitwirkung im Falle Stinnes von allen Seiten Beifall erhielt. Auf einmal waren die vorher geäußerten grundsätzlichen Beden-

ken verflogen, auf einmal fühlte sich der ganze Vorstand mit gelobt. Das Bundeswirtschaftsministerium war mit der raschen Aktionsbereitschaft der KfW zufrieden.
Dem neugebildeten Aufsichtsrat der Hugo Stinnes Corporation habe ich bis zu ihrer Liquidation 1961 angehört. Diesem Aufsichtsrat wurde auch der langjährige amerikanische Vermögensverwalter Milton F. Rosenthal zugewählt, ein Gentleman ohne Tadel und ein hervorragender Manager, der während seiner Amtszeit das Interesse der deutschen Seite mit Fairneß gewahrt hatte.

Eines Morgens war Blessing, Präsident der Bundesbank, am Telefon: Haben Sie Zeit für eine Besprechung bei mir? Gerne, wann soll es denn sein? Möglichst sofort, ich habe nämlich einen ausländischen Gast bei mir und meine, Sie sollten an der Unterhaltung teilnehmen.
Bei Blessing traf ich Professor Klaus Waris, Präsident der Finnischen Reichsbank, einen zurückhaltenden, leise und langsam deutsche Sätze formulierenden Herrn mit graumeliertem Haar. Blessing rekapitulierte mir den bisherigen Gesprächsverlauf mit seinem finnischen Kollegen, der ihm über das chronische Defizit in der finnischen Handels- und Zahlungsbilanz mit der Bundesrepublik geklagt und angedeutet hatte, sein Land könnte bei einem Andauern dieses Ungleichgewichtes zu handelspolitischen Konsequenzen gegenüber der Bundesrepublik gezwungen sein. Blessing hatte verbales Verständnis für die Beschwerden seines Gastes aus Helsinki bekundet, aber Waris wollte mehr, wollte etwas Konkretes mit nach Hause nehmen. Herr Dohrn, Sie wissen jetzt, wo wir in unserem Gespräch stehen. Nun strengen Sie bitte einmal Ihren Kopf an, eine Idee zu finden, die den Er-

wartungen unseres Gastes entgegenkommt, die ihm unseren guten Willen zeigt, einen Ausweg aus der von ihm geschilderten Lage zu finden. Unvorbereitet sagte ich, im Lehrbuch könne man wahrscheinlich nachlesen, daß in einem Fall wie in dem hier vorliegenden, ein Ausgleich durch Kapitalexport versucht werden müßte. Kapitalexport? rief Blessing, das ist einstweilen doch Utopie. Sie wissen selbst, daß wir noch keinen funktionierenden Kapitalmarkt haben und daher noch keinen Kapitalexport betreiben können. So kommen wir nicht weiter. Unvorsichtigerweise bemerkte ich dazu, selbst wenn wir einen funktionierenden Kapitalmarkt hätten, ließe sich die Anleihe eines finnischen Emittenten wahrscheinlich schwer plazieren. Warum, warf Waris ein. Weil Finnland für hiesige Vorstellungen all zu nahe vor dem aufgesperrten Rachen des russischen Bären liegt und daher ein unkalkulierbares politisches Risiko ist. Waris lächelte: Sehen Sie da einen gravierenden Unterschied zur Lage Ihres Landes? Diese Zwischenfrage konnte nur mit Schweigen beantwortet werden. Herr Dohrn, ich bin enttäuscht, daß Ihnen kein Rezept einfällt, das den Vorstellungen des Herrn Waris entspricht. Oh, sagte ich, ich könnte Ihnen schon einen Vorschlag präsentieren, der allerdings weit von den gewohnten Pfaden abweicht. Lassen Sie erst mal hören, auch Ihre Phantasien interessieren mich. Gut, dann schlage ich vor, daß die KfW ein Investitionsvorhaben in Finnland – möglichst ein devisenbringendes – mit einem langfristigen Kredit finanziert. Ich weiß, im Gesetz über die KfW steht nichts von Investitionskrediten an das Ausland, und ich müßte außer meinen Vorstandskollegen vor allem den Kreditausschuß des Verwaltungsrates für ein solches aus der Reihe fallendes Geschäft ge-

winnen. Professor Waris müßte uns daher ein Projekt in Finnland benennen, dessen Realisierung auch als dem deutschen Interesse dienend interpretiert werden könnte. Ein deutsches Interesse müßte gegeben sein, denn sonst würde der Kreditausschuß nicht einwilligen. Es wird schon schwer genug sein, ihn überhaupt positiv zu stimmen.
Blessing meinte, daß dieser Gedanke neu und überraschend sei, aber er gefiel ihm, man sollte das Experiment wagen, denn etwas anderes könnten wir nicht anbieten. Sie müssen eben, fuhr Blessing fort, Ihre ganze Überzeugungskraft aufbieten, um das Plazet des Ausschusses zu erhalten. Machen Sie sich Abs zum Bundesgenossen, ich selbst werde Ihnen selbstverständlich zur Seite stehen. Und nun ist es an Herrn Waris, uns ein durchführungsreifes Projekt in Finnland zu benennen. Waris entgegnete, solche Projekte gäbe es mehrere in seinem Land, Priorität verdiene ein Vorhaben des Kupfererzbergbaus in Mittelfinnland. Dort müsse ein neuer Schacht mit einem Kostenaufwand von etwa DM 50 Millionen abgeteuft werden. Schnell einigten wir uns auf dieses Projekt, das die Aussicht auf finnische Kupferexporte auch nach Deutschland eröffnete.
Es gelang, vom Kreditausschuß, einem sehr kritischen Gremium, die Zustimmung für einen 50-Millionen-DM-Kredit an die Outukumpu Oy (AG), eine staatliche Bergbaugesellschaft mit Gruben und Verarbeitungsbetrieben an mehreren Standorten Finnlands, zu erhalten. Dieser Kredit ist der erste von einem deutschen Kreditinstitut nach dem Zweiten Weltkrieg an ein ausländisches Unternehmen gewährte langfristige Investitionskredit gewesen, für Finnland der Eisbrecher, der ihm den Zu-

gang zu den Kapitalquellen Westeuropas und vor allem zu einer Kette ähnlicher Kapitalimporte aus der Bundesrepublik geöffnet hat.
Petri Bryk, der baumlange, vielsprachige, selbst das klassische Latein fließend beherrschende, trinkfrohe Vorstandschef von OUTUKUMPU OY sprach dankbar von dem »Geldchen«, das er von der KfW erhalten hatte.

Ein anderes Geschäft der Exportfinanzierung war auf meinen Tisch gekommen, als Siemens den Auftrag auf Lieferung einer Kraftwerksausrüstung in Mexiko unter der Bedingung erhalten hatte, auch die langfristige Finanzierung zwischen DM 60 und 70 Millionen zu beschaffen. Als ich von Abs, den man als Mitglied des Aufsichtsrates von Siemens in dieser Sache angesprochen hatte, zur Erörterung dieses Projekts hinzugezogen wurde, ergab sich, daß damals nur die KfW in der Lage war, sich langfristig für einen Exportauftrag dieser Größenordnung zu engagieren. Siemens war aber gerade an diesem Auftrag der Commission Federal de Electricidad, der größten mexikanischen staatlichen Elektrizitätsgesellschaft, interessiert, um in diesem Lande geschäftlich Fuß zu fassen. Der Abschluß dieses Geschäftes lag auch generell im deutchen Exportinteresse. So entschlossen wir uns, die Finanzierung durch die KfW zu versuchen, und sagten Siemens zu, ich würde deswegen die erforderlichen Verhandlungen aufnehmen. Als Verhandlungspartner und Kreditnehmer trat die Nacional Financiera, die führende Investitionsbank in Mexiko auf, die den Kredit an die Commission Federal weiterleiten würde.
Die Verhandlungen mit dem Präsidenten der Nacional Financiera in Mexiko-City, Señor Delgado, die ich ge-

meinsam mit meinem Kollegen von Ilberg führte, verliefen schleppend. Als ich glaubte, in allen Punkten mit Delgado Übereinstimmung erzielt zu haben, überraschte er mich durch die Erklärung, er könne dieses Geschäft nur in amerikanischen Dollar abschließen. Ich widersprach diesem Verlangen mit Entschiedenheit, das ich als gänzlich unberechtigtes Mißtrauen gegen die harte DM-Währung bezeichnete. Delgado entgegnete, sein Verlangen gründe sich gerade auf die besondere Wertschätzung der deutschen Währung, die nach seiner Meinung bald eine Aufwertung erfahren würde. Dieses Risiko könne er nicht auf sich nehmen. Dem Verlangen der Mexikaner, in Dollar abzuschließen, konnte ich in eigener Verantwortung unmöglich entsprechen. Also wandte ich mich an den Präsidenten der Deutschen Bundesbank, dem ich in einem ausführlichen Telegramm die Lage schilderte und deutlich machte, daß das ganze Geschäft beim Beharren auf einem Abschluß in DM scheitern würde. Blessing telegraphierte zurück, eine Aufwertung der DM stünde außerhalb jeder Diskussion, ausnahmsweise hätte er aber im Interesse von Siemens keine Bedenken gegen einen Abschluß in Dollar. So geschah es. Ein halbes Jahr später wurde die DM aufgewertet. Delgado hatte es besser gewußt.

Nach Verhandlungsende machte ich einen Spaziergang durch einige Geschäftsstraßen der alten Innenstadt von Mexiko. Im Schaufenster eines Antiquitätengeschäftes sah ich einen großen Stich von Piranesi. Abends um 10 Uhr gab der mexikanische Wirtschaftsminister ein Abendessen zur Feier des Vertragsabschlusses. Er ließ sich berichten, was ich während meines Aufenthaltes in Mexiko-City gesehen hätte. Ich berichtete ihm auch von meinem Piranesi-Fund. Am nächsten Morgen reisten wir ab. Kurz vor unserem Abflug erschien auf dem Flugplatz ein Bote, ein großes Paket unter dem Arm: Der Stich des Piranesi als Abschiedsgeschenk.

Ein Besucher, der sich als der für die Finanzen des Großherzogtums Luxemburg verantwortliche Staatsrat vorstellte, – es war im Frühjahr 1959 – trug vor, auf luxemburgischem Gebiet würde von der Société électrique de l'Our, einer Tochter des RWE, ein Speicherkraftwerk für die Lieferung von Spitzenstrom in das Netz des RWE gebaut. Finanziert würde dieses Projekt außer mit Eigenmitteln mit einem Dollarkredit der Weltbank und einer Dollaranleihe der First Boston Corporation New York im Gegenwert von zusammen DM 70 Millionen. Jetzt, nach Abschluß der Finanzierungsverhandlungen seien unerwartete Hindernisse aufgetreten, die das Zustandekommen des Projektes gefährden könnten. Die Weltbank verlange nämlich unter Berufung auf ihre Satzung vom Großherzogtum Luxemburg, auf dessen Gebiet das Kraftwerk liegen würde, eine Staatsbürgschaft. Darauf sei man nicht vorbereitet gewesen und die luxemburgische Abgeordnetenkammer sei nicht bereit, der Übernahme dieser Staatsbürgschaft zuzustimmen, weil an einem Kraftwerk, dessen Stromerzeugung ganz für das deutsche Netz bestimmt sei, kein luxemburgisches Interesse bestünde. Im übrigen würden auch die dem Großherzogtum von dem künftigen Kraftwerksbetreiber zufließenden Gebühren nicht in Dollar, sondern in DM gezahlt, so daß ein Währungsrisiko zu bedenken sei, das ebenso für die Anleihe der First Boston Corporation gelte. In summa: Das Projekt sei falsch finanziert, und in dieser Lage suche er Rat. Im Gespräch mit mehreren großen Geschäftsbanken hätte er keinen Ausweg bisher finden können. Unter den Verhältnissen jener Tage konnte das auch nicht erwartet werden. Ich sah nur einen Ausweg: Die Umstellung der Fremdfinanzierung von US-Dollar auf DM durch Ablösung des Weltbankkredites und der Anleihe der First Boston Corporation durch ein DM-Darlehen der KfW. Da die Société de l'Our mit ihren amerikanischen Geldgebern bereits abgeschlossen hatte, war das ein schwieriges Unterfangen. Konnte man sich daran wagen?

Ich trug den Fall dem Vorsitzenden des Verwaltungsrates, Herrn Abs vor, der die Aussichten, die Weltbank und die First Boston Corporation zum Rücktritt aus bereits abgeschlossenen Geschäften zu bewegen, mit Skepsis beurteilte, obwohl er meinen Gedanken, die Finanzierung auf DM umzustellen, für vernünftig hielt. Er hatte aber nichts dagegen, als ich vorschlug, einen Versuch in dieser Richtung zu unternehmen.

Ich flog nach Amerika, suchte den Präsidenten der Weltbank, Mr. Eugen Black mit der Zuversicht auf einen freundlichen Empfang auf. Ich hatte Mr. Black bei seinem Besuch in Frankfurt die Stadt gezeigt, hinterher war er Gast in meinem Haus gewesen und wir hatten bei einer Teestunde lange über seinen vorangegangenen Besuch in Ägypten und seine Unterhaltungen mit Nasser gesprochen. Ich war ihm also kein Unbekannter. Mr. Black hörte mir zu, ohne mich einmal zu unterbrechen. Dann kam er zu meinem Stuhl, klopfte mir freundschaftlich auf die Schulter und sagte etwa folgendes: Well, you are the first banker coming from Europe, who is ready, to share the burden of the World Bank. I agree completely with your proposal. Der zuständige Sachbearbeiter wurde geholt und die neue Regelung aktenkundig gemacht.

Nach diesem Erfolg in Washington schöpfte ich Mut für das nächste Gespräch mit der First Boston Corporation in New York. Mein Gesprächspartner dort, Mr. Overby, klopfte mir freilich nicht wie der Weltbankpräsident auf die Schulter, sondern machte, als er mein Anliegen hörte, ein säuerliches Gesicht. Das Gespräch mit ihm dauerte daher lange und war nicht einfach. Doch zum Schluß einigten wir uns darauf, daß sich die First Boston aus diesem luxemburgischen Geschäft zurückziehen würde, wenn ihr das Großherzogtum Luxemburg eine Entschädigung zahle, über die ich mit dem luxemburgischen Ministerpräsidenten Pierre Werner zu sprechen versprach. Ich kam mit Werner zu einer Einigung, die in New York akzeptiert wurde.

Abs, dem ich über meine Reise berichtete, fand die erzielten Resultate bemerkenswert. Der Kreditausschuß des Verwaltungsrates erteilte seine Zustimmung zu einem 70-Millionen-DM-Kredit an das RWE wegen des Speicherkraftwerkes der Société Électrique de l'Our. Ich war überzeugt, das deutsche Interesse durch eine vernünftige Regelung gewahrt zu haben. Aber sowohl von Kritikern im eigenen Haus wie im Bundeswirtschaftsministerium wurden – was ich nicht wußte und mir auch niemand sagte – solche Initiativen nicht gern gesehen.

Die im Bergbau auf Eisenerz in Nordschweden tätige Grängesberger AB hatte bei der Verstaatlichung ihrer Gruppe durch eine sozialistische Regierung hohe Entschädigungszahlungen erhalten. Auf der Suche nach einer neuen Anlage dieses Finanzvermögens hatte sie hochwertige Erzvorkommen im westafrikanischen Liberia gefunden und zu ihrer Ausbeutung die Liberian American Swedish Minerals Co. (Lamco) gegründet. Die deutsche Stahlindustrie war am Bezug dieser hochwertigen Erze interessiert. In Liberia mußten außer der Grubenausrüstung eine Arbeitersiedlung, eine Eisenbahn zur Küste und ein Verladehafen mit einem Gesamtaufwand von rund US-Dollar 220 Millionen gebaut werden. Der liberianische Staat war durch eine Beteiligung an den erwarteten Gewinnen interessiert. Mitte 1959 war dieses Projekt wegen einer deutschen Mitwirkung von Markus Wallenberg, jahrelang eine Führungsfigur der schwedischen Wirtschaft, an den ihm befreundeten Bankier Abs und durch diesen an die KfW herangetragen worden. Andere Finanzierungsmöglichkeiten hätte es 1959 für ein so großes Vorhaben in der Bundesrepublik noch nicht gegeben.

Auf der Fahrt vom Flughafen Frankfurt nach Bonn, während der das Lamco-Projekt eingehend erörtert wurde, begleitete ich die Herren Abs und Wallenberg. Als man auseinander ging, gab Abs Wallenberg die Zusicherung, die Kreditanstalt für Wiederaufbau und ich als der dort dafür Verantwortliche würden sich des Lamco-Projektes intensiv annehmen. In Verhandlungen mit Grängesberg, der deutschen Stahlindustrie, die zu einem eigenen Finanzierungsbeitrag von DM 100 Millionen bewogen werden mußte, mit Bethlehem Steel in den USA, der Export-Import Bank in Washington, der First National City Bank of New York wurde ein schwedisch-amerikanisch-deutsches Konsortium zur Finanzierung des Lamco-Vorhabens gebildet, bei dem die deutsche Tranche den Gegenwert von US-Dollar 50 Millionen haben würde. Der Kreditausschuß des Verwaltungsrates der KfW unter dem Vorsitz von Abs, schon in einem frühen Stadium des Projektes unterrichtet, hatte die Mitwirkung der KfW gut geheißen. Der Weg für die Verhandlungen über die Details war damit frei. Doch als das Konsortium nach langwierigen Verhandlungen »stand«, und der verbindliche Abschluß erfolgen sollte, meldete das Bundeswirtschaftsministerium gegen das Geschäft Bedenken an.

Dr. Westrick sagte mir am Telefon, der entwicklungspolitische Effekt des Vorhabens sei, gemessen an dem erforderlichen finanziellen Aufwand, nach Ansicht seines Hauses viel zu gering und rechtfertige nicht die von der Kreditanstalt erbetene Absicherung des politischen Risikos durch eine Bundesgarantie. Als ich dieser Auffassung widersprach, kam es zu einer erregten Auseinandersetzung, in der ich schließlich die Frage stellte, ob Bonn einen entwicklungspolitischen Effekt nur anerkennen wolle, wenn das investierte Kapital mit Sicherheit verloren ginge. Außerdem melde Bonn seine Bedenken zu spät an, denn in dem erreichten Verhandlungsstadium würde ein Aussteigen der KfW und der deutschen Stahlwerke aus diesem Geschäft für die deutsche Seite zu einem beschämenden Gesichtsverlust führen. Der Konflikt mit Westrick war perfekt...

In meiner Sorge um die Gefährdung des Vorhabens durch die Bonner Bedenken wandte ich mich an Abs, der das Geschäft eingeleitet hatte und den Verhandlungsverlauf seit Anbeginn kannte, um Unterstützung in meinem Konflikt mit dem Bundeswirtschaftministerium. Abs war aber nicht bereit, sich dieser Sache wegen auf eine

Kontroverse mit Bonn einzulassen. Er bedeutete mir, daß die Führung der Geschäfte beim Vorstand und nicht beim Verwaltungsrat läge. Ich fühlte mich allein gelassen. In dieser Lage vertraute ich mich Blessing an, der mir freundschaftlich zugetan war. Wie ich war er der Meinung, ein Zurück sei bei dem erreichten Verhandlungsstand unmöglich. Er empfahl mir, mich über die Einwände aus Bonn einfach hinwegzusetzen und durch verbindlichen Abschluß des Geschäfts vollendete Tatsachen zu schaffen.
Ich folgte Blessings Rat und flog zwei Tage später in Begleitung meines Kollegen Proprawe – nicht ohne Abs vorher unterrichtet zu haben – nach New York und unterschrieb. Was geschah darauf? Die Bundesgarantie wurde gewährt, das Lamco-Geschäft kam zustande. Es ist planmäßig und ohne einen Pfennig Verlust abgewickelt worden. Aber ich hatte mir mit Lamco Kritik zugezogen. Nicht nur in Bonn, auch bei Kollegen im eigenen Hause, denen meine Bereitschaft, große Sondergeschäfte mit Mitteln der Kreditanstalt durchzuführen, schon lange nicht gefiel. Ich hatte im unternehmerischen Eifer, ein kompliziertes Geschäft zustande zu bringen, übersehen, daß die KfW, eine Anstalt öffentlichen Rechts, als Finanzinstitut des Bundes zu den Instrumenten seiner Wirtschaftspolitik gehört und daher bei ihren geschäftlichen Initiativen und Dispositionen im Benehmen mit den dafür zuständigen Stellen der Bundesregierung handeln muß. Für die selbständigen Initiativen, welche die KfW in einem Übergangsstadium der wirtschaftlichen Entwicklung der Nachkriegszeit entfaltet hatte, konnte es bei fortschreitender Normalisierung der Verhältnisse keine Fortsetzung geben. Die längerfristige Perspektive, die

sich durch diese Bindung der Geschäftspolitik der KfW an die Politik der Bonner Ministerialbürokratie ergab, stimmte mich nachdenklich. Für den Arbeitsstil eines Beamten am verlängerten Schreibtisch der Ministerien war ich ungeeignet. Konnte ich an einem solchen Platz bleiben? Ich hatte mehrmals Angebote für eine Rückkehr in das private Bankgewerbe erhalten. Das war neu zu überdenken. Noch einmal entschloß ich mich dazu, eine neue Aufgabe zu übernehmen.

# Neuntes Kapitel

*Von der BHF zur BHG-Bank: Carl Fürstenberg – Eduard von Schwartzkoppen – Hans Fürstenberg – Neubeginn im Westen – Fernsehgutachten – Das Auslandsgeschäft – Rußlandgeschäft – DDR – Südafrika – Skepsis im eigenen Haus – Kooperationskontakte – Die Fusion*

Als ich, inzwischen fünfundfünfzig Jahre alt, die Mitte des Lebens hinter mir, die KfW verließ, um bei der Berliner Handels-Gesellschaft als Geschäftsinhaber unter voller persönlicher Haftung einzutreten, war das ein Wechsel von der Kommandobrücke eines großen Dampfers in das Steuermannshäuschen eines kleinen Schiffchens, vom Umgang mit großen Zahlen zu finanziell bescheidenen Größenordnungen. Auch war mir bewußt, daß es leichter ist, Treuhänder öffentlicher Mittel, also auch öffentlicher Macht zu sein, als Unternehmer eines Betriebes, der noch keine öffentliche Unentbehrlichkeit erlangt hat. Die Umstellung von einer von der Prärogative der Ministerialbürokratie abhängigen auf eine freie unternehmerische Arbeit war leicht, der Abschied von der Mitarbeit an Aufgaben volkswirtschaftlichen Formats schwer.

Die Berliner Handels-Gesellschaft, national und international als die BHG bekannt, war unter Carl Fürstenberg, dem Sohn eines Danziger Bernsteinhändlers, der 1883 von Bleichröder, Bismarcks Bankier, kommend, als Geschäftsinhaber bei ihr eingetreten war, in die vorderste Reihe der deutschen Banken aufgestiegen. Von Berlin, damals Deutschlands zentralem Finanzplatz, hatte sie ihre Beziehungen über Europa und Nord-Amerika nach Rußland und dem Balkan ausgedehnt.

Der ideenreiche Fürstenberg, eine der großen Bankiersfiguren Deutschlands im 19. Jahrhundert, hatte ein umfangreiches deutsches und internationales Geschäft mit den Schwerpunkten Großindustrie und Regierungen aufgebaut. Unter ihm gehörte die BHG zu den Berliner Banken, die sich am stärksten an der Eisenbahn-Finanzierung in Rußland beteiligt, allein zwischen 1887 und 1891 zehn solchen Konsortien angehört hatte. Indem sie sich von kleiner Kundschaft, dem heute als Massengeschäft verstandenen Bereich, fernhielt, hatte sich die BHG zu einer Bank der großen Börsenoperationen und zu einem führenden Emissionshaus entwickelt. Von Privatkunden erwartete sie bei Kontoeröffnung einen Haben-Saldo von mindestens 50000,- Goldmark. Eine Bank solchen Typs konnte damals auf den Unterbau eines Filialapparates verzichten. So ist die alte BHG bis 1945 eine filiallose Großbank gewesen. Beim Neuanfang nach 1945 sollte sich diese Struktur freilich als eine Schwäche erweisen. Der Entwicklung ihres Einlagengeschäftes fehlte die organisatorische Grundlage.

Seit Kriegsbeginn 1914 in ihrer internationalen Aktivität gelähmt – und damit im Kern ihres Geschäftes getroffen –, hätte die BHG mit alleinigem Sitz in Berlin die Katastrophe von 1945 schwerlich überstanden, wenn es nicht gelungen wäre, ihr Geschäft mit einem neuen, zweiten Sitz in Frankfurt im westlichen Deutschland fortzusetzen. Architekt der Rekonstruktion, zu der ein Stamm alter Mitarbeiter entscheidend beigetragen hat, ist – nach Rückkehr aus einer fünfjährigen Gefangenschaft in russischen Lagern – Eduard von Schwartzkoppen gewesen. Während der Schlacht um Berlin hatte er bis zuletzt im Hause der BHG am Gendarmenmarkt ausgeharrt, einem Bau Alfred Messels, der auch der Baumeister des Warenhauses Wertheim am Leipziger Platz und anderer Bauten in Berlin gewesen ist. Ohne Schwartzkoppens entschlossenes Eingreifen wäre die BHG nach dem Zweiten Weltkrieg nicht wieder zu neuem Leben erweckt worden.

Bei meinem Anfang in der BHG im Januar 1961 war Dr. Eduard von Schwartzkoppen als Sprecher der Geschäftsinhaber der anerkannte erste Mann der Bank und ihr Repräsentant nach außen, der als solcher auch respektiert sein wollte. In Berlin als Sohn eines hohen Beamten der Reichskanzlei Bismarcks geboren, stammte er aus der Welt, in der unbedingte Pflichterfüllung oberstes Gebot war. Der Gerichtsassessor, Dr. jur., Heidelberger Corpsstudent hatte beim Kaiser-Wilhelm-Institut für ausländisches öffentliches Recht und Völkerrecht gearbeitet und aus dieser Position der BHG einige Rechtsgutachten erstattet. Seit 1931 Mitarbeiter in ihrer Rechtsabteilung, war Schwartzkoppen Syndikus der BHG, als er 1944 zum Geschäftsinhaber berufen wurde.
In der zierlichen Gestalt Schwartzkoppens lebten ein bewegliches Temperament, hohe Intelligenz, gepaart mit der Gabe, schnell und präzise zu formulieren. Er war nicht von der Art der Bankiers, die ihre Kunden mit Anregungen umwerben, sondern zog seine Klientel durch

das Vertrauen an, das seine Person ausstrahlte. Sein Geschäftsstil war konservativ, vorsichtig abwägend. Ein sicherer Instinkt schützte ihn davor, seine Entscheidungsfreiheit durch Entwicklungen auf der Schuldnerseite beschränken zu lassen. Er besaß die wichtigen Tugenden des Bankiers: zur rechten Zeit nein zu sagen und immun zu sein gegen die Verführungen des Ingenieur-Denkens. Die Ära der großen internationalen Geschäfte, die für die BHG 1914 für lange Zeit zu Ende gegangen war, hatte er nicht mehr miterlebt und war daher im Auslandsgeschäft nicht zu Hause. In seiner Personalpolitik für die Führungsränge der Bank hat Schwartzkoppen nicht immer eine glückliche Hand gehabt, dafür aber mit sicherem Blick junge Begabungen erkannt und gefördert, so den heutigen Sprecher der Geschäftsinhaber Klaus Subjetzki. Sein persönlicher Charme ließ nicht erkennen, daß er auch zu Härte fähig sein konnte.
Verschieden wie wir waren, hat es zwischen Schwartzkoppen und mir manche Meinungsverschiedenheiten gegeben, aber niemals Konflikte. Wir beherrschten beide die Kunst des Kompromisses.

Ein für die Generalia des Geschäftes ergiebiger Gesprächspartner in der BHG ist Hans Fürstenberg gewesen, ein fein gebildeter Herr, ein Sammler seltener Bücher mit einer großen Bibliothek von hohem bibliophilem Rang, Vorsitzender des Aufsichtsrats der BHG. Er war hoch in den Siebzigern, als ich ihn kennenlernte, war zwar zu dieser Zeit längst nicht mehr aktiv, hatte aber seinen intuitiven Bankiersverstand voll behalten. Mit ihm, dem Verfasser der Lebensbeschreibung seines bedeutenden Vaters, konnte ich, so wie er mit mir, offen über alle Angelegenheiten der BHG in der Gewißheit schnellen gegenseitigen Verstehens sprechen. Hans Fürstenberg, der in Paris lebte, verfügte noch über viele nützliche, internationale Beziehungen. Er war kein Freund eines zu stark juristisch orientierten Bankgeschäftes. Wir haben eine umfangreiche Korrespondenz miteinander geführt, von der ich noch 58 Briefe von seiner Hand bewahre.

Anfang 1961 hatte die BHG mit ihrem neuen, zweiten Sitz in Frankfurt wieder festen Fuß gefaßt, ihre früheren Verbindungen in Westdeutschland wieder hergestellt, ihre alten – stattlichen – Quoten im Konsortialgeschäft und auch die Mehrheit ihrer früher innegehabten Mandate in den Aufsichtsräten großer Industriegesellschaften zurückgewonnen. Auch die Kontrolle über ihr wertvolles Beteiligungsportefeuille hatte sie wieder fest im Griff. Ihr Börsengeschäft sowie der Geld- und Devisenhandel befanden sich in guter Entwicklung, während es um die Privatkundschaft, die am Bankenplatz Frankfurt in den Händen der eingesessenen Häuser war, zunächst nicht gut stand. Die schlechte Entwicklung des Einlagengeschäftes und fehlende Spareinlagen, mit denen die Geschäftsbanken sich billiges Geld zu verschaffen pflegen, bereiteten Sorge. Aber gemessen an dem tiefen Sturz von 1945 waren beachtliche Erfolge erzielt worden und die Genugtuung darüber berechtigt. Gleichwohl – diese Erfolge enthielten auch die leise Versuchung, daß man sich mit dem Erreichten zunächst einmal zufrieden gab. Als Einsteiger von außen sah ich wahrscheinlich besser, wieviel noch zu leisten war, um das Schiff der BHG für eine längere Zukunft seefest zu machen.

Ich hatte in die BHG ein Bündel vielseitiger Erfahrungen mitgebracht, darunter Auslandserfahrung und ein ansehnliches Kapital von Personalkenntnissen, nicht nur in Deutschland. Seit meinem Anfang bei Siemens und später bei anderen Gelegenheiten verfügte ich auch über technisch-industrielle Kenntnisse. Bei drei Banken unterschiedlichen Typs hatte ich leitende Funktionen, in zwei Fällen als Vorstandsmitglied, innegehabt. Ich stand schließlich auch in persönlich guten Beziehungen zu den meisten Mitgliedern des Direktoriums der Deutschen Bundesbank. Außer mehreren anderen Aufsichtsräten hatte ich dem Aufsichtsrat der Frankfurter Bank angehört, wo ich den unternehmerischen Schwung von Dr. Hermann Jannsen und seiner jungen Mannschaft – Hanns Christian Schroeder-Hohenwarth und Erwin Proprawe – und ihren Mut zum Risiko erlebt hatte, Vergleichsmaßstäbe, die ich auf die BHG anwandte.

Nachdem ich mich in den bestehenden Personalapparat mit seiner gestuften Rollenverteilung eingegliedert und das Geschäft der BHG kennengelernt hatte, konnte ich mir ein kritisches Urteil über ihre Geschäftsstruktur und Wettbewerbslage bilden. Die Zusammensetzung beider Seiten ihrer Bilanz, links überwiegend große Debitoren zu unauskömmlichen Zinssätzen, rechts schwache Kundschaftseinlagen und viel Bankengelder, war für die Weiterentwicklung keine günstige Ausgangslage. Das Auftreten finanzstarker Institute der öffentlichen Hand, eine neue Entwicklung der Nachkriegszeit, hatte die Wettbewerbslage der BHG in fast allen Zweigen ihres Geschäftes negativ verändert. Neue starke Finanzinstitute drängten in die Ordnung der alten Konsortien, so daß eine Schmälerung der ererbten hohen Quoten abzusehen

war. Der wachsenden Kapitalintensität der Industrie mußte die Größenordnung der Einzelkredite angepaßt werden. Wie weit würde die BHG dieser Entwicklung bei der für sie so wichtigen industriellen Großkundschaft folgen können?
Es zeigte sich, daß günstigere Zinssätze und längere Fristen der Konkurrenz die Treue alter Kunden bald erschüttern. Zwar war die Rentabilität der BHG durch stattliche Beteiligungserträge und die Realisierung von Kursgewinnen alter Wertpapierbestände vorerst gesichert, doch für die Zukunft war das kein Fundament. Bedrückend war vor allem, daß es vom Auslandsgeschäft, der alten Domäne der BHG, nur rudimentäre Ansätze gab. Gerade hier sah ich noch ungenutzte Chancen.

Während solcher Beobachtungen und Überlegungen – ich war gerade warm geworden am neuen Arbeitsplatz, überschwemmt vom laufenden Geschäft, der Kalender angefüllt mit Sitzungs- und Reiseterminen – trat der Intendant des Bayerischen Rundfunks, Christian Wallenreiter, an mich mit dem Wunsch heran, ihn in Finanzangelegenheiten seiner Rundfunkanstalt zu beraten. Er wollte wissen, wie sich die mit hohem Kostenaufwand verbundene Einführung des Fernsehens auf die Finanzlage seiner Anstalt auswirken würde und wie man künftige Finanzdispositionen dieser Entwicklung anpassen müsse. Dafür wünschte er eine Prognose für das nächste Jahrzehnt. Obwohl ich beteuerte, für die Beantwortung seiner Frage keine Sachkunde mitzubringen, beharrte Wallenreiter auf seinem Wunsch, weil er meinte, keinen anderen unabhängigen Experten zu finden, der sowohl von Finanzen als auch von der bayerischen Welt und ihrer

Mentalität etwas verstünde. Ich war ihm dadurch bekannt, daß ich in den fünfziger Jahren über seinen Sender viele Male im Wechsel mit Volkmar Muthesius, einem führenden Finanzpublizisten dieser Zeit und guten Freund, den wöchentlichen »Wirtschaftskommentar« gesprochen hatte. Als sich Wallenreiter nicht abweisen ließ, stellte ich ihm zur Abschreckung eine extrem hohe Honorarforderung. Vergebens, Wallenreiter bewilligte meine Forderung seufzend, aber ohne Zögern. So hatte ich den schwarzen Peter. Daß mich eine seriöse Untersuchung der finanziellen Entwicklung des Hörfunks und des neu hinzukommenden Fernsehens in Bayern neben dem vollen Einsatz für die BHG einige Monate Nachtarbeit kosten würde, war klar.
Die Einarbeitung in das Finanzwesen des Rundfunks und seine Zusammenhänge mit der Post kostete Zeit, eröffnete aber interessante Blicke auf unbekannte Horizonte. Irgendwelche Vorbilder für die verlangte Untersuchung gab es nicht. Da half mir ein Einfall: die Ausbreitung des Fernsehens in Schottland ließ sich wegen einiger allerdings sehr ferner Ähnlichkeiten mit den bayerischen Verhältnissen statistisch vergleichen. Das war gewiß ein grober Vergleich, der so stark er auch hinkte, dennoch hilfreich war. BBC London, um Hilfe gebeten, lieferte bereitwillig einen Berg von Daten, bei deren Verarbeitung ich freundliche Hilfe in der BHG fand.
Im März 1962 konnte ich ein Gutachten über »Finanzfragen des Bayerischen Rundfunks« vorlegen. Mit dieser Arbeit, mit der ich mich weit – wie bei einem freien Brückenvorbau – in die Prognose gewagt hatte, habe ich großes Glück gehabt. Die aufgrund wackliger Prämissen vorausberechneten Daten haben immerhin für sechs Jah-

re ziemlich genau mit der tatsächlichen Entwicklung übereingestimmt und für die Finanzpolitik des Münchner Senders als nützliche Orientierung gedient.

Jahre später, bei einem Empfang des Goethe-Institutes in New York, traf ich Wallenreiter. Er nahm mich bei der Hand, um mich Kardinal Wendel vorzustellen. Eminenz, sagte er, auf mich weisend, ich möchte Ihnen in Herrn Dohrn eine Seltenheit vorstellen, einen lebenden Propheten. Aber die Eminenz interessierte sich überhaupt nicht für lebende Propheten.

Auf Anregung der Mediobanca in Mailand, an der sich die BHG auf Anregung von Hans Fürstenberg frühzeitig mit einer kleinen Quote beteiligt hatte, war der italienische Reifenkonzern Pirelli an die BHG herangetreten, ihm beim Erwerb einer Niederlassung auf dem deutschen Markt behilflich zu sein. Es gelang, in geduldigen Verhandlungen eine haltbare Liaison zwischen Pirelli und Veith-Gummi herzustellen. Aber dieser Operation folgten ähnliche Geschäfte, also das Management von Übernahmen, Fusionen, Beteiligungen usw. nicht nach. Der BHG fehlte es an den Fachkräften, um diesen Geschäftszweig einer banque d'affaires systematisch zu entwickeln.

Der Aufbau des Auslandsgeschäftes war dadurch erschwert, daß man in Frankfurt erst spät damit begonnen hatte, als gute Verbindungen im Außenhandel längst in den Händen anderer Banken waren. Zudem hatten die Geschäftsinhaber dem für das Auslandsgeschäft zuständigen Direktor Dr. von Nussbaum in unbegreiflicher Verkennung der Anforderungen dieser Sparte gleichzeitig die Verantwortungslast des Personalchefs aufgebürdet. Da war es fast ein Wunder, daß trotzdem Ansätze für die Entwicklung des Auslandsgeschäftes entstanden waren. Daß es unter solchen Umständen gelang, die BHG an dem mit dem deutschen Export ständig wachsenden Auslandsgeschäft zu beteiligen, war abgesehen von der erfolgreichen Arbeit meiner Assistenten Michael von Brentano und Hans Berndt auch der Zauberwirkung der Visitenkarte mit dem noch nach Jahrzehnten in der internationalen Finanz unvergessenen Namen Berliner Handels-Gesellschaft zu danken. Es war diese Visitenkarte, der sich an den großen Finanzplätzen viele schwer zu öffnende Türen leicht auftaten, dieselbe Visitenkarte, die auch zu einer Einladung zum Lunch bei Mr. David Rokkefeller in der Chase-Manhattan-Bank mit anschließender Besichtigung der von ihm mit feiner Kennerschaft erworbenen Bilder zeitgenössischer Maler führte.

1959 hatte die BHG eine DM-100-Millionen-Anleihe der Österreichischen Donaukraftwerke AG als erste klassische deutsche Auslandsanleihe in der Nachkriegszeit auf den Markt gebracht, ein beachtlicher Erfolg. Aber erst 1962 bildete sie wieder ein Konsortium, diesmal für eine DM-40-Millionen-Anleihe der Finnischen Industrie-Hypothekenbank AG.

Diese erste DM-Anleihe eines finnischen Emittenten hat am Anfang einer langen Reihe ähnlicher Geschäfte der BHG mit dem gleichen Emittenten in Finnland gestanden. Als andere Anleiheoperationen mit Großbritannien – ICI –, Südafrika, Österreich und Kanada folgten, war die BHG in das internationale Emissionsgeschäft zurückgekehrt. Aber als sie von der Mediobanca in Mailand 1965 zu einer Anleihe für die ENEL (Ente Nazionale per l'Energia Elettrica) mit Paralleltranchen in anderen EWG-Währungen – deutsche Tranche DM 100 Millionen – eingeladen wurde, mußte sie die ihr zuerst von der Mediobanca angetragene Führung des deutschen Konsortiums der Deutschen Bank überlassen, die nicht bereit war, sich bei diesem Geschäft unter die Führung der kleinen BHG zu stellen. Es kostete mich Mühe, durch persönliche Intervention bei Hermann Abs wenigstens das Zugeständnis der Mitführung für die BHG zu erwirken. Diese Erfahrung machte die Schwäche der BHG bei großen Operationen des internationalen Finanzgeschäfts deutlich. Sie wurde als eine Warnung verstanden, mit Schritten zur Stärkung ihrer finanziellen Potenz nicht länger zu warten.

In der BHG waren die großen Anleihegeschäfte mit Rußland vor 1914 nicht vergessen. Zwar gab man sich keiner Täuschung darüber hin, daß der Gang der Weltgeschichte die Voraussetzungen für eine auch nur bescheidene Wiederholung dieser Verbindung zerstört hatte. Dennoch versuchte man unter Berufung auf die Zarenzeit durch einen Brief an die GOS-Bank in Moskau herauszufinden, ob dort für die Wiederaufnahme dieser von der Zeit verschütteten Kontakte Interesse bestünde. Prompt kam der Bescheid, man sei interessiert und würde gerne einen der Chefs der BHG in Moskau zu einer Besprechung begrüßen.
Im Winter 1962, also zu einer Zeit, in der private Reisen in die Sowjetunion noch den Hauch des Abenteuers an sich hatten, kam ich abends bei −28 Grad von Finnland her in Moskau an. Als ich mich im überfüllten Speisesaal des Hotel National gegenüber der Kremlmauer aufwär-

men konnte und mit französischen Tischnachbarn in eine Unterhaltung über die Lebensumstände in Moskau kam, warnten mich diese schon nach den ersten Sätzen wegen der ringsum in den Wänden des Saales und unter den Tischen eingebauten Abhörwanzen vor einer freimütigen Sprache. Sie erklärten sich jedoch bereit, mich am nächsten Morgen bei einem Spaziergang im Freien mit den gewünschten Auskünften zu versorgen ...
Schon der vernachlässigte Zustand der Bankgebäude in Moskau machte deutlich, daß dort den Einrichtungen des Geldwesens keine besondere Achtung entgegengebracht wurde. Mein Gespräch mit einem Mitglied der Direktion der Staatsbank, einer Frau, vermittelte ein jugendlicher Dolmetscher, der akzentfrei perfektes Deutsch sprach. Die Unterhaltung ergab, daß es für die BHG außer dem Devisenhandel, der rasch in Gang kam, nur wenige Geschäftsmöglichkeiten gab. Mehrere andere deutsche Banken waren auf diesem Gebiet längst tätig geworden, aber als deutscher Banker in leitender Position war ich als erster nach Moskau gekommen, und die Russen haben das damals, wie noch zu berichten ist, registriert.
Die Sowjetunion hatte Bedarf an Investitionsgütern für die Gewinnung und den Transport von Mineralöl und Erdgas – der Einkauf von Konsumgütern stand nicht auf ihrem Programm. Das waren Geschäfte mit hohem Finanzaufwand, der durch konsortiale Großkredite unter Führung deutscher Großbanken finanziert wurde. Die BHG hat sich an solchen Konsortien beteiligt. Bei dieser Struktur des sowjetischen Außenhandels sind aber die Möglichkeiten, ein Geschäft mittlerer Größenordnung anzubahnen, gering. So ist die Verbindung der BHG mit der Sowjetunion bedeutungslos geblieben.

Die Russen bedankten sich für meinen Besuch, der erste des Chefs einer deutschen Bank, wie sie konstatierten, indem sie mir die Gold- und Edelsteinsammlung der Staatsbank zeigten, wo Goldbarren jeder Größenordnung, Goldmünzen aller Länder und große Schätze von Edelsteinen verwahrt wurden. Einen kleinen Berg von Diamanten, Smaragden, Rubinen, Saphiren ließen sie in einer Vitrine vor mir ausbreiten und drängten mich, mir etwas davon auszusuchen. Warum sollen das nur reiche Japaner kaufen? Wir wünschen, daß solche Steine möglichst in Europa bleiben. Sie brauchen hier nicht zu bezahlen. Wir wissen genug über Sie, um darauf zu vertrauen, daß Sie uns in Deutschland bezahlen werden. Sie befürchten Schwierigkeiten mit dem Zoll auf dem Flughafen? Ja, haben Sie denn keine Westentasche? Ich befolgte diese Ratschläge und habe einige schöne Dinge mitgenommen.

Als die Sowjetische Außenhandelsbank zehn Jahre später in Frankfurt unter der Firma Ost-West Handelsbank AG eine Niederlassung eröffnete, fragte sie mich unter Berufung auf meinen Besuch in Moskau anno 1962 – über den offenbar noch ein Dossier existierte – ob ich als ihr Berater zur Verfügung stehen könne. Alexej Dubonossow, der erste Leiter der Ost-West Handelsbank, der einmal als Lehrling bei der Russischen Bank in Shanghai angefangen und während des Zweiten Weltkrieges in London die Moskau-Narodny-Bank gegründet hatte, war unter seinen Mitbürgern eine Ausnahme, er hatte den größeren Teil seines Lebens in der »kapitalistischen« Welt außerhalb der Sowjetunion im Dienste seines Landes verbracht und begriff die Marktwirtschaft.

Seine Nachfolger, aufgewachsen in der zentral gelenkten

Planwirtschaft, hatten solche Erfahrungen nicht. Viele Vorgänge, die sich um sie herum abspielten, waren ihnen daher schwer zu erklären. Mühsam mit Hilfe des in zwei gegenüberliegende Reihen aufgeteilten Inhalts einer Streichholzschachtel, die eine Reihe das Angebot, die andere Seite die Nachfrage darstellend, versuchte ich, ihnen das Zustandekommen des Preises, dann des Zinses und die dabei vorkommenden Schwankungen, kurz, das Funktionieren eines Marktes verständlich zu machen. Meine Zuhörer behaupteten, mich verstanden zu haben. Dieselbe Art sozusagen augenfälliger Belehrung, veranstaltet bei der Außenhandelsbank in Moskau, blieb erfolglos. Meine Warnung, das starre Bestehen auf nicht marktgerechten Zinssätzen würde jedes deutsche Kreditkonsortium dazu zwingen, sich den Fehlbetrag beim Zins durch Preiserhöhung bei den gelieferten Industriegütern zu holen, machte keinen Eindruck, erfüllte den Chef der Außenhandelsbank vielmehr mit erleichterter Begeisterung: dann bin ich ja das Problem mit dem Zins los, dann muß sich der Kollege von Techmaschimport damit beschäftigen! Mit einer solchen Mannschaft können umwälzende Reformen in der Sowjetunion sicherlich nur langsam durchgeführt werden. Personell fehlen die Voraussetzungen, ein marktwirtschaftliches System aufzubauen und zu betreiben.
Im Vergleich damit entwickelten sich die Verbindungen mit den Banken der anderen Ostblockländer nach Anknüpfung der nötigen persönlichen Kontakte günstig. Dabei wirkte sich auch aus, daß in den Banksystemen dieser Länder noch manche Fachkräfte aus der »kapitalistischen« Zeit tätig waren.

Nicht in der Erwartung geschäftlicher Anregungen, sondern aus reiner Neugier machte ich auch der COMECON-Bank einen Besuch, wo ich von einem russisch-rumänisch-polnisch-deutschen Quartett empfangen wurde. Der Vertreter der Notenbank in Berlin-Ost, Herr Töpper, fungierte als Dolmetscher der Unterhaltung, in der ich über die Tätigkeit der COMECON-Bank, einer blassen Kopie der Weltbank, bereitwillig informiert wurde. Zum Dank für seine Gesprächshilfe lud ich Töpper zum Essen in ein nahegelegenes exotisches Restaurant ein, wo wir bald in eine gereizte Unterhaltung über die Politik der DDR gegenüber der Bundesrepublik gerieten. »Es ist eben ein Unglück, daß in der DDR Deutsch gesprochen wird. Würde es dort eine andere Landessprache geben, dann würden Sie schnell begreifen, daß die DDR ein fremder Staat ist, der mit der Bundesrepublik Deutschland nichts zu tun hat.« Das warf mir Töpper als Bekenntnis eines SED-Fanatikers an den Kopf.
Beim hundertjährigen Jubiläum der Bank Handlowy Sp.a. in Warschau fand in dem liebevoll von seinen Kriegsschäden geheilten Palais Lazienki in Warschau ein Kammerkonzert statt. Während der Pause wandelte das Publikum in den mit alten Möbeln und Bildern geschmackvoll ausgestatteten Räumen auf und ab. Unter den Gästen traf ich Töpper aus der DDR. »Ist es nicht schön hier in diesem Schloß?« Töpper erwiderte in verächtlichem Ton: »Hier werden solche Häuser mit großem Aufwand repariert, wir in der DDR sprengen so etwas in die Luft«, womit er die Kahlschlag-Tendenzen seines Staates wohl etwas übertrieben beurteilte; man denke an manche geglückte Renovierung im Arbeiter- und Bauernstaat.

Dem Versuch, in Südafrika geschäftlich Fuß zu fassen –
mit Anleiheoperationen und der Finanzierung von Export- und Importgeschäften – war ein gründliches Studium der ethnischen, politischen und wirtschaftlichen Verhältnisse dieses Landes vorangegangen. Als ich in Johannesburg landete, wußte ich eine Menge von Südafrika, aber ich kannte dort nicht einen einzigen Menschen. Der Zufall half mir rasch. Der Hotelportier, dem ich meinen Reisepaß vorlegte, sagte mir in der Annahme, ich sei deswegen angereist, die Deutsch-Südafrikanische Handelskammer tage heute im Saal des Hotels, die Versammlung sei schon im Gange. Sofort begab ich mich dorthin, stellte mich dem Präsidenten der Kammer vor und bat um Erlaubnis, teilzunehmen.

Der Präsident betrachtete den Ankömmling aus Deutschland als eine Attraktion und stellte mich seinem Publikum vor. Bald war ich umringt von einer wachsenden Schar, die mich mit Fragen überhäufte. Eine Stunde später war meine Rocktasche voll mit Visitenkarten und mein Notizbuch angefüllt mit den Adressen der vielen, die mich eingeladen hatten, sie und ihre Betriebe zu besuchen. Mehr noch: Ich traf einen ergiebigen Gesprächspartner, einen Münchner Rechtsanwalt, der nach Kriegsende 1946 aus Deutschland, dem er damals keine Chance mehr gegeben hatte, ausgewandert war. Er gefiel mir so gut, daß ich ihn fragte, ob er bereit sei, als Repräsentant für die BHG in Südafrika tätig zu werden. Das Engagement ist zustande gekommen und hat sich als eine besonders glückliche Wahl erwiesen. Was das große Finanzgeschäft anbetraf, dessentwillen ich nach Südafrika gereist war, so wurde ich an diesem Abend von freundlichen Ratgebern darüber belehrt, daß der Finanzminister auf diesem Gebiet eine strenge Kontrolle führe und daß ohne dessen Zustimmung nichts ginge. Also mußte ich zuerst und vor allem einen persönlichen Kontakt zu dem Minister herstellen, alle anderen Besuche vorher wären Zeitverschwendung gewesen. Als ich erfuhr, daß er in Kapstadt amtierte, nahm ich gleich am nächsten Morgen das erste Flugzeug nach Kapstadt, wo ich noch vor der Mittagspause rechtzeitig eintraf, um telefonisch im Vorzimmer des Ministers einen Besuchstermin für mich zu erbitten. Ich war auf eine längere Wartezeit gefaßt. Statt dessen wurde mir angeboten »heute nachmittag um 3 Uhr, obwohl der Minister wenig Zeit haben wird, oder wenn Sie das vorziehen sollten, in drei Tagen.« Natürlich entschied ich mich für Nachmittag 3 Uhr und wurde auch sofort vorgelassen.

Finanzminister Nikolaus Diederichs, ein würdiger Sechziger, empfing mich mit abwartender Zurückhaltung. Sein gutes Deutsch erklärte sich durch seine Herkunft aus einer deutschen Einwandererfamilie der vorigen Generation und sein Jurastudium in Leipzig. Als ich ihm darlegte, mit welchen Absichten ich nach Südafrika gekommen sei, stellte er einige gezielte Fragen, durch deren gute Beantwortung ich seine Aufmerksamkeit zu finden versuchte, – mit Erfolg. Ich schlage vor, so sein Resümee nach zwanzig Minuten, wir sollten uns morgen vormittag ausführlich unterhalten, jetzt habe ich leider eine andere Verpflichtung.
Am nächsten Vormittag hatte Diederichs viel Zeit für mich. Ich breitete ihm meine Vorstellungen über einige

Stellen hohen Kapitalbedarfes in Südafrika aus, so zum Beispiel im Steinkohlenbergbau, wo eine Eisenbahn für den Kohletransport an die Küste und ein Kohlehafen am Indischen Ozean gebaut werden sollte, für Kapazitätserweiterungen in der Elektrizitätswirtschaft, für die Modernisierung des öffentlichen Nahverkehrs in den Großstädten. Ich dozierte auch über den Ausbau der Werftkapazitäten für Großtanker, die den Suezkanal (damals) nicht passieren konnten und daher das Kap umfahren mußten. Diederichs hörte mir, leicht überrascht aber ohne Widerspruch ruhig zu. Ihr Panorama, sagte er, ist nicht falsch, aber hierzulande geht man mit Bedacht Schritt für Schritt voran. Ich erwiderte, auch die BHG pflege einen konservativ-vorsichtigen Geschäftsstil, wolle aber an den Südafrika gestellten großen Aufgaben mitwirken. Dazu wünschte mir Diederichs Erfolg und fügte hinzu, es sei gut für ihn, von nun an zu wissen, mit wem er es zu tun hätte, wenn eines Tages von der BHG finanzierte Projekte auf seinen Tisch kämen. Ich ging mit dem Eindruck fort, das Vertrauen des wichtigen Ministers, einer Respekt gebietenden Persönlichkeit, gewonnen zu haben – am dritten Tag meines ersten Aufenthaltes in Südafrika.

Als ich, nach Johannesburg zurückgekehrt, dort die führenden Banken des Landes besuchte, merkte ich, welches Gewicht es hatte, daß ich in meinen Gesprächen die persönliche Bekanntschaft mit dem Finanzminister erwähnen konnte.

Die BHG hat in der Folge eine Reihe großer Anleihegeschäfte für südafrikanische Emittenten durchgeführt und sich auch erfolgreich in die Außenhandelsfinanzierung mit diesem Land eingeschaltet. Eine intensive Pflege der dort aufgebauten Beziehungen war nötig. Ich selbst bin während meiner aktiven Zeit sechsmal in Südafrika gewesen. Zu Nikolaus Diederichs entwickelte sich ein freundschaftliches Verhältnis. Er kam jedes Jahr einmal nach Europa und hat mich dann jedesmal zu einem Meinungsaustausch besucht. Als er zum Staatspräsidenten der Republik Südafrika gewählt wurde, hat er mich zur Feier seiner Amtseinführung im April 1975 eingeladen, an der ich während eines mehrtägigen Aufenthaltes in Kapstadt teilgenommen habe.

Gewiß war das Aufsuchen von geschäftlichen Nischen, welche die Konkurrenz noch nicht beachtet hatte, mühsam, aber insgesamt lohnend. Oft ist die Anknüpfung neuer Verbindungen leichter gewesen als die Überwindung der Berührungsängste des eigenen Hauses vor unbekannten, noch fremden Risiken. Geschäften mit der Staatsbank in Moskau begegnete stirnrunzelndes Mißtrauen: Glauben Sie im Ernst, Ihr gutes Geld jemals aus Rußland wiederzusehen? Ja, davon bin ich überzeugt, die Russen zahlen pünktlich, oder sie kommen selbst. Geschäfte mit Japan wurden als exotisch betrachtet. Ist Ihnen klar, daß Sie sich in einem unbekannten Land auf der anderen Seite der Erdkugel engagieren? Ja, aber die weite Entfernung müssen Sie vergessen, die gibt es heute nicht mehr. Über Nacht bringt uns das Flugzeug nach Japan. Und diesem Automobilwerk in Spanien wollen Sie noch mehrere Millionen leihen? Wissen Sie überhaupt, was aus Spanien wird, wenn Franco stirbt? Nein, aber wissen Sie, was aus der BHG wird, wenn ihr Geschäftsinhaber Wilhelm von Tümpling stirbt? Es war mühsam.

Während ihr Geschäftsvolumen stetig wuchs, erfolgreiche Abschlüsse vorgelegt und Dividenden ausgeschüttet werden konnten, ist die BHG nicht nur von anderer Seite auf eine Kooperation angesprochen worden, sondern hat deshalb auch selbst Fühler ausgestreckt. Aus einer, wie ich annehme, zu Anfang der fünfziger Jahre, also vor meinem Eintritt als Geschäftsinhaber übernommenen Kommandit-Beteiligung bei C. G. Trinkaus u. Burkhardt, Düsseldorf, hat sie sich wegen Meinungsverschiedenheiten in geschäftspolitischen Grundsatzfragen 1961 zurückgezogen. Die letzten Verhandlungen über die Abwicklung dieser Beteiligung haben am Anfang meiner Arbeit bei der BHG gestanden. Einige andere Kontakte, die über das Stadium der Gedankenspiele hinausgelangt sind, verdienen Erwähnung.

Eine Anregung zur Zusammenarbeit ist meines Wissens 1959, vielleicht auch früher, durch Sigmund Warburg von S. G. Warburg & Co. London, an die BHG herangetragen worden. Hans Fürstenberg hat diesen Plan favorisiert. Als ich Anfang 1960, lange vor meinem Eintritt bei der BHG, zu Verhandlungen über wasserwirtschaftliche Investitionen in Israel war, hatte mir Sigmund Warburg bei gemeinsamen Fahrten durch das Land davon erzählt, daß er wegen einer wechselseitigen Beteiligung von Warburg/London und BHG im Gespräch stünde. Er hatte nach meinem Eindruck an diesem Projekt ernstes Interesse. Der Plan ist nicht verwirklicht worden, und meine Partner von Schwarzkoppen und von Tümpling haben mir später gesagt, er sei an Warburgs überzogenen Bewertungsvorstellungen zugunsten seines Londoner Hauses gescheitert. Warburg hat das, wie ich von ihm weiß, anders gesehen. Ex post mag man den negativen Ausgang dieses Projektes angesichts der großen Position der Londoner Bank im internationalen Geschäft als versäumte Gelegenheit bedauern. Wer freilich die gravierenden Unterschiede in Wesen, Weltverständnis und Geschäftsstil beider Kontrahenten kennt, wird der Harmonie eines solchen Gespannes auch im Rückblick keine sichere Chance geben.

Ausgangspunkt eines anderen Planes war mein freundschaftliches Verhältnis zu Hans Christoph von Tucher, der die Idee entwickelte, die Bankabteilung der Bayerischen Vereinsbank mit der BHG zusammenzuführen. Er hat diesen Plan in seiner ganzen Variationsbreite wieder und wieder mit mir erörtert, ohne daß wir zu einer praktikablen Lösung gelangt wären. Die Verwirklichung seines Plans hätte tiefe Eingriffe in gewachsene Strukturen verlangt und insgesamt wahrscheinlich mehr Nachteile als Vorteile gehabt. Die Führungsgremien beider Banken haben den Plan nach Tuchers frühem Tod nicht weiter verfolgt.

Mit Unterbrechungen habe ich über einen längeren Zeitraum hinweg mit der Banque de Paris et des Pays-Bas Gespräche mit dem Ziel geführt, dem internationalen Geschäft der BHG durch das Zusammengehen mit einem starken ausländischen Partner größere Möglichkeiten zu eröffnen. Man wußte, daß die Paris-Bas sich zusammen mit anderen Partnern der Hochfinanz, darunter Lehman Brother's, New York, Banque Lambert, Brüssel, an dem Versuch beteiligen wollte, die Mehrheitsbeteiligung der Bank für Gemeinwirtschaft an der Investitions- und Handelsbank AG, Frankfurt – einer Bank nicht gerade ersten standings – zu erwerben. Aus diesem Plan war nichts geworden, aber das Interesse der Paris-Bas an der Ausdehnung ihrer Interessen auf die Bundesrepublik, bisher ein weißer Fleck auf der Landkarte ihrer Geschäfte, war nicht erloschen. Mit dem Blick auf die Zukunft eines wirtschaftlich mehr und mehr zusammenwachsenden Europa hielt ich es der Mühe für wert, die Möglichkeiten einer Kooperation mit der Paris-Bas, einem Partner von überlegener finanzieller Potenz und interessanter Kundschaft, sorgfältig auszuloten. Dieses Thema ist daher in der Pariser Rue Lafitte wie in Frankfurt gründlich erörtert worden. Trotz weitgehender Kompromißbereitschaft beider Seiten, ein brauchbares Konzept für eine Kooperation zu finden, sind diese Verhandlungen ergebnislos geblieben. Den Franzosen konnte eine noch so günstige Quote am Kommanditkapital der BHG nicht genügen, sie wollten – verständlicherweise – eine Beteiligung mit Mitspracherecht und wollten daher lieber einer Aktiengesellschaft als einer Kommanditgesellschaft auf Aktien beitreten. Die BHG wiederum konnte sich über die Sorge vor der Langzeitwirkung des Übergewichtes der stärkeren Paris-Bas nicht hinwegsetzen.

Auch zu der dem Pariser Rothschild-Haus nahestehenden Banque Lambert in Brüssel, deren Aufsichtsrat ich mehrere Jahre angehört habe, sind sorgsame Beziehungen gepflegt worden. Gegenstand und Geographie des Geschäfts beider Banken lagen aber so weit auseinander, daß eine engere Kooperation nicht zustande kam. Als ich 1958 dem Bürgermeister von Sapporo auf der japanischen Nordinsel Hokkaido eine DM 100 Millionen-Anleihe zur Finanzierung der Olympischen Winterspiele anbot, sprach ich auch im Namen dieser Brüsseler Geschäftsfreunde. Das Geschäft kam nicht zustande, weil der japanische Fiskus diese Finanzierung übernahm. Durch die Banque Lambert kam ich auch – eine Episode – für kurze Zeit in den Aufsichtsrat der international angesehenen Holding-Gesellschaft SOFINA, als Lambert mit der Societé Générale dort um die Vorherrschaft – vergeblich – kämpfte.

In summa haben die im Laufe der Zeit mit anderen Banken geführten Kontaktgespräche – auch einige, die hier nicht erwähnt werden – und die Erfahrungen des täglichen Geschäftes die Meinungsbildung über die Zukunftsstrategie der BHG stark beeinflußt. Die Einsicht setzte sich durch, daß die BHG, wollte sie nicht wie viele andere kleine Banken eines Tages von der Bühne abtreten, eines kräftigen Entwicklungsschubes bedürfe. Schwartzkoppen hat das in der Theorie akzeptiert, sich aber gefühlsmäßig nur schwer mit der Vorstellung befreunden können, die Eigenständigkeit einer Quasi-Privatbank vom standing der BHG zugunsten einer Partnerschaft mit einer ganz anders strukturierten Bank aufzugeben. Als Realist sah er jedoch ein, daß die BHG im Alleingang den nötigen Schritt nach vorne nicht tun konnte. Ein Partner war nötig, der in der Größenordnung vergleichbar, in seiner geschäftlichen Struktur möglichst komplementär sein sollte. Derartige Voraussetzungen waren im Verhältnis der Frankfurter Bank zur BHG gegeben, noch dazu mit dem Vorteil des Domizils am gleichen Platz.

Wegen meines Eintritts bei der BHG hatte ich 1961 den Aufsichtsrat der Frankfurter Bank verlassen müssen. Richard von Szilvinyi, Vorsitzender des Aufsichtsrates der Frankfurter Bank, hatte mir zum Abschied den Wunsch mit auf den Weg gegeben, die Möglichkeit eines Zusammengehens der beiden Banken nicht aus den Augen zu verlieren. Er erinnerte mich daran, daß es die Frankfurter Bank 1946 gewesen war, die den aus Berlin geflüchteten Angehörigen der BHG ein erstes Büro im Keller ihres zerbombten Gebäudes in Frankfurt eingeräumt hatten. Szilvinyi sah voraus, daß es für kleine Banken mit fortschreitenden Jahren schwer werden würde, zwischen den Elefantenbeinen der privaten und öffentlichen Großinstitute genügend Platz für ihre Fortexistenz zu behalten. Als sich beide Banken 1948 nach der Währungsreform unabhängig voneinander an die Arbeit machten, ihre Geschäfte neu aufzubauen, ist von dem Gedanken eines Zusammenschlusses keine Rede gewesen. Erst die großen Veränderungen, die sich seitdem im deutschen Kreditsystem vollzogen, haben das Nachdenken darüber aktuell werden lassen.

Die Geschichte der Frankfurter Bank, 1854 gegründet, hatte bis zum Ende des Zweiten Weltkrieges einen mit der Geschichte der BHG in nichts vergleichbaren Verlauf genommen. In ihren ersten Jahren ist die Frankfurter Bank die Notenbank der Freien Reichsstadt Frankfurt gewesen und hat erst 1901 zugunsten der Reichsbank auf das Recht der Notenausgabe verzichtet. Sie hat dann lange als Hinterlegungsstelle für Mündelvermögen gedient und daneben ein lokales Depositen- und Depotgeschäft betrieben. Nach dem ersten Krieg übernahm sie im Auftrag der Preussischen Staatsbank (Seehandlung) den

Geldausgleich zwischen Berlin und Süddeutschland und betrieb in kleinem Umfang auch das Kontokorrentgeschäft.

Der Zusammenbruch von 1945 erzwang die Umstellung auf eine neue Betätigung. Unter der weitsichtigen und energischen Führung von Dr. Hermann Jannsen, ehemaligem Vorstandsmitglied der Reichskreditgesellschaft in Berlin, wandte sich die Frankfurter Bank dem industriellen Geschäft nicht nur im lokalen Rahmen, sondern in der ganzen Bundesrepublik zu. Binnen weniger Jahre entwickelte sie sich zu einer höchst aktiven Bank des Industriekredits, eine der großen Leistungen im deutschen Kreditgewerbe der ersten Nachkriegszeit. Durch zielbewußte Akquisition und den Mut zur Übernahme neuartiger Risiken – zum Beispiel bei der Exportfinanzierung – ist der Frankfurter Bank, getragen von der Woge der Wiederaufbaukonjunktur, die Umstellung auf das industrielle Kreditgeschäft hervorragend gelungen.

Otto Neubaur, mein Vorgänger im Vorstand der KfW, der dem Aufsichtsrat der Frankfurter Bank angehörte, war mit ihrer Geschäftspolitik, die ihm zu wagemutig war, nicht einverstanden und legte deshalb sein Mandat nieder. Er hatte aber nichts dagegen, daß ich auf den von ihm geräumten Platz in den Aufsichtsrat der Frankfurter Bank gewählt wurde. Auf diese Weise habe ich ihr Geschäft und die Arbeitsweise ihres Managements aus der Nähe beobachtet. Ich kannte daher die Frankfurter Bank von innen, als über eine Fusion mit ihr zu entscheiden war, ja gerade mein Wissen um die Interna dieses Partners hat wesentlich dazu beigetragen, die Idee der Fusion zu verwirklichen.

Im Aufsichtsrat der Frankfurter Bank traf ich mit Herbert Quandt zusammen, der – wenn auch mit weniger als 25 Prozent – ihr größter Einzelaktionär war. Auf diesen Paketbesitz gründete er seinen Anspruch, durch den Vorstand über größere Geschäfte gesondert – nicht nur in den Aufsichtsratssitzungen – informiert zu werden. Daß dies nicht geschehen war, darüber machte er seinem Ärger im Aufsichtsrat Luft. Ich fand sein Verlangen ungerechtfertigt, aktienrechtlich unbegründet und sagte ihm das unverblümt. Quandt nahm das übel auf. Als er sein Verlangen bei anderer Gelegenheit wiederholte, opponierte ich ihm wieder. Das war Quandt, Herr über ein großes Konzernvermögen, nicht gewohnt, er entrüstete sich entsprechend. Der Vorsitzende griff beschwichtigend ein.

Privateigentum an den Produktionsmitteln gehört zu den tragenden Fundamenten unserer Gesellschafts- und Wirtschaftsordnung. Damals erlebte ich am Beispiel Quandt aber auch die Versuchungen, zu denen die Macht einzelner über große Vermögenskomplexe verführen kann.

Auf ihrem Weg in das industrielle Kreditgeschäft ist die Frankfurter Bank der bei einer anderen Klientel engagierten BHG nicht als Konkurrent begegnet. Beide Banken standen nebeneinander, nicht gegeneinander, aber zunächst auch nicht miteinander. Bei genauem Hinsehen lagen freilich die Chancen wechselseitiger Ergänzung der Aktivitäten beider Institute offen zutage. Die alten Verbindungen der BHG zur Großindustrie wurden durch die Beziehungen ergänzt, die von der Frankfurter Bank zu einer Vielzahl von Firmen mittlerer Größe und zu Niederlassungen großer ausländischer Gesellschaften aufgebaut worden waren. Für das Auslandsgeschäft brachte die BHG den good will ihres alten internationalen standings mit. In dieser Erkenntnis sind beide Banken in der zweiten Hälfte der sechziger Jahre aufeinander zugegangen, um in concreto zu prüfen, ob und wie man miteinander besser als allein arbeiten könnte.

Die Fusion der beiden alten Banken erwies sich als ein schwieriger Vorgang der Verschmelzung von zwei lange unabhängig voneinander gewachsenen menschlichen Arbeitsgemeinschaften, empfindlichen Organisationen mit lokalen Überlieferungen und verschiedenem Hausgeist. Der Zusammenschluß war daher nicht nur eine Sache ordnender Juristen, rechnender und wertender Bankiers, sondern auch eine psychologische Aufgabe. Auf meinen Vorschlag ist deshalb in die Verhandlungen zwischen den beiden Banken ein sensibler Moderator eingeschaltet worden. Arno Seeger, erfahren als Unternehmensberater, hat durch konstruktive Vorschläge und einfühlsame Vermittlung dem Zustandekommen der Fusion große Dienste erwiesen.
Im Verlauf der Fusionsverhandlungen hatte Herbert Quandt überraschend verlangt, ihn am Kapital des aus der Fusion hervorgehenden Institutes mit einer Schachtel zu beteiligen, die er durch Poolung seines Aktienpaketes mit den von Hans Gerling gehaltenen Aktien bilden und darauf den Anspruch auf einen Sitz im Aufsichtsrat der neuen Bank gründen wollte. Dieses Verlangen war für uns unannehmbar. Die fusionierte Bank mußte von jedem industriellen oder sonstigen Einfluß frei bleiben, durfte weder eine Quandt-Bank noch die einer anderen Gruppe werden. Mir fiel die unbequeme Aufgabe zu, Herrn Quandt im Beisein seines Mitarbeiters Horst Pavel

mitzuteilen, daß er uns sowohl als Aktionär wie im Aufsichtsrat unerwünscht sei und daß wir, sollte er an seinem Verlangen festhalten, die geplante Fusion scheitern lassen müßten. Das Klima dieses Gespräches war eisig, aber Quandt gab nach, er war Ärger mit mir schon seit den Kontroversen gewohnt, die wir im Aufsichtsrat der Frankfurter Bank miteinander gehabt hatten.
Bei einer Fusion der Personalapparate zweier Banken geht es ähnlich zu wie bei der Verschmelzung von zwei Symphonieorchestern. Hatten bisher beide Orchester je einen Konzertmeister, je zwei Solotrompeter und so weiter, so entstehen durch die Verschmelzung viele von nun an überflüssige Doppelbesetzungen im Orchester. Übertragen auf die Fusion der beiden Banken mußte entschieden werden, wer aus welchem der beiden Institute diesen oder jenen wichtigen Posten in der vereinigten Bank erhalten solle. Fehler und Ungerechtigkeiten blieben dabei nicht aus und die neue Personalplanung führte unvermeidlich zum Verlust von qualifizierten Kräften, die sich in berechtigten Karriereerwartungen enttäuscht sahen.
Aus der Übernahme der Frankfurter Bank durch die Berliner Handels-Gesellschaft ist am 1. September 1970 die BHF-Bank hervorgegangen. Diese Fusion war das letzte Projekt, an dessen Vorbereitungen ich wesentlich mitgewirkt und dessen erhoffte Synergieeffekte ich auch miterlebt habe.

# ZEHNTES KAPITEL

*Aufsichtsräte – Malta*

In mehr als drei Dutzend Aufsichtsräten habe ich einen Sack von Erfahrungen gesammelt. Das Reizwort von der Macht der Banken unterschlägt den Wert von Beistand und Rat der Banken in den Aufsichtsräten der Wirtschaft. Es ist nicht erkennbar, welche anderen Erfahrungsträger die Bankenvertreter in den Aufsichtsräten ersetzen könnten, die dort so wenig zu entbehren sind wie die Bienen während der Kirschblüte, wenn die Ernte gut ausfallen soll.

Margret Boveri, eine kluge und welterfahrene Frau, bekannt durch politische Bücher sowie als Auslandskorrespondentin des »Berliner Tageblatt«, später der »Frankfurter Zeitung«, eine grande dame des politischen Journalismus, meiner Familie befreundet durch ihre Arbeit bei Reinhard Dohrn in der Zoologischen Station in Neapel, fragte mich eines Tages: Sie sind doch in mehreren Aufsichtsräten, warum verschaffen Sie mir nicht einmal einen so hoch bezahlten Posten? Sie hatte es ernst gemeint. Ich fragte zurück: Welche Sachkunde würden Sie mitbringen? Wieso Sachkunde? Mein Versuch, die Tätigkeit eines Aufsichtsrates, seine Rechte und Pflichten ein wenig zu beschreiben, ging ins Leere. Margret Boveri hörte mir überhaupt nicht zu, sie wollte sich offensichtlich von ihrer Vorstellung, Aufsichtsräte seien hochbezahlte Sinekuren, nicht trennen. Damit war sie kein Einzelfall. Diese Einstellung ist hierzulande verbreitet. Von einigen Erlebnissen als Mitglied von Aufsichtsräten will ich erzählen.

Im Aufsichtsrat einer Metallwarenfabrik mittlerer Größe hatte ich meinen Partner von Schwartzkoppen im Vorsitz abgelöst. Ich machte mich auf, mir den Betrieb anzusehen. Mein Vorgänger hatte mir die Lage des Unternehmens als glänzend geschildert. Besonders stolz war er auf die von allen Bankschulden freie Bilanz. Die Betriebsbesichtigung versetzte mich in Schrecken. Der Maschinenpark war veraltet, lange Transportwege lagen zwischen den Werksabteilungen, von einem rationellen Fertigungsfluß konnte keine Rede sein. Ein kleines Walzwerk ältester Bauart sah aus wie Adolph Menzels Bild »Das Eisenwalzwerk«. Von meiner Besichtigung zurückgekehrt, berichtete ich: keine Bankschulden, aber der Betrieb schrottreif und daher in seiner Existenz gefährdet. Warum hatte der bisherige Aufsichtsrat diesem Verfall untätig zugesehen? Mein Vorgänger wußte keine Antwort. Er hatte den Betrieb niemals betreten und nur in den Bilanzen geblättert. Sofort wurde die Erneuerung der Anlage eingeleitet, sofort wurden Bankschulden bis zur vertretbaren Höchstgrenze aufgenommen. Es war keine leichte Aufgabe, die ahnungslosen Aktionäre über die Lage ihrer Gesellschaft wahrheitsgemäß zu unterrichten und ihnen die Initiativen des Aufsichtsrates zu erläutern, der einen Vorstand aus seinem Schlaf geweckt hatte und von nun an in Bewegung halten mußte.

Ein Jahrzehnt habe ich dem Aufsichtsrat der Mediobanca in Mailand angehört, die in einem unscheinbaren Domicil neben der Scala die mittel- und langfristigen Finanzierungen von Investitionen und Exportgeschäften betreibt sowie als Holding eines verzweigten Netzes von Beteiligungen an vielen großen Unternehmungen ein Herzstück des italienischen Kreditsystems ist. Enrico Cuccia, ihr Gründer und Chef, war und ist als Bankier in der italienischen Finanz eine Führungsfigur großen Formats mit unerschöpflichem Einfallsreichtum. Von den Banken und der Industrie Italiens hoch geachtet, manchmal auch gefürchtet, als Autorität der internationalen Haute Finance ein Mann, auf den auch die Regierung in Rom hört. Es war faszinierend, Cuccia bei seiner Arbeit zuzusehen, denn zu mehr ist der Aufsichtsrat der Mediobanca, dem so prominente Mitglieder des obersten wirtschaftlichen Establishments Italiens wie Giovanni Agnelli und Leopoldo Pirelli angehören, neben diesem souveränen Bankier Cuccia selten gelangt. Bei den Sitzungen der Mediobanca habe ich weder Tagesordnungen, noch Protokolle, keine Unterlagen über zur Genehmigung mündlich im Eiltempo vorgetragenen Geschäfte gesehen. Die Kette von Cuccias Erfolgen, der ständig wachsende Einfluß der Mediobanca erlaubten diese großzügige Praxis.

Kein krasserer Gegensatz zu dieser italienischen Erfahrung war denkbar als der Verlauf der Sitzungen des Aufsichtsrats der August-Thyssen-Hütte AG in Duisburg. Über diesen Aufsichtsrat habe ich schon in meinem Bericht über meine Arbeit in der KfW gesprochen. Der Vorsitzende Robert Pferdmenges, Adenauers Freund und Berater, machte nicht viele Worte. Mit wenigen Bemerkungen und ruhiger Autorität steuerte er den Verlauf der Sitzung. Bei Thyssen waren die Sitzungen durch umfassend informierendes Material an Daten, Graphiken und erläuternden Texten perfekt vorbereitet. Im Vorstand dominierte als Vorsitzender Hans Günther Sohl. Seine mit großem Geschick vorgetragenen Berichte über den Stand der Geschäfte, über Investitionspläne usw. waren so ausführlich und erschöpfend, daß ich in diesem Aufsichtsrat weder längere Diskussionen noch Kontroversen erlebt habe.

Im Sommer 1962 besuchten mich, auf Empfehlung der Barclays Bank, Lord Knollys, Chairman und Sir Charles Dunphy, Vice-Chairman von Vickers Ltd., London, zwei distinguierte Herren – also seltene Erscheinungen –, die mir ausnehmend gut gefielen. Sie trugen vor, daß Vickers, eine der großen alten Adressen der englischen Industrie, sich bei der Zimmer AG in Frankfurt mehrheitlich beteiligt hätte. Für die Kontrolle dieser Beteiligung suchte man einen deutschen Vertrauensmann und außerdem allgemeine Informationen über das unbekannte Land Deutschland. Ich gab mein Bestes, die beiden Engländer über Deutschland zu belehren. Über die Zimmer AG konnte ich ihnen nichts sagen, da ich deren Verhältnisse nicht kannte.

Meine Gäste waren von dieser Unterhaltung so befriedigt, daß bei mir bald eine Einladung zum Besuch von Vickers in London eintraf. In London lernte ich Sir Leslie Rowan, den Chief-Manager von Vickers kennen. Nach einer langen offenen Unterhaltung verließ ich ihn in dem Gefühl, eine ganz besonders angenehme Bekanntschaft gemacht zu haben. Sir Leslie war nicht irgendjemand. Hervorgegangen aus dem Civil Service hatte er während des zweiten Krieges Winston Churchill als persönlicher Referent auf Schritt und Tritt begleitet. Nach dem Krie-

ge war er in die Leitung von Vickers eingetreten. Lord Moran, Churchills Arzt, hat in seinem großen Buch »Winston Churchill« 1966 über Sir Leslie Rowan geschrieben: »Nobody, I suppose, saw more of the Prime minister during the war than he, he was his private secretary until the general election 1945 and his ability is such that everyone seems confident that he will one day be head of the Civil Service.«
Auf die Frage, ob ich bereit sei, bei Zimmer den Aufsichtsratsvorsitz zu übernehmen, verwies ich Vickers auf die Dresdner Bank als Hausbank, die deswegen angesprochen werden müsse. Die Dresdner Bank war aber über die Verhältnisse von Zimmer, der sich finanziell übernommen hatte, zu gut unterrichtet, um sich in den Aufsichtsrat dieser Gesellschaft locken zu lassen. Ich dagegen, dem Charme Sir Leslies erliegend, habe mich dazu verführen lassen, diese Aufgabe zu übernehmen. Kaum war das geschehen, als Hans Zimmer, der als hochbefähigter Ingenieur die Seele dieses Unternehmens war, plötzlich verstarb, so daß ich mit einer Trauerrede als erster Amtshandlung meine Tätigkeit beginnen mußte.
Ich übergehe die Interna und die Details der Entwicklung bei der Zimmer AG, die hier nicht interessieren, um von den Erfahrungen zu sprechen, die ein Deutscher damals im Umgang mit dem Management eines alten Unternehmens der englischen Industrie gemacht hat.
Gewöhnt an das deutsche Streß-Klima verblüffte mich bei meinen Besuchen in London die behagliche, von Hetze völlig freie Arbeitsweise, die ich dort erlebte. Vor $^1/_2$10 Uhr morgens waren die Büros der Direktion leer, und nach 4 Uhr nachmittags waren sie wieder verlassen.

Man spürte, sich in einem Unternehmen zu befinden, das seit Jahrzehnten ohne den Zwang zu scharfer Kalkulation konkurrenzlos von Staatsaufträgen – dem Bau der britischen Schlachtflotte, den Schiffen der Navy – gelebt hatte. Wenn ich Sir Leslie vorsichtig auf die im Vergleich mit Deutschland rückständigen Managementmethoden von Vickers – und Zimmer – hinwies, hörte er mir zwar geduldig zu, war aber dadurch in keiner Weise beunruhigt, sondern beendete solche Unterhaltungen mit dem Hinweis, Vickers sei mit seinem Arbeitsstil groß geworden und täte gut, daran nichts zu ändern. Es ist mir – natürlich – nicht gelungen, aus Sir Leslie einen modernen Manager zu machen, aber es war schwer zuzusehen, wieviele Versäumnisse sich bei dieser sachlich und personell mangelhaften Führung ereigneten. Gegen meinen Rat eingefädelte Geschäfte haben Zimmer große Verluste gebracht und Vickers genötigt, sich 1977 von dieser Beteiligung durch Verkauf an eine modern und erfolgreich arbeitende englische Gruppe zu trennen.

Ich vergesse über diesem negativen Ende nicht den durch eine lange Tradition geprägten guten Hausgeist von Vickers. Jedes Jahr zu Weihnachten wurden aus allen Teilen des alten Empire die Leiter der Vickers-Niederlassungen im Millbanktower am Ufer der Themse, dem Firmensitz nahe dem Parlament, von Sir Leslie Rowan und seiner Gattin empfangen und einzeln mit Handschlag durch Sir Leslie, durch einen Kuß auf die Wange von Lady Rowan begrüßt. Als die Reihe an mich kam, ein ihr unbekanntes Gesicht, stutzte Lady Rowan einen Augenblick. Ich flüsterte: And what about me? und empfing dann auch einen Kuß. Durch Sir Leslie, der mich in seine Wohnung lud, habe ich einen Blick in das Leben der oberen Bürgerschicht Englands und in einige exclusive Londoner Clubs tun können. Sir Leslie kam mir gegenüber nie auf seine Jahre mit Churchill zu sprechen, dafür fand er harte Worte über Roosevelt. Er erstaunte mich durch die Prognose, die Sowjetunion würde die im Krieg eroberte Position in Mitteleuropa auf Dauer nicht halten können. In der deutschen Teilung sah er ein gefährliches Element der Unruhe für Europa.

Aufgrund des Saarvertrages vom 27. Oktober 1956 war das Saarland in die Bundesrepublik eingegliedert worden. Die Saargruben, von Frankreich als staatlicher Regiebetrieb geführt, wurden von der neugegründeten Saarbergwerke Aktiengesellschaft übernommen, deren Aktionäre die Bundesrepublik mit 74% und das Saarland mit 26% waren. Nach dem Gesetz über die Mitbestimmung in der Montanindustrie wurde ein neuer Aufsichtsrat von 21 Mitgliedern gebildet, in den ich als Neutraler gewählt wurde. Diesem Aufsichtsrat gehörten Bergleute, Industrielle, Betriebsräte, Gewerkschaftler, Minister, Beamte verschiedener Rangstufen, einige mit besonderer Sachkunde, alle guten Willens zur Zusammenarbeit, ich als einziger mit Finanzverstand an.
Schon der Verlauf der ersten Sitzung von Aufsichtsrat und Vorstand nebst einem großen Gefolge von Referenten und Sekretären zeigte mir, daß eine derartige Menschenansammlung für die Behandlung der anstehenden schwierigen Fragen zu schwerfällig sein würde. Mein Debut war daher der Antrag, einen Arbeitsausschuß einzusetzen, der die Verhandlungen des Plenums vorbereiten sollte. Dieser Antrag wurde einstimmig angenommen und ich zum Mitglied gewählt. Ich ahnte nicht, was

ich mir damit aufgeladen hatte. Unter allen meinen Aufsichtsratsmandaten sollte mich das bei Saarberg am meisten Zeit und Kraft kosten.

Die Saarbergwerke waren der größte Arbeitgeber des neuen Bundeslandes, das von der Wiedereingliederung in den deutschen Staatsverband und seiner dynamischen Wirtschaft viel erwartete. Ihre Probleme waren weitgehend deckungsgleich mit den Problemen der gesamten Saarwirtschaft und damit ein Politikum. Die Aktionärsvertreter im Aufsichtsrat – von Bund und Land – durften das nicht übersehen. Die Arbeitnehmerseite des Aufsichtsrates wußte das auch, dachte aber bei geschäftlichen Entscheidungen vor allem an ihre sozialen und beschäftigungspolitischen Folgen. Unter solchen Zeichen hat es mich viele Mühe gekostet – und ist mir oft nicht gelungen –, für die ewig gleichen, einfachen aber unbequemen Grundregeln einer geordneten Finanzwirtschaft Gehör zu finden.

Vier Mal während der 38 Jahre zwischen 1919 und 1957 hatten die Saargruben ihre Verwaltung – mal deutsch, mal französisch – wechseln müssen. Jedesmal war damit ein personeller Wechsel der Unternehmensleitung bis in die mittleren Führungsränge verbunden. Jedesmal gab es Stockungen in der technischen Ausrüstung und Weiterentwicklung der Gruben. Langfristige unternehmenspolitische Planungen waren unter so wechselnden politischen und personellen Aspekten kaum möglich. Anders als bei den modernen Zechen an der Ruhr war an der Saar die Kohleveredelung durch Verstromung großen Stils, durch Kombination mit der Gaswirtschaft und anderen Formen der Kohleveredelung zurückgeblieben. Mit einer unverhältnismäßig großen Belegschaft – rund

sechzigtausend –, die aus viel zu vielen Schächten Kohle förderte, waren die Saarbergwerke, als sie 1957 wieder unter deutsche Verwaltung kamen, ein großes, aber technisch weitgehend veraltetes Unternehmen. Dazu kam, daß die Mentalität der Führungskräfte, an den Schlendrian eines Staatsbetriebes gewöhnt, zur Denkweise eines nach kaufmännischen Grundsätzen geführten Unternehmens erst neu erzogen werden mußte. Die Abfindung französischer Bediensteter auf Grund des Saarvertrages kostete viel Geld. Der Schacht Barbara erwies sich als Fehlinvestition, weil es die von den französischen Geologen vermuteten Fettkohlenbestände dort unter Tage nicht gab, so daß auch der Standort des dort errichteten Kraftwerkes falsch war. Diese Probleme wurden vermehrt durch den mit großer Wucht vordringenden Wettbewerb von Öl und Gas, auf den der Steinkohlenbergbau nicht vorbereitet war.
Unter diesen Umständen befand sich der neue deutsche Vorstand vor einer schwierigen Aufgabe, die er nicht durch eine nur defensiv eingestellte Geschäftspolitik – Stillegung von Schächten, Verminderung der Förderung, Entlassungen –, sondern auch durch Entfaltung neuer Aktivitäten, durch die Schaffung eines »zweiten Beines« bewältigen wollte. Die Umsatz- und Ertragseinbußen im Kohlegeschäft hoffte er auf solche Weise wenigstens zum Teil auszugleichen und vor allem die Krisenfestigkeit des Unternehmens zu stärken, eine große Konzeption, ein unkalkulierbares Wagnis.
Die treibende Kraft im neuen Vorstand war sein temperamentvoller Vorsitzender, Bergassessor Dr. Ing. Hubertus Rolshoven, ein Mann von unternehmerischem Schwung und persönlichem Charme, gefühlsmäßig ge

bunden an das stolze Berufsethos der Bergleute. Rolshoven war in der Epoche des Monopols der Kohle als Primärenergie aufgewachsen, in einer Zeit, in der Kohle der Grundstoff unserer industriellen Zivilisation war, auch mehr verteilt als verkauft wurde. In Rolshoven lebte die auf Autarkievorstellungen beruhende Idee von der Kohle als dem kostbaren Schatz der deutschen Erde. Finanzielle Überlegungen waren ihm nicht fremd, aber fern; sie galten ihm, der den Bund und das Saarland als starke Aktionäre hinter sich wußte, als nachgeordnete Fragen. Ich habe diese Mentalität begriffen, aber die darauf gegründete Unternehmenspolitik in einer anderen Einschätzung der Veränderungen an den Energiemärkten und des Finanzierungsbedarfes einer Umstrukturierung im Großen nicht für den richtigen Kompaß gehalten. Daraus habe ich Rolshoven gegenüber kein Hehl gemacht und das im Aufsichtsrat deutlich gesagt.

Vierzehn Schachtanlagen wurden unter der neuen deutschen Leitung nach und nach stillgelegt, die Förderung von 16 Millionen auf 11 Millionen Jahrestonnen zurückgefahren, die Belegschaft auf etwa 27 000 Mann abgebaut. Daß derart tiefe, harte Eingriffe ohne soziale Konflikte abliefen, war in erster Linie der Einsicht der Betriebsräte und der Gewerkschaft zu danken, ein wenig auch der stillen Vermittlungsarbeit des 21. Mannes im Aufsichtsrat, vor allem aber der guten Lage eines aufnahmefähigen Arbeitsmarktes.

Im Laufe eines Jahrzehnts gliederte sich Saarberg einen Komplex kleiner und mittlerer Beteiligungen als Tochtergesellschaften an, ein Konglomerat, das in meinem Gedächtnis nicht mehr vollständig präsent ist. Neben Fabriken für Werkzeuge, Düngemittel auf Stickstoffbasis, der Produktion von Hartschaumplatten erwarb Saarberg zuerst eine Minderheitsbeteiligung, dann das ganze Kapital der Ölraffinerie Frisia bei Emden, ferner eine Gummiwarenfabrik sowie in Zusammenarbeit mit einem großen Chemiekonzern eine Anlage für die Herstellung von Polyäthylen. Zwei neue Kraftwerke wurden gebaut und die Saarferngas GmbH gegründet.

Um jedes einzelne dieser Vorhaben ist im Aufsichtsrat gerungen worden. Die Risiken des Wettbewerbs mit den Giganten der Großchemie, der Mangel an Führungskräften von erprobter Qualität, die ungesicherte Rentabilität neuer Fertigungen, das Fehlen einer zentralen Kontrolle zerstreuter und heterogener Aktivitäten, schließlich und vor allem die fehlende eigene Finanzkraft für so große Investitionen sind sowohl im Investitions- und Finanzausschuß wie im Plenum des Aufsichtsrates in aller Breite, auch unter Hinzuziehung von Sachverständigen, diskutiert worden. Sitzungen von sechs- und mehrstündiger Dauer waren keine Seltenheit. Daß diese Projekte trotz aller Risiken vom Aufsichtsrat gebilligt worden sind, dafür sind zwei Motive ausschlaggebend gewesen: Auf der Arbeitnehmerseite die Hoffnung auf neue Arbeitsplätze in neu entstehenden Betrieben, eine trügerische Hoffnung, weil diese Betriebe die Ausfälle, die beim arbeitsintensiven Bergbau entstanden, nicht entfernt ersetzen konnten. Auf seiten der Aktionäre spielte das Bemühen eine Rolle, das größte Bundesunternehmen in dem gerade für Deutschland zurückgewonnenen Saarland bei dem Versuch einer Umgestaltung nicht im Stich zu lassen.

Zur Wiederauffüllung der durch die laufenden Betriebsverluste und den hohen Aufwand für Investitionen und

Beteiligungserwerb dahinschmelzenden Eigenmittel haben Bund und Land den Saarbergwerken zwischen 1957 und 1970 in mehreren Tranchen schätzungsweise DM 680 Millionen neues Kapital zugeführt, davon der Bund allein über eine halbe Milliarde. In den folgenden Jahren sind weitere Kapitalzufuhren erfolgt.

Spätestens 1968 war offenkundig, daß der kostspielige Versuch einer Umstrukturierung der Saarbergwerke ein Fehlschlag war. Nachdem schon der Aufsichtsratsvorsitzende Professor Blind Ende 1967 wegen Meinungsverschiedenheiten mit dem Vorstand aus seinem Amt geschieden war, stellte auch Rolshoven, nachdem ich deswegen eine lange Aussprache mit ihm geführt hatte, sein Amt 1969 zur Verfügung.

Unter Ernst Wolf Mommsen, der nunmehr den Vorsitz im Aufsichtsrat übernahm, ist die Vorwärtspolitik auf kohlefremdem Gebiet nicht fortgesetzt, sondern durch einen behutsamen Rückzug auf die Kohle und den energie-wirtschaftlichen Bereich des Unternehmens abgelöst worden. Der Vorsitz im Investitions- und Finanzierungsausschuß ging an mich über, Mommsen trat dem Ausschuß als Mitglied bei. Bei dieser Rollenverteilung habe ich, bis zuletzt auch auf dem Stuhl des 21. Mannes, meine Tätigkeit für Saarberg bis 1978, also insgesamt einundzwanzig Jahre ausgeübt. Ständig bin ich in diesen Jahren zwischen Frankfurt und Saarbrücken unterwegs gewesen, nach den Eintragungen meines Fahrers Helmut Strabel habe ich diese Strecke sechshundertmal zurückgelegt. Allen, die glauben, Aufsichtsratsmandate seien hochbezahlte Sinekuren, möchte ich diese Erfahrung wünschen. Bei den Saarbergwerken waren keine Gewinne einzustreichen, sondern eine Bürgerpflicht zu erfüllen.

Auf die Zusammenarbeit mit Mommsen blicke ich gerne zurück. Bei meinem Ausscheiden wies er in einem Abschiedswort auf die zu diesem Zeitpunkt zufällig ausgeglichene Finanzlage und geordnete Verfassung der Bilanz der Saarbergwerke mit Befriedigung hin. Er war enttäuscht, darauf von mir zu hören, diese Bilanz entspräche dem Zustand eines Patienten unter einem Sauerstoffzelt, im vorliegenden Fall dem Zelt der Kohlesubventionen. Ich dachte an den Aphorismus des Stanislaw Lec: »In Wirklichkeit sieht alles anders aus, als es wirklich ist.«

Dr. Hermann Fernholz, dem energiegeladenen, autoritär amtierenden Vorstandsvorsitzenden der Grünzweig & Hartmann AG, Ludwigshafen – passioniertem Gärtner und gutem Kenner moderner Malerei – konnten solche Selbsttäuschungen nicht zustoßen. Er hatte diese Firma nach dem Kriege aus einem Trümmerhaufen zu einem Jahresumsatz von DM 800 Millionen geführt. Dabei hatte er sich persönlich so vollkommen mit dem ihm anvertrauten Unternehmen identifiziert, daß er darüber dessen Eigentümer – die Compagnie de Saint-Gobain S.A., Paris war Großaktionär geworden – fast zu vergessen geneigt war. Daraus zuweilen entstehende Spannungen reichten bis in die Sitzungen des Aufsichtsrates, wo ich – mehrere Jahre als Vorsitzender – so manches Mal vermittelnd eingegriffen habe.
Hermann Fernholz und ich waren sehr verschiedene Leute. Vielleicht hat uns gerade deshalb mit den Jahren eine feste Freundschaft verbunden. Des guten Rates und erfahrenen Beistandes, die ich von diesem Freund so oft empfangen habe, gedenke ich dankbar.

Anfang Mai 1972 besuchte mich Ernst Wolf Mommsen, damals Staatssekretär im Bundesministerium für Verteidigung, um eine Angelegenheit der Saarbergwerke zu besprechen. Als wir damit fertig waren, stöhnte Mommsen über eine lästige Angelegenheit, die er für die Insel Malta regeln müsse. Malta, seit 1814 britische Kronkolonie, seit 1947 souverän, eine mit 320 000 Einwohnern übervölkerte Insel, die sich von eigener Fischerei und Landwirtschaft nicht ernähren konnte, ist lange der Hauptstützpunkt der britischen Mittelmeerflotte gewesen. Anfang der siebziger Jahre hatte England diesen Stützpunkt aufgegeben, wirtschaftlich ein schwerer Schlag für die Insel. Eine – weitgehend veraltete – Reparaturwerft für Kriegsschiffe, die Malta Drydock Corporation, war lange der größte Arbeitgeber auf Malta gewesen. Auf einmal war der Hafen von La Valetta leer und so auch Maltas Kasse. Doch unter keinen Umständen durfte das von den Briten verlassene Malta ein Stützpunkt der sowjetischen Mittelmeerflotte werden. Deshalb hatte die NATO zum Ausgleich für die fortgefallenen Einnahmen aus britischer Quelle eine über der 100-Millionen-DM-Schwelle liegende jährliche Hilfszahlung an Malta unter der Bedingung zugesagt, daß ihr eine Kontrolle der Verwendung dieser Subsidien zugestanden würde. Malta hatte dem mit der Einschränkung zugestimmt, der Kontrollagent dürfe nicht aus einem Anliegerstaat des Mittelmeeres kommen. So war die Sache auf Mommsens Schreibtisch in Bonn gelangt. Wo soll ich so einen Mann finden?, klagte Mommsen. Er sitzt vor Ihnen, beruhigte ich ihn. Für eine Weile könnte ich Ihnen die Arbeit leisten, etwa zweimal im Monat nach Malta zu fliegen, um dort nach dem Rechten zu sehen. Mein Vorschlag gefiel, sogleich wurde ein Termin für einen Flug nach Malta festgelegt, um die Sache mit Dom Mintoff, dem Premierminister von Malta, zu besprechen. Wir besaßen damals in der südlichen Toskana ein Haus. Es wurde verabredet, auf einem nahegelegenen Flugplatz zwischenzulanden, um meine Frau nach Malta mitzunehmen.

Mommsen, der Dom Mintoff bereits kannte, beschrieb ihn mir als verständigen Gesprächspartner. In einer Reisemaschine der Luftwaffe flogen wir am Himmelfahrtstag nach Malta. Daher stand das Leben in Italien still, auch auf dem NATO-Flugplatz Grosseto. Wir hatten die Zwischenlandung nur gemacht, um meine Frau an Bord zu nehmen und um nachzutanken. Nun mußten wir lange warten, bis ein Fahrer einen Tankwagen an unser Flugzeug heransteuerte. Nachdem wir im Vorbeiflug das majestätische Massiv des Ätna aus der Ferne bewundert hatten, landeten wir rechtzeitig in Malta, um im Hotel noch eine Colazione zu uns zu nehmen.

Erst nach elf Uhr abends geruhte Dom Mintoff, klein von Figur, – er legte Wert auf die Anrede Excellenz –, mich zu empfangen. Seine Amtsräume befanden sich in einem der prachtvollen Paläste des Johanniter-Ordens, die neben dem großartigen Bild des in die Felsen gebetteten Naturhafens von La Valetta die wichtigsten Sehenswürdigkeiten Maltas sind. Die Ruinen prähistorischer Tempelbauten, die man dort findet, sind interessant, aber nicht schön. Wer die Kunstschätze der italienischen Halbinsel, die durchgeistigte Landschaft der Toscana, die Küche Italiens und seine Strände kennt, wird Malta damit nicht vergleichen.

Mintoffs Arbeitszimmer war dunkel, nur von einer kleinen Schreibtischlampe erhellt. Seine Excellenz kam mir zur Begrüßung entgegen und bot mir Platz an. Zwei Fragen: Sind Sie mit Dr. Peter Dohrn, Direktor der Zoologischen Station in Neapel verwandt? Ja, ich bin sein Vetter. Das freut mich, denn wir schätzen diesen Mann als Berater für unsere Fischereifragen. Meine zweite Frage: Sind Sie reich? Nein, ich bin nicht reich, habe aber, solange ich arbeite, ein überdurchschnittlich hohes Einkommen. Dann sind Sie nicht reich, man ist erst reich, wenn man nicht zu arbeiten braucht. Ich bin reich, auch wenn ich nicht arbeite. Wer nicht reich ist, gilt nichts. Das ist interessant zu hören, Excellenz, denn Sie sind, soviel ich weiß, Vorsitzender der Sozialistischen Partei in Malta, also auf der Seite derjenigen, die nicht reich sind. Das ist richtig. Aber niemand hätte mich zum Vorsitzenden dieser Partei, niemand zum Regierungschef gewählt, wenn ich nicht reich wäre. Wollen Sie wissen, was mir alles gehört? Ich bin Eigentümer einer Baufirma, bin an zwei modernen Hotels beteiligt und bin Partner einer Bank. Ich habe Grundbesitz auf Malta und allerlei Vermögen im Ausland. Meine Frau und meine Tochter leben in London. Eine erstaunliche Äußerung aus dem Munde dieses Regierungschefs. Pause. Dann: Ihr Land ist sehr reich. Trotzdem ist die deutsche Kapitalhilfe für unsere arme Insel ungenügend. Was sollen wir mit den paar Millionen anfangen, die uns Bonn schickt? Das war in anmaßendem Ton gesagt. Excellenz, Sie dürfen, glaube ich, nicht übersehen, daß Ihre Insel nie zum deutschen Interessenbereich gehört hat, daß Deutschland kein Mittelmeerland ist und also den geringsten Anlaß zu Kapitalhilfen für Malta hat. Mintoff schwieg. Dann klingelte er nach einem Diener, dem er eine Weisung und einen

Schlüssel gab. Wissen Sie eigentlich, daß ich gerade in China gewesen bin? Ich habe darüber in den Zeitungen gelesen. Nun, dann werde ich Ihnen zeigen, daß ich aus China nicht mit leeren Händen zurückgekehrt bin, daß man dort anders als in manchen europäischen Ländern, Malta größere Bedeutung beimißt. Der Diener kam mit einem Aktenstück zurück. Mintoff blätterte darin und reichte es mir herüber: Lesen Sie dieses Dokument aus meinem Tresor, lesen Sie diesen Kreditvertrag zwischen der Volksrepublik China und Malta. Ich konnte so schnell nicht lesen, entzifferte aber in der Eile immerhin Folgendes: Malta hatte von der Volksrepublik China ein Darlehen im Gegenwert von 17 Millionen Pfund zinsfrei bis 1992, von da ab zu einem Satz von $2^{1}/_{2}$ Prozent p.a. und einer Tilgung von 1 Prozent p.a. bekommen. Wenn China das kann, warum kann es nicht auch die Bundesrepublik Deutschland, fragte Mintoff.

Ich wechselte das Thema, denn bezüglich des Risikos einer russischen Präsenz im Hafen von La Valetta war ich beruhigt, nachdem ich das Kreditabkommen mit China gesehen hatte. Wie denken Sie sich, Excellenz, die Tätigkeit des in den Vereinbarungen mit der NATO vorgesehenen Kontrollagenten in Malta, wie seine Zusammenarbeit mit Ihrer Regierung? Ich würde ein Arbeitszimmer hier im Haus einrichten lassen, eine Sekretärin zur Verfügung stellen und eine tägliche Sprechzeit von 30 Minuten auf dem Telefonkabel zum Festland (Italien) einräumen. Über die anderen Fragen, Vergütung, Wohnung, Sekretärin, Auto und Fahrer bitte ich mit meinem Staatssekretär für Finanzen zu sprechen. Auf Einzelheiten ging er nicht ein, das Thema war ihm lästig, er machte kein Hehl daraus. Nach Mitternacht verabschiedete ich mich.

Ich hatte die maltesische Excellenz genau beobachtet, Physiognomie, Augen, Mimik, Tonfall. Das war ein mit allen Wassern gewaschener schlauer Levantiner, auf den man sich nicht verlassen konnte. Er erinnerte mich von ferne an den Kollegiensekretär Tschitschikow in Nicolai Gogols »Toten Seelen«, über den der Gutsbesitzer Manilow sagt: »Im ersten Augenblick des Gesprächs mit ihm sagt man unwillkürlich, was ist das für ein angenehmer, gutherziger Mensch. Im darauffolgenden Augenblick sagt man nichts, und im dritten sagt man, weiß der Teufel, was das für ein Kunde ist.« Nachdem am folgenden Tag ein Gespräch mit dem Sekretär für Finanzen über meine Arbeitsbedingungen unbefriedigend verlaufen war, beschloß ich, mich nicht auf eine Funktion in Malta einzulassen. Mommsen hatte Verständnis.
Der deutsche Botschafter, Herr von Wendlandt, gab in seinem Haus auf der Nebeninsel Gozo für die deutschen Reisenden ein Essen, zu dem er auch einige maltesische Notabeln geladen hatte. Meine Tischdame, die Frau des maltesischen Arbeitsministers, sprach über die große Not, in die Malta durch den Abzug der britischen Flotte geraten war. Denken Sie doch, klagte sie, wir haben früher fünf große Freudenhäuser gehabt. Vier hat man schließen müssen und das fünfte wird auch ganz ungenügend besucht. Es steht traurig um Malta. Ich begriff, daß sich für den Verlust der so lange bewährten Kundschaft britischer Matrosen nur schwer ein ebenbürtiger Ersatz finden lassen würde. Ich konnte meiner Tischdame kein tröstendes Wort sagen.
Vor der Abreise unternahmen wir eine Rundfahrt um die Insel auf einem von maltesischer Mannschaft gesteuerten Kutter, der früher in Brunsbüttel an der Elbmündung in

Dienst gestanden hatte und vor kurzem als Geschenk der Bundesrepublik in La Valetta eingetroffen war. Dem maltesischen Steuermann gelang es zwar, die Insel zu umfahren, sein seemännisches Können reichte aber bei der Rückfahrt nicht für das Anlegemanöver an der Kaimauer des Hafens aus. Erst nach mehreren mißglückten Anläufen konnte der Kutter festmachen.

## Elftes Kapitel

*Theodor Heuss – Max-Planck-Gesellschaft – Institut für Musik – Institut zur Erforschung der Lebensbedingungen in der wissenschaftlich-technischen Welt*

Theodor Heuss, der Mensch, der Schriftsteller, der Politiker ist für mich lange bevor ich ihm 1954 zum ersten Mal und dann öfters persönlich begegnet bin, ein deutlicher Begriff gewesen. Kam ich in den zwanziger Jahren gelegentlich an den Wochenenden zu Besuch nach Hökendorf, dem Dohrn'schen Gut bei Stettin, im Familienbesitz seit 1817, dann hieß es dort oft: Schade, du hättest am Mittwoch hier sein sollen, da war der Theodor bei uns. Wir haben wieder lange Gespräche mit ihm gehabt, die dich interessiert hätten. Während der Woche freilich – es wurde damals noch an den Sonnabenden gearbeitet – war mir ein Ausflug nach Hökendorf nicht möglich. So habe ich die persönliche Begegnung mit Heuss lange versäumt.

Heuss hatte sich als Student in den Kollegs von Lujo Brentano, dem Kathedersozialisten, mit dem um weniges jüngeren Wolf Dohrn, dem späteren Gründer der Gartenstadt, dann auch der Bildungsanstalt Hellerau bei Dresden, angefreundet. Nach Wolfs Tod 1913 hatte er diese Freundschaft auf Wolfs Brüder übertragen. Unter Hitler zunächst von einem Lehrstuhl an der Hochschule für Politik in Berlin vertrieben, dann auch mit einem Schreibverbot belegt, war Heuss in eine schwierige Lage geraten. Da kamen die Freunde Dohrn auf die Idee, er möge eine Biographie ihres Vaters, des Zoologen Anton Dohrn versuchen, dessen Name durch seine Gründung der Stazione Zoologica in Neapel seit dem letzten Viertel des 19. Jahrhunderts in der wissenschaftlichen Welt berühmt geworden war. Antons Person und seine Lebensleistung betrachteten sie mit gutem Grunde als einen ergiebigen Stoff für einen Schriftsteller vom Range Heuss' und die Arbeit an diesem Thema auch als Beschäftigungstherapie für einen in seiner geistigen Arbeit gelähmten Mann.

Heuss hat auf diese Anregung zunächst zögernd reagiert. Er sei Politologe, Sozialphilosoph, auch Nationalökonom, aber nicht in den Naturwissenschaften zu Hause und daher nicht sachverständig genug, um Leben und Leistung eines Zoologen und Biologen angemessen zu würdigen. Aber nachdem er in seiner erzwungenen Muße die in Hökendorf und Neapel gesammelten Dokumente von Antons reichem Leben studiert hatte, faszinierte ihn das Thema. Sein Buch »Anton Dohrn in Neapel« ist eine auch wissenschaftsgeschichtlich wertvolle Lebensbeschreibung geworden.

In den fünfziger Jahren habe ich Heuss, als er Präsident der Bundesrepublik geworden war, in Begleitung meiner Angehörigen, seiner nahen Freunde, mehrmals während langer Gespräche in seiner Bonner Amtswohnung erlebt. Ein letztes Gespräch habe ich am 13. Mai 1958 mit ihm gehabt, dem letzten Jahr seiner Amtszeit als Bundespräsident. Wegen der Teilnahme an Sitzungen zu einem mehrtägigen Aufenthalt in Bonn genötigt, nutzte ich ei-

nen freien Nachmittag zu einem Besuch bei Heuss. Nach telefonischer Voranmeldung empfing er mich an einem späten Nachmittag im Bürotrakt der Villa Hammerschmidt. Gemessen an dem Bewachungsschutz, den prominente Politiker heute über sich ergehen lassen müssen, war es damals einfach, zu dem Präsidenten der Bundesrepublik vorzudringen. Ein Polizeiposten vor dem Bürohaus neben der Villa Hammerschmidt blickte kurz auf meinen Ausweis, fragte nach dem Wohin und zeigte mir den Weg. Im Treppenhaus arbeiteten Putzfrauen mit Eimer und Besen. Ohne Umstände wiesen sie mich weiter: im Korridor 1. Stock rechts, dann 2. Tür links. Gleich darauf stand ich vor Heuss.
Der alte Herr empfing mich in bester, plauderfreudiger Laune, behaglich seine Zigarre rauchend. Zunächst fragte er mich lange und ausführlich über viele Mitglieder meiner verzweigten Familie aus, in der er durch seine Biographie des Zoologen Anton Dohrn gut Bescheid wußte. Dann wollte er Genaueres über meine berufliche Arbeit wissen. Wegen meiner Tätigkeit in einer Bank betrachtete er mich als einen merkwürdigen Außenseiter in einer vorwiegend der Kunst und Wissenschaft zugewandten Familie, zumal er feststellte, daß ich es weiter gebracht hatte als zu einem Buchhalter. So, so und da habet Sie auch mit dem Abs zu tun? Saget Sie mal, wie kommet Sie mit dem zurecht?
Als sich das Gespräch nationalökonomischen Themen zuwandte, konstatierte Heuss erfreut, daß ich über die berühmte Geldtheorie seines Schwiegervaters Knapp gut Bescheid wußte. Das meischte Geld haben – na, Sie wisset das ja besser als ich – immer die, welche von Geldtheorie noch nie etwas gehört haben. Dann wollte er wis-

sen, ob ich außer seinem Buch über Anton Dohrn auch seine anderen großen Biographien gelesen hätte? Ich hatte sie alle gelesen, mit Ausnahme seines Buches über Liebig. Auch mein Buch über den Architekten Poelzig? Aber natürlich, Poelzig habe ich als Schuljunge noch in persona erlebt und habe ihn daher in deutlicher Erinnerung. Poelzig war mit meinem Vater befreundet. Und welche meiner Biographien halten Sie für die beschte? Ihre beste Biographie, lieber Herr Professor Heuss, ist für mich die über Friedrich Naumann. Also das freut mich, daß Sie das sagen. Denket Sie, Bott – sein persönlicher Referent, der an dieser Unterhaltung teilnahm – dem gefällt der Naumann! Nun saget Sie mir, warum wohl? Weil Ihre Biographie Naumanns nicht nur die eines einzelnen Lebens ist, sondern dem Leser zugleich ein großes Stück Zeitgeschichte liefert.

Heuss stand aus seinem Sessel auf, kam zu meinem Stuhl, klopfte mir väterlich auf die Schulter: Sie sind brav, das höre ich gern und jetzt werde ich Ihne was erzähle: Am Naumann habe ich am längsten geschafft. Es nahm kein Ende, die Elly hat schon gesagt, mit dem Naumann wirscht wohl nie fertig werden. Aber eines Tages hab ich sie gefragt, willst was Neues wisse? Grad hab i den letschten Punkt untern Naumann gesetzt. Da hat die Elly vor Freude geweint.

Als ich mich verabschiedete, sagte Heuss in seinem tiefen Bass: Hättet Sie vielleicht irgendeinen Wunsch, bei dem ich Ihnen helfen könnte? Der Bundespräsident kann das manchmal. Ich dankte für dieses freundliche Anerbieten, aber unerfüllte Wünsche hätte ich nicht. Doch als ich beim Verlassen des Zimmers schon die Türklinke in der Hand hatte, ging mir plötzlich ein alter Wunsch durch

den Sinn. Ich wandte mich um und sagte verlegen, mir sei doch noch eine Bitte eingefallen. So so, ja dann hokket Sie sich halt nochmal hin und schüttet Sie Ihr Herz aus.
Ich erzählte Heuss, daß ich Anfang der dreißiger Jahre im Hause von Dr. Friedrich Glum in Dahlem, dem damaligen Generalsekretär der Kaiser-Wilhelm-Gesellschaft, der jetzigen Max-Planck-Gesellschaft, verkehrt hätte. Dort hätte ich Gesprächen über Angelegenheiten dieser alten, ruhmreichen Wissenschaftsorganisation stets mit besonderer Spannung zugehört. Seitdem träumte ich davon, dort in irgendeiner ehrenamtlichen Funktion mitzuarbeiten. Ob er, Heuss, mir dabei helfen könne? Ja, meinte Heuss, das sind so die Träume, die in Ihrer Familie vorkommen, gute Träume. Kennet Sie den Wurster? Wenn Sie den ersten Mann der Badischen Anilin meinen, ja, zu dem habe ich eine gute persönliche Beziehung. Dann werde ich dem Wurster mal in Ihrer Sache schreiben. Sie hören von mir.
Heuss hat sich meines Anliegens bald angenommen und Wurster, damals Vizepräsident der Max-Planck-Gesellschaft, hat sofort freundlich reagiert. An Otto Hahn, den damaligen Präsidenten der Max-Planck-Gesellschaft, hatte Heuss geschrieben, ich stünde »unter dem Gesetz der Familie«, besäße »für die kulturellen und wissenschaftlichen Dinge angeborenes Interesse und erfindungsreiche Tatkraft«. Zudem befände ich mich »in einem Alter, da sich die Leute guten Willens über das Berufliche hinaus gern entfalten«.
Einige Zeit danach besuchte mich Otto Hahn in Frankfurt im Haus der Kreditanstalt für Wiederaufbau zu einem langen Gespräch, um mich zu beschnuppern. Meine

Zigarren gefielen ihm so gut, daß er sich davon eine Ration für die lange Rückfahrt nach Göttingen mitnahm. Nachdem ich zunächst Mitglied im Kuratorium von Werner Heisenbergs Institut für Physik geworden war, bin ich am 18. Mai 1960 dem Senat der Max-Planck-Gesellschaft zugewählt worden. Später habe ich auch in den Kuratorien des Instituts für Kohleforschung und des Instituts für Plasmaphysik mitgearbeitet. In den Kuratorien gewann ich Einblicke in die Welt des modernen Wissenschaftsbetriebes. Ich widmete meine Aufmerksamkeit den finanziellen und organisatorischen Angelegenheiten der Institute, wo es oft Gelegenheit gab, sich nützlich zu machen.

In der ersten Senatssitzung, an der ich teilnahm, fand die Wahl des Nachfolgers von Otto Hahn im Amt des Präsidenten statt. Hahn verkündete: Wir haben heute einen Bankdirektor neu im Senat, der kann zählen. Also wurde ich zum Einsammeln der Stimmen und zur Beteiligung an ihrer Auszählung bestimmt. Adolf Butenandt wurde gewählt. In den zwölf Jahren seiner Präsidentenschaft hat die Gesellschaft ihre Aktivitäten auf viele neue Forschungsgebiete ausgedehnt: In der zweiten Hälfte seiner Amtsführung übernahm ich das Amt des Schatzmeisters und wurde dadurch Mitglied des Verwaltungsrates, der den Vorstand der Max-Planck-Gesellschaft bildet.

Außer Otto Hahn, den beiden Generalsekretären Telschow und Benecke sowie Carl Wurster kannte ich niemand in dieser Sitzung und fühlte mich entsprechend unsicher. So hielt ich Ausschau nach einem Mentor, dem ich mich anvertrauen könnte und suchte mir deswegen meinen Platz neben Hermann Heimpel, dem großen Historiker, von dem ich manches gelesen hatte. Keine glücklichere Wahl hätte ich treffen können, eine gute Freundschaft mit dem überragenden Mann ist daraus entstanden. Heimpel gab mir originell formulierte Personalbeschreibungen des ringsum versammelten Senates. In diesem Gremium sitzen neben Wissenschaftlern auch Vertreter des öffentlichen Lebens, des Staates und der Wirtschaft. Dadurch wird erreicht, daß die Gelehrten – nicht alle sind weltklug und weise – sich nicht allein in einen Elfenbeinturm zurückziehen und die Verbindung mit dem täglichen Leben und seinen Problemen verlieren. Zwar können die wissenschaftlichen Laien im Senat zur Erörterung wissenschaftlicher Themen wenig oder überhaupt nichts beitragen, aber bei allgemeinen Fragen der Wissenschaftspolitik in der heutigen Gesellschaft, in der Personal- und Finanzpolitik können sie sehr wohl ein Wort mitsprechen. Neben meinem Beruf in der Wirtschaft den modernen Wissenschaftsbetrieb – dazu seine hervorragenden Vertreter – kennenzulernen, bedeutete für mich in vielerlei Hinsicht Gewinn. Die Verhandlungen im Senat über neue Forschungsgebiete sowie über die Neugründung von Instituten waren für mich von hohem Interesse. Dafür ein Beispiel:

Im Winter 1967 hatte Paul Sacher, der Baseler Musiker und Mäzen, der Max-Planck-Gesellschaft eine Denkschrift über die Gründung eines Instituts für Musik vorgelegt. Diese Denkschrift hatte unter anderem die Unterschriften von Pierre Boulez, Wolfgang Fortner, bedeutender Naturwissenschaftler wie Manfred Eigen, Werner Heisenberg, Carl Friedrich von Weizsäcker, dem Flötenvirtuosen Aurel Nicolet, dem Pianisten Karl Seemann, dem Philosophen Georg Picht, dem Chef der Badischen

Anilin- und Sodafabriken Dr. Carl Wurster erhalten.
In der Denkschrift wurde vorgeschlagen, die »produktive Krise der Musik« durch Wiederingangsetzung des »gestörten Kreislaufs« von Ideen und wechselseitiger Anregung zwischen Komponisten und Interpreten, Musikwissenschaftlern und Musiktechnologen (Instrumentenbauern, Akustikern) zu überwinden. Die Denkschrift führte aus, daß eine musikalische Hochkultur nur möglich sei, wenn der musikalischen Praxis eine musikalische Theorie von wissenschaftlichem Rang gegenübersteht. Der Theorie nämlich sei zu verdanken, daß Musik als geistiges Phänomen begriffen würde. Aufgabe der Theorie sei es, die Idee der Einheit der Musik in immer neuen Formen zu realisieren. Eine Institution sei nötig, welche die kaum mehr begriffene Einheit der Musik für den geistigen Raum des zwanzigsten Jahrhunderts neu entdeckt und die Einheit der Musik als Aufgabe der Theorie begreift. Kompositionen seien zu allen Zeiten ein schöpferischer Prozeß, heute bedürften sie aber der Reflexion mit wissenschaftlichen Arbeitsmethoden in Nachbarschaft zur mathematischen Naturwissenschaft. Zudem bedürfe die Krise der musikalischen Interpretation, von Verwilderung bedroht, neuer Formen der Zusammenarbeit von Wissenschaftlern, Komponisten und Interpreten. Dieser Aufgabe solle sich ein Institut widmen, das ausgestattet mit den technischen Mitteln und Möglichkeiten der Klangrealisierung musikalischer Experimente auf vielen Gebieten der Musikwissenschaft, der akustischen Grundlagenforschung, der Komposition und der Interpretation tätig wird.
In der von Präsident Butenandt zur Prüfung dieser Vorschläge eingesetzten Kommission habe ich mich leiden-

schaftlich gegen den Plan dieser Institutsgründung engagiert. Anders als die Sachersche Denkschrift habe ich die Ursache für die dort konstatierte Krise der Musik in dem gestörten Verhältnis zwischen ausübenden Musikern und ihrem Publikum, in der unter den Einfluß musikalischer Theoretiker gelangten Programmgestaltung, insbesondere des Rundfunks, und der Zurückdrängung eines freien Publikumsmarktes der Meinungen durch Presse, Buch- und Musikverlage gesehen. Die musikalische Theorie sah ich nicht als Voraussetzung, sondern umgekehrt als das Ergebnis einer musikalischen Hochkultur an. Diese Hochkultur verdankten wir den geheimnisvollen Kräften schöpferischer Intuition, keiner Theorie. Auch war ich der Meinung, daß die europäische Kultur nicht ein Geschöpf der Theorie, sondern der von den großen Meisterwerken der Musik ausgehenden Faszination ist, die uns Musik als geistiges Phänomen empfinden läßt.

Die großartige Entfaltung der abendländischen Musik im 17. Jahrhundert hat, so sah ich es, gerade in dem Augenblick eingesetzt, in dem sie der Denkschrift zufolge »aus dem Kreise der Wissenschaften ausgeschieden wurde«. Auch in der These, jede ernstzunehmende Aufführung musikalischer Werke setze Stilanalyse und historische Studien voraus, erblickte ich ein tiefgehendes Mißverständnis des künstlerischen Vorganges musikalischer Interpretation und Reproduktion. Ebenso stimmte ich der Auffassung nicht zu, daß die Realisierung von Kompositionen vergangener Stilepochen für Hörer eine komplexe theoretische Reflexion erfordere. Die deswegen geforderte Zusammenarbeit zwischen ausübenden Künstlern und Musikwissenschaftlern erbringt nach vielfacher Erfahrung zum Beispiel mit dem Werke Bachs künstlerisch sterile Resultate.

Die in der Denkschrift zitierte Behauptung Busonis, die Entfaltung der Tonkunst scheitere an unseren Musikinstrumenten, hielt ich in dieser apodiktischen Form bei allem Respekt für Busoni für Unsinn und nicht für eine überzeugende Begründung der Forderung, die ohnehin in Gang befindliche Entwicklung neuer Instrumente für elektronische Klangerzeugung noch durch ein besonderes Institut zu fördern.

Im Ausschuß gab es große Meinungsverschiedenheiten über Sachers Plan, doch stand ich mit meiner ablehnenden Auffassung nicht allein da. Es gelang mir sogar, anfängliche Befürworter des Projektes umzustimmen. Ich beriet mich außer mit mehreren Freunden auch mit Theodor Adorno, der mit verschiedenen Ideen Sachers sympathisierte, aber dafür plädierte, statt gleich mit einer Institutsgründung mit einzelnen Forschungsprojekten zu beginnen.

Die Max-Planck-Gesellschaft hat die Gedanken der Sacherschen Denkschrift mit großem Ernst erwogen, sich aber nach zwei Jahren, weil als Träger eines Instituts für Musik nicht geeignet, von diesem Plan zurückgezogen. Wer weiß, wie schwer es im verbeamteten deutschen Wissenschaftsbetrieb ist, ein einmal gegründetes Forschungsinstitut nach Erfüllung seiner Aufgabe wieder zu schließen, wird diese Entscheidung weise nennen.

Als Carl Friedrich von Weizsäcker die Gründung eines »Instituts zur Erforschung der Lebensbedingungen in der wissenschaftlich-technischen Welt« vorschlug, entwickelte sich im Senat ein lebhafter Meinungsstreit über das

Für und Wider dieses Projekts. Wegen seines interdisziplinären Charakters stand ich ihm positiv gegenüber. Diese Kontroverse verschärfte sich, als v. Weizsäcker auf die Berufung des Philosophen und Soziologen Jürgen Habermas in dieses Institut drängte. Viele Senatoren aus Wissenschaft und Wirtschaft, für die Habermas als Freund der Studentenbewegung von 1968 persona non grata war, sträubten sich gegen diese Berufung. Damals habe ich im Einverständnis mit dem Präsidenten Butenandt ein langes Gespräch unter vier Augen mit Habermas geführt und mich dabei davon überzeugt, daß dieser Gelehrte den Exzessen der Studenten strikt ablehnend gegenüberstand und dies in stürmischen Versammlungen auch laut gesagt hat. Mein in der entscheidenden Sitzung des Senates vorgetragener Bericht über meine Begegnung mit Habermas ist damals auf das Abstimmungsergebnis, das zur Berufung von Habermas geführt hat, von Einfluß gewesen. Dadurch und durch ein von mir organisiertes Fernsehinterview v. Weizsäckers über den Arbeitsplan des von ihm gegründeten Institutes habe ich mir zwar Kritik von konservativer Seite anhören müssen, aber die Genugtuung über die gelungene Berufung einer wissenschaftlichen Kapazität hat das ausgeglichen. Die von Carl Friedrich von Weizsäcker vorgeschlagene Gründung eines »Instituts für Weltwirtschaft« durch die Max-Planck-Gesellschaft habe ich nicht für sinnvoll gehalten. In Deutschland besteht kein Mangel an wirtschaftswissenschaftlichen Forschungsinstituten.

Vor dreißig Jahren, als ich in den Senat der Max-Planck-Gesellschaft gewählt wurde, nahm die Wissenschaft in der Rangordnung unserer säkularisierten Gesellschaft

den höchsten Platz ein. Ansehen und uneingeschränkte Achtung waren ihr sicher. Dort stand auch die MPG als größte Forschungsorganisation des Landes eher vor als neben den Universitäten. Noch galt die Wissenschaft als Trägerin eines Fortschrittes, den keine Kritik in Frage stellte. Noch stand die Wissenschaft, im engeren Sinne die exakten Naturwissenschaften, das Hauptarbeitsgebiet der MPG, nicht vor der Notwendigkeit, Sinn und Folgen ihrer Forschungstätigkeit wegen vermuteter negativer Folgeerscheinungen für den Menschen und seine Umwelt zu rechtfertigen. Während der fast zwei Jahrzehnte, die ich aktives Mitglied des Senates gewesen bin, hat sich die Einstellung der Öffentlichkeit gegenüber der Wissenschaft geändert. Die Wissenschaft und ihre Organisationen müssen heute erklären, was sie tun und welche Folgen ihre Forschungsergebnisse haben. Schritt für Schritt ist damit ein Wandel in der Stellung der Wissenschaft in der Gesellschaft eingetreten. Sie steht nicht unangefochten auf dem ersten Platz. Ein geschärftes Verantwortungsbewußtsein für die Konsequenzen von Forschungsresultaten ist eine positive Folge, die auf unsachliche Argumente gestützte Behinderung wissenschaftlicher Arbeit eine Schattenseite dieser Entwicklung.
Die Gründerväter der Kaiser-Wilhelm-Gesellschaft waren 1911 noch von der Annahme ausgegangen, daß die laufenden Sach- und Personalkosten dieser zunächst nur wenige Institute umfassenden Forschungsorganisation aus den Erträgen eines privaten Vermögens, gebildet aus einmaligen Zuwendungen und laufenden Beiträgen vermögender Bürger und großer Unternehmen der Wirtschaft, finanziert werden könnten. Der Beitrag des Staates könnte sich, so durfte man zu dieser Zeit noch anneh-

men, auf einmalige Beiträge sowie auf die kostenlose Überlassung von Baugrundstücken (Preußische Staatsdomäne Dahlem!) und die Übernahme von Gebäudekosten beschränken. Die großen amerikanischen Stiftungen in dieser Zeit – wie Carnegie oder Rockefeller – für Wissenschaft und Kunst hätten dafür damals ein Vorbild für die Besitzer großer Vermögen in Deutschland sein können.

In der Tat ist das deutsche Großbürgertum in einigen Fällen – vor allem durch große jüdische Stiftungen – diesem Beispiel gefolgt, nicht so die damals noch über große Vermögen verfügenden Mitglieder des Hochadels und des Großgrundbesitzes. Es bleibt offen, ob sich die Finanzierung der Kaiser-Wilhelm-Gesellschaft aus privaten Mitteln bei den schnell steigenden Kosten des modernen Forschungsbetriebes auf die Dauer hätte durchhalten lassen. Wahrscheinlich ist das nicht. Der Ausbruch des Ersten Weltkrieges 1914 und die ihm folgende Verwüstung der privaten Geldvermögen in Deutschland, zuerst 1923 und dann noch einmal 1948, hat allen Erwartungen, es könne eine große Organisation der Grundlagenforschung privat finanziert werden, ein Ende bereitet – bis heute.

Seitdem ist die Finanzierung der von der MPG betriebenen Grundlagenforschung, obgleich ihr immer wieder auch Beiträge aus privaten Quellen zugeflossen sind, auf die Finanzierung aus den Kassen des Staates in der dem kameralistischen System eigenen Schwerfälligkeit angewiesen. Das hat die Sorge um den Haushalt der Gesellschaft ihrem Schatzmeister abgenommen und in der Hauptsache auf die Schultern des mit den öffentlichen Geldgebern umgehenden Generalsekretärs verlagert.

Dem Schatzmeister ist nur die Aufgabe verblieben, Substanz und Erträge des durch die deutschen Währungskatastrophen zusammengeschmolzenen Privatvermögens der MPG zu verwalten und nach Möglichkeit zu mehren. Im Vergleich mit den Dimensionen der Vermögen amerikanischer Stiftungsuniversitäten und gemessen an dem inzwischen die Milliardengrenze um mehrere Hundert Millionen DM überschreitenden Jahreshaushalt der MPG ist der Betrag des verbliebenen Privatvermögens belanglos geworden. Mit mehr als 90 Prozent wird die MPG heute aus Mitteln des Bundes und der Länder finanziert. Damit ist zwar der Finanzbedarf für den Forschungsbetrieb gesichert, aber die Forschungspolitik der Gesellschaft ist nicht mehr unabhängig von staatlichen und politischen Zielsetzungen und nicht flexibel in der Verfolgung eigener, selbständiger Forschungsziele.

In einem Land, dessen Bürger es sich leisten, für ihr Silvester-Feuerwerk über 100 Millionen DM auszugeben, das als eines der führenden Industrieländer der Welt Jahr für Jahr hohe Erträge erwirtschaftet, in dem sich auch wieder ansehnliche Privatvermögen gebildet haben, sollte es möglich sein, ein Sondervermögen »Grundlagenforschung« aus privaten Mitteln aufzubauen, um daraus der Forschung, neben der staatlichen Grundfinanzierung, Beiträge für besondere, auch unvorhergesehene Bedürfnisse unabhängig von den Zielen der staatlichen – vorwiegend anwendungsorientierten – Forschungspolitik zu leisten. Die Initiative dazu müßte von der auf die Früchte der Grundlagenforschung angewiesenen Wirtschaft ausgehen.

# Schlusswort

Wer jemals außerhalb von Beruf und Erwerb einer kulturellen Sache gedient hat, sieht sich gewöhnlich von vielen Seiten für ähnliche Aufgaben umworben. So ist es bei mir im Laufe der Zeit zu mehreren Tätigkeiten für Einrichtungen der Kunst und Wissenschaft gekommen.
Den Anfang bildete nach dem Zweiten Weltkrieg die Gründung und kunstvolle Finanzierung des Münchner Kammerorchesters, das heute noch besteht. Viele Jahre währte die Zugehörigkeit zur Administration des Städelschen Kunstinstitutes in Frankfurt am Main und zum Vorstand der Frankfurter Museumsgesellschaft, der für das Musikleben dieser Stadt wichtigen alten Vereinigung. Dem Rat für Formgebung – für den ich gelegentlich einer Ausstellungseröffnung in Warschau eine mühsam erlernte Ansprache in Polnisch gehalten habe – sowie dem Verwaltungsrat der Ulmer Hochschule für Gestaltung dienten Jahre der Mitarbeit. Im Verwaltungsrat des Germanischen Nationalmuseums in Nürnberg habe ich während eines Jahrzehnts den Vorsitz geführt in der Nachfolge von Theodor Heuss und Hans Christoph von Tucher. Jahrelang habe ich den der Gründerfamilie im Consiglio der Stazione Zoologica Anton Dohrn in Neapel zustehenden Sitz innegehabt. Alle diese vom Bankgeschäft weit entfernten Funktionen haben mir viel Freude und große Bereicherung gebracht.

Meine Wanderung durch das Leben hat 1905 begonnen, als unser Jahrhundert gerade erwacht war. Bis an das jetzt nahe Ende dieses Säculums haben mich nur sehr wenige Freunde, Gefährten meiner Generation begleitet. So ist dieser Bericht aus meinem Leben, aufgeschrieben aus dem Gedächtnis als seiner einzigen Quelle, im Grunde ein Selbstgespräch der Erinnerung geworden. Ich habe Alltägliches und Besonderes aufgezeichnet. Einigen Architekten der Zeitgeschichte bin ich begegnet, am Wiederaufbau nach den Verwüstungen des Krieges habe ich mitgearbeitet. Von den Schrecken des Krieges bei der kämpfenden Truppe bin ich verschont geblieben.

Wem ein langes Dasein beschieden ist, der erfährt, wie schnell ein Menschenleben verstreicht, wie ein flüchtiger Hauch. Der geheimnisvolle Zufall hat mir unterwegs so manches Mal seine Hand geboten. Dafür bin ich ihm dankbar.

# Namenregister

Abegg, Lily 95, 114 ff.
Abs, Hermann Josef 182, 189 ff., 201 ff., 207 f., 212 f., 216 f., 220 ff., 236, 275
Adenauer, Konrad 195, 256
Adorno, Theodor W. 70, 282
Agnelli, Giovanni 256
Arendt, Hannah 62, 88 f.

Bach, Johann Sebastian 69, 72 f., 79, 134, 194, 198, 282
Bach, Yaakov 174
Ballin, Albert 87
Bebel, August 65, 87
Beecham, Sir Thomas 70
Beethoven, Ludwig van 14, 79, 131, 134
Benecke, Otto 278
Berndt, Hans 235
Bernhard, Ludwig 52
Black, Eugen 220
Bleichröder, Gerson 227
Blessing, Karl 214, 216, 218, 224
Bismarck, Otto von 40, 81, 228
Bötzkes, Wilhelm 92 f., 95, 114, 116, 120 ff., 140 ff.
Born, Max 11
Bott, Hans 276
Boulez, Pierre 279
Boveri, Margret 254
Brahms, Johannes 14 ff., 60, 69, 95
Bräuer, Carl 56 ff.
Brentano, Lujo 273
Brentano, Michael von 235
Brüning, Heinrich 77
Bryk, Petri 217
Burckhardt, Carl J. 114
Burke, Edmund 78
Busch, Adolf 17, 73
Busch, Fritz 122
Busoni, Ferruccio 282
Butenandt, Adolf 278, 280, 283
Butschkau, Fritz 192 f.

Carl, Hans 159 f., 162
Cassel, Gustaf 55
Chrysander, Friedrich 16
Churchill, Sir Winston 33, 257, 260
Clausewitz, Carl von 134
Cloos, Hans 37 f.
Commichau, Theodor 37
Commichau, Toni 18
Cuccia, Enrico 256

David, Werner 72
Delgado, Hernandes 217 f.
Demuth, Fritz 74 f., 80, 107
Diederichs, Nikolaus 203, 242 ff.
Dohrn, Anton 274 ff.
Dohrn, Carl August 13
Dohrn, Georg 13 ff.
Dohrn, Gertrud 60
Dohrn, Hedwig 33 ff.
Dohrn, Heinrich 130
Dohrn, Klaus 131
Dohrn, Peter 269
Dohrn, Reinhard 254
Dohrn, Wolf 273
Dorn, Friedrich 139 ff.
Dubonossow, Alexej 238
Dunphy, Sir Charles 257

Eigen, Manfred 279
Einstein, Albert 53, 73, 134
Erhard, Ludwig 125, 156, 193, 198 f.
Eshkol, Levi 158, 169, 174 f.
Eucken, Walter 199

Fellinger, Richard 59 f., 63
Fernholz, Hermann 266
Fischer, Edwin 77

Fischer, Otto Christian 91
Fortner, Wolfgang 279
Fürstenberg, Carl 53, 87, 129, 204, 227
Fürstenberg, Hans 226, 229 f., 234, 245
Furtwängler, Adelheid (Addi) 67
Furtwängler, Adolf 130
Furtwängler, Wilhelm 15, 55, 62, 66 ff., 71

Gartner, Karl 180 f.
Geiger, Max 178 f.
Geismar, Berta 62, 69
Gerling, Hans 252
Gilbert, Felix 131
Glaser, Albert 154 f., 177
Glum, Richard 277
Goergen, Fritz Aurel 207 ff.
Goldmann, Nahum 175
Gosen, Theodor von 44
Gräser, Wolfgang 73
Grasmann, Max 113, 148 ff.
Gurion, Ben 195 f.

Haber, Fritz 87
Habermas, Jürgen 283
Händel, Georg Friedrich 72
Hahn, Otto 277 f.
Haller, Max 62
Harden, Maximilian 38
Haydn, Joseph 80
Heimpel, Hermann 278 f.
Heisenberg, Werner 68, 278 f.
Helfferich, Karl 121
Hesse, Albert 57
Heuss, Theodor 273 ff., 277, 287
Heuss-Knapp, Elly 276
Hildebrand, Adolf von 182
Hindenburg, Oskar von 104
Hindenburg, Paul von 65, 103
Hitler, Adolf 65, 85, 88, 90 f., 120, 122, 128, 134 ff., 139, 164, 171 ff., 211, 273
Högner, Wilhelm 156
Hönigswald, Richard 57

Huberman, Bronislav 47, 55 f.
Humboldt, Alexander von 13, 144
Hutchinson, Else 68

Ilberg, Conrad von 218

Jakobsohn, Siegfried 62, 66
Janssen, Hermann 231, 250
Jaspers, Karl 89
Joachim, Joseph 14

Karajan, Herbert von 68
Kastl, Ludwig 98, 155
Keichel, Alfred 93, 95, 106 ff., 118, 120
Kempner, Paul 62, 76 ff., 80, 91
Kessler, Harry Graf 74
Keynes, John Maynard 47, 53
Kleiber, Erich 72
Klemperer, Otto 70
Knapp, Georg Friedrich 275
Knollys, Lord 257
Koepff, Heinrich 129
Korfanty, Wojciech 42
Kotlar, Isidor 168 f.
Krebs, Paul 212

Labetski, August 75
Landowska, Wanda 47, 55
Langer, Fritz 35
Lec, Stanislaw 266
Lenin, Wladimir Iljitsch 134
Lenné, Peter Josef 13, 147
Lerchenfeld, Hugo Graf 130
Levi, Hermann 129
Lienhard, Friedrich 39
Linde, Ernst 126
Lippisch, Wolfgang 179
Luther, Hans 78

Manes, Ludwig Bernhard 52
Mann, Golo 102
Margerie, de 77
Mao Tse Tung 115
Martini, Herbert 182, 185, 192
May, Ernst 44

Melchior, Karl 53
Mendelssohn, Franz von 63, 76, 162
Mendelssohn, Moses 79
Mendelssohn, Robert von 73
Mendelssohn-Bartholdy, Ernst von 79
Mendelssohn-Bartholdy, Felix von 13, 15, 79, 144
Menger, Carl 55
Menzel, Adolph 255
Messel, Alfred 228
Miller, Oscar von 113
Mintoff, Dom 268 ff.
Moltke, Kuno Graf 11, 38 f.
Mommsen, Ernst Wolf 265 ff., 271
Monheim 148 ff.
Monsterberg und Münckenau, Sylvius Kreuzwendedich von 34
Moran, Lord 258
Mozart, Wolfgang Amadeus 80
Müller, Friedrich von 81
Musil, Robert 117
Muthesius, Volkmar 233

Naumann, Friedrich 276
Neubaur, Otto 182 f., 185, 191 f., 250
Nicolet, Aurel 279
Nipperdey, Thomas 84
Nussbaum, Hans E. von 234

Oktabeetz, Hauptmann 137
Oldenburg-Januschau, Elard 103 f.
Overby 221

Paternoster, Oswald 118
Pavel, Horst 252
Pferdmenges, Robert 207, 256
Pförtner von der Hölle, Frl. 20
Picht, Georg 279
Pirelli, Leopoldo 256
Poděbrad, Georg 36
Poelzig, Hans 276
Pohl, Manfred 189
Proprawe, Erwin 224, 231

Quandt, Herbert 251 f.

Ramin, Günther 134
Rathenau, Walter 90
Reger, Max 32, 134
Reinhardt, Max 37
Reuter, Fritz 72
Ricardo, David 55
Richter, Karl 134, 194
Riezler, Sigmund Ritter von 130
Riezler, Walter 125, 130 f.
Rockefeller, David 235
Röpke, Wilhelm 199
Rolshoven, Hubertus 262 f., 265
Rommel, Erwin 20
Rosenstock-Huessy, Eugen 57
Rosenthal, Milton F. 214
Rowan, Sir Leslie 257 ff.
Rühl, Alfred 52
Ruf, Sep 137

Sacher, Paul 279, 281 f.
Sachs, Wolfgang 146
Salin, Edgar 208 f.
Schäffer, Fritz 193 f.
Schiller, Karl 115
Schinkel, Karl Friedrich 119
Schniewind, Otto 193
Schroeder-Hohenwarth, Hanns Christian 231
Schulte, Eduard 91
Schumpeter, Joseph Alois 59, 134
Schwartzkoppen, Eduard von 226, 228, 245, 248, 255
Schweitzer, Otto 95 f.
Seeger, Arno 252
Seemann, Karl 279
Sering, Max 52
Shinnar, Felix 88
Siemens, Werner von 50
Silverberg, Paul 95, 98 f., 120
Singer, Kurt 53
Slevogt, Max 77
Smith, Adam 55
Sohl, Hans-Günther 206 f., 257
Sombart, Werner 52

Spann, Othmar 56
Spender, Steven 87
Spengler, Oswald 134
Spindler, von 212
Spitta, Philipp 16
Stern, Fritz 90
Stinnes, Hugo 210
Strabel, Helmut 265
Straube, Karl 125, 133 ff., 151 f.
Streicher, Julius 142
Subjetzki, Klaus 229
Sybel, Heinrich von 99
Szilvinyi, Richard von 249

Telschow, Ernst 278
Tennenbaum, Itzak 158, 167
Thünen, Albrecht von 55
Thyssen, Fritz 95, 120
Toscanini, Arturo 62, 70
Triepel, Heinrich 52
Tucher, Hans Christoph von 182 f., 246, 287
Tümpling, Wilhelm von 244 f.

Ulrich, Carl 125, 128, 132, 137

Valentin, Karl 128

Varnhagen, Rahel 88
Veit, Otto 87
Vocke, Wilhelm 193 f.

Wagemann, Ernst 52
Wagner, Richard 69, 85, 129
Wallenberg, Markus 222
Wallenreiter, Christian 232 ff.
Walter, Bruno 72
Warburg, Sir Sigmund 245
Waris, Klaus 214, 216
Weimar, Großherzog Karl Alexander von 14
Weiss, Ferdl 128
Weizmann, Chaim 87, 174
Weizsäcker, Carl Friedrich von 279, 282 f.
Wendt, Gustav 15
Werner, Pierre 221
Westrick, Ludger 212, 223
Wilhelm II. 38, 84
Wolf, Eduard 47, 57 f.
Wüllner, Franz 17
Wurster, Carl 277 f., 280

Zahn, Johannes 212
Zimmer, Hans 258 f.